"十三五"国家重点出版物出版规划项目
面向可持续发展的土建类工程教育丛书
普通高等教育工程造价类专业系列教材

工程项目审计

李建峰 李晓钏 赵剑锋 编著

机械工业出版社

本书依据审计和工程项目审计领域现行的法律、法规、规范、政策文件和研究成果，结合教学实践和同行们的建议编写而成。

全书共 8 章，内容包括：工程项目审计概述、工程项目审计程序和方法、工程项目建设全过程审计、工程造价审计、建设项目投资效益审计、建设项目财务报表审计、工程项目审计文件及工程项目审计信息化管理技术。书后附有财务决算报表、基本建设项目竣工决算表、财务报表案例分析。

书中每章章前设置了学习要点（含知识点、重点、难点），章后附有本章小结及关键概念、能力提升（各类习题），文前给出了教学建议，引导学生学习，为授课教师提供教学参考。

本书可作为普通高等学校工程造价、工程管理及审计学专业的教材，也可作为工程项目审计从业人员的参考书。

本书配套 ppt 电子课件，免费提供给选用本书作为教材的授课教师。需要者请登录机械工业出版社教育服务网（www.cmpedu.com）注册后下载。

图书在版编目（CIP）数据

工程项目审计/李建峰，李晓铟，赵剑锋编著. —北京：机械工业出版社，2021.4（2024.11 重印）

（面向可持续发展的土建类工程教育丛书）

"十三五"国家重点出版物出版规划项目 普通高等教育工程造价类专业系列教材

ISBN 978-7-111-67818-2

Ⅰ. ①工… Ⅱ. ①李… ②李… ③赵… Ⅲ. ①基本建设项目–审计–高等学校–教材 Ⅳ. ①F239.63

中国版本图书馆 CIP 数据核字（2021）第 051357 号

机械工业出版社（北京市百万庄大街 22 号 邮政编码 100037）
策划编辑：刘 涛 责任编辑：刘 涛
责任校对：黄兴伟 封面设计：马精明
责任印制：单爱军
北京联兴盛业印刷股份有限公司印刷
2024 年 11 月第 1 版第 8 次印刷
184mm×260mm · 17.5 印张 · 434 千字
标准书号：ISBN 978-7-111-67818-2
定价：55.00 元

电话服务   网络服务
客服电话：010-88361066   机 工 官 网：www.cmpbook.com
　　　　　010-88379833   机 工 官 博：weibo.com/cmp1952
　　　　　010-68326294   金 书 网：www.golden-book.com
封底无防伪标均为盗版   机工教育服务网：www.cmpedu.com

前 言

工程项目审计作为审计与监督业主投资和管理行为，提高资金投资效益，践行廉洁自律准则以及促进建筑市场有序、健康发展的手段，是工程项目建设中重要的一环。为了切实培养高素质的工程项目审计人员，满足新形势下工程造价及相关专业的教学需要，本书编者依据审计和工程项目审计领域最新的法规、规范、政策文件和研究成果，结合教学实践和同行们的建议编写了本书。

为了达到学以致用的效果，编者力图使本书具有以下特点：

（1）内容吐故纳新　立足于工程项目审计的基本方法，在编写过程中依据《中华人民共和国审计法》《中华人民共和国国家审计准则》《内部审计实务指南第1号——建设项目内部审计》《建设工程工程量清单计价规范》（GB 50500—2013）等现行法律法规体系，对工程项目审计知识进行全面梳理和展现，反映了工程项目审计的最新实践和方向。

（2）知识体系完整　以工程项目为研究对象，从介绍工程项目和工程项目审计的基本定义开始，进而介绍工程项目建设各阶段的审计和工程造价审计，再上升到宏观层面建设项目投资效益与财务报表的审计，系统介绍审计程序、内容及方法，最后以审计过程中的相关文件和审计信息化管理技术收尾，构建了完整的工程项目审计知识结构体系，各部分内容互相联系又可独立使用，为后续的实践工作奠定了基础。

（3）重点难点清晰　在每章开篇给出知识点、重点和难点，并辅以教学建议，在教学过程中可以做到有的放矢。同时对重点和难点努力做到深入浅出，在文字讲解的同时配以例题及图表，以提高学生对知识点的理解。每章以能力提升收尾，通过习题巩固学生所学知识。

（4）案例分析凸显　针对工程项目审计实践性强的特点，在相应章节增添了案例分析，从实际工程项目审计入手，结合该章理论内容，分步介绍项目的审计内容和要点。通过理论联系实际，避免了学生在今后工作中的剥离感。

本书共8章，内容包括：工程项目审计概述、工程项目审计程序和方法、工程项目建设全过程审计、工程造价审计、建设项目投资效益审计、建设项目财务报表审计、工程项目审计文件及工程项目审计信息化管理技术。本书可作为普通高等学校工程造价、工程管理及审计学专业的教材，也可作为工程项目审计从业人员的参考书。

全书由长安大学李建峰、赵剑锋，西安邮电大学李晓钏编著。

本书的出版既有我们教学研究团队的努力，也有同行的中肯建议，更有出版社的大力支持。在编写过程中参阅了大量的文献和资料，在此对这些文献的作者和所有关心本书的同行和使用者深表谢意。由于诸多原因，书中难免存在疏漏和不足之处，欢迎读者批评指正。

编著者

教学建议

一、课程的性质与任务

"工程项目审计"课程已成为普通高等学校工程造价和工程管理专业（工程造价与投资方向）的专业必修课，也是部分高校审计学专业的必修课。它作为项目管理控制体系不可或缺的组成部分，是工程造价管理必经的环节之一。从课程设置上来看，工程项目审计既是对前期课程（如工程造价概论、建设工程定额原理、建筑安装工程计量与计价及工程经济学）的应用和深化，也与工程造价管理和工程项目管理等课程兼容并蓄。从课程内容上看，该课程以工程项目为研究对象，详细剖析工程项目各阶段、全过程工程造价、投资效益及财务报表的审计内容、程序及方法等，具有全面性、针对性和实践性的特点。通过对本课程的学习，旨在提高相关专业学生及从业人员的基本技能和职业素养。具体来说，课程的主要任务包括：

1）介绍工程项目审计的概念、发展趋势及信息化软件的使用，并讲述其与一般审计工作的联系与区别。

2）引导学生了解工程项目审计的内容、程序和方法。

3）以工程项目全生命周期为导向，阐述审计在各阶段的工作内容。

4）结合工程造价管理理论，明确工程造价审计的内容和方法。

5）从宏观和微观两个角度出发，以建设项目为对象，使学生掌握项目投资效益审计和财务报表审计的方法。

6）针对工程项目审计的文件管理，教授相关文件的编写及管理要点。

二、教学导航

以本书为例，工程项目审计的框架及逻辑体系和知识要点如图1所示。

三、课内外教学内容与学时分配

使用本书的课内外教学内容及学时分配可参考表1。

四、课程特点与教学方法

1. 课程特点

本课程是一门全面性、针对性和实践性很强的专业课程。课程内容涉及工程造价、财务和审计相关知识的方方面面，既需要先修课程的铺垫，也要求掌握工程项目基本原理和方法以及实践操作。因此，教学中须理论联系实际，注意示范性教学，以加深对课程内容的理解。

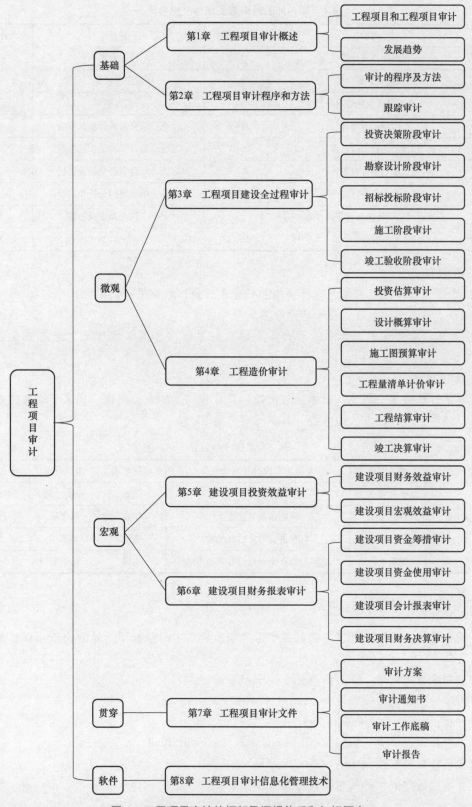

图 1　工程项目审计的框架及逻辑体系和知识要点

表 1 课内外教学内容及学时分配参考表

章	内容	课内学时	课外	课外学时
1	工程项目审计概述	2~3	作业布置	2
2	工程项目审计程序和方法	4~5	习题及答疑	2
3	工程项目建设全过程审计	5~7	习题及答疑	2
4	工程造价审计	7~9	习题、结合案例分析及答疑	3
5	建设项目投资效益审计	5~7	习题、结合案例分析及答疑	3
6	建设项目财务报表审计	7~9	习题、结合案例分析及答疑	3
7	工程项目审计文件	4~5	习题、结合案例分析及答疑	3
8	工程项目审计信息化管理技术	2~3	上机、作业布置及答疑	3
	合计	36~48		21

2. 教学方法

1) 本课程教学应紧密结合现行国家和行业审计操作指南进行。

2) 为了提高教学效果,应紧密结合案例教学方法。

3) 可采用翻转课堂、微课等形式考查学生对课程内容的掌握情况,尤其注重启发式教学。

3. 考核方法

在教学过程的各个环节,从学生的出勤、日常表现、作业、测试、期末考试及完成质量等方面,对学生进行全方位的考核,具体可参考表2。

表 2 课程考核方法

类别	考核项目	考核主要内容及其知识点	考核方式	考核时间	所占权重
形成性考核	平时考核	到课情况、课堂表现	记录	每次上课	15%
	作业考核	习题作业完成情况	作业	每章后	15%
	阶段考核	每章讲完后总结性测验	笔试	每章后	10%
终结性考核	期末考核	结课后的整个课程内容卷面考试	笔试	结课后	60%

五、相关学习资料与网站

在课余时间,同学们可以查阅相关参考文献,也可以登录以下网站及论坛,以扩充自己的知识面:

住房和城乡建设部:http://www.mohurd.gov.cn

中国建设工程造价管理协会:http://www.ceca.org.cn

审计署:http://www.audit.gov.cn

中国内部审计协会:http://www.ciia.com.cn/index.html

中国审计数字在线:http://www.icnao.cn

各省市地区的审计局网站及微信公众号等。

目 录

前 言
教学建议

第1章 工程项目审计概述 ………… 1

学习要点 …………………………………… 1
1.1 工程项目 ………………………………… 1
  1.1.1 项目的概念、特征及参数 …… 1
  1.1.2 工程项目的概念、特点及组成 …… 3
  1.1.3 工程项目的分类 ……………… 4
  1.1.4 工程项目的生命周期与建设程序 ………………………… 5
  1.1.5 工程项目管理 ………………… 7
1.2 工程项目审计的概念、要素及分类 …… 9
  1.2.1 审计的概念、目标及分类 …… 9
  1.2.2 工程项目审计的概念 ……… 11
  1.2.3 工程项目审计的依据 ……… 13
  1.2.4 工程项目审计的特点 ……… 13
  1.2.5 工程项目审计的分类 ……… 14
1.3 工程项目审计的内容 ………………… 18
  1.3.1 前期决策阶段的主要审计内容 ……………………………… 18
  1.3.2 勘察设计阶段的主要审计内容 ……………………………… 18
  1.3.3 招标投标阶段的主要审计内容 ……………………………… 18
  1.3.4 合同签订阶段的主要审计内容 ……………………………… 19
  1.3.5 施工前准备阶段的主要审计内容 ……………………………… 20
  1.3.6 施工阶段的主要审计内容 ……… 20
  1.3.7 竣工验收阶段的主要审计内容 ……………………………… 22
1.4 工程项目审计的发展趋势 …………… 23
  1.4.1 审计内容沿着绩效审计方向发展 ………………………… 23
  1.4.2 审计标准体系日臻完善，审计人员执业素质进一步提高 …… 24
  1.4.3 审计方式将向着全过程跟踪审计方向发展 ……………… 26
  1.4.4 审计手段方面进一步发挥信息化技术的作用 …………… 27
  1.4.5 审计组织形式方面将进一步强化社会审计机构工作质量的监管 ………………………… 28
本章小结及关键概念 …………………… 30
能力提升 …………………………………… 31

第2章 工程项目审计程序和方法 …… 33

学习要点 …………………………………… 33
2.1 工程项目审计的程序 ………………… 33
  2.1.1 工程项目审计程序的概念和目的 ………………………… 33
  2.1.2 工程项目审计程序 ……… 33
  2.1.3 不同审计主体审计程序的

差异 …………………………… 35
2.2 工程项目审计方法 …………… 36
　2.2.1 工程项目审计的技术性方法 …… 36
　2.2.2 工程项目审计的基础性方法 …… 40
　2.2.3 辅助性数值分析方法 ………… 40
　2.2.4 审计方法的选用原则 ………… 42
　2.2.5 工程项目不同阶段审计方法的
　　　 选用 ……………………… 42
2.3 工程项目跟踪审计 …………… 45
　2.3.1 工程项目跟踪审计的概念 …… 45
　2.3.2 工程项目跟踪审计的特点 …… 45
　2.3.3 工程项目跟踪审计的功能 …… 46
本章小结及关键概念 ……………… 47
能力提升 …………………………… 48

第3章 工程项目建设全过程审计 …… 50

学习要点 …………………………… 50
3.1 概述 …………………………… 50
　3.1.1 工程项目建设全过程审计的
　　　 定义 ……………………… 50
　3.1.2 工程项目建设全过程审计的
　　　 主要内容 ………………… 51
3.2 投资决策阶段审计 …………… 52
　3.2.1 工程项目建设投资决策阶段
　　　 的工作内容 ……………… 52
　3.2.2 工程项目建设投资决策阶段
　　　 审计的内容 ……………… 53
3.3 勘察设计阶段审计 …………… 58
　3.3.1 工程项目建设勘察设计阶段
　　　 的工作内容 ……………… 58
　3.3.2 工程项目建设勘察设计阶段
　　　 审计的内容 ……………… 60
3.4 招标投标阶段审计 …………… 64
　3.4.1 工程项目建设招标投标阶段
　　　 工作的基本程序 ………… 64

　3.4.2 工程项目建设招标投标阶段
　　　 审计的内容 ……………… 66
3.5 施工阶段审计 ………………… 72
　3.5.1 工程项目建设施工阶段的
　　　 工作内容 ………………… 72
　3.5.2 工程项目建设施工阶段
　　　 审计的内容 ……………… 72
3.6 竣工验收阶段审计 …………… 80
　3.6.1 工程项目竣工验收的含义
　　　 和程序 …………………… 80
　3.6.2 工程项目建设竣工验收阶段
　　　 审计的内容 ……………… 81
本章小结及关键概念 ……………… 85
能力提升 …………………………… 86

第4章 工程造价审计 ……………… 88

学习要点 …………………………… 88
4.1 概述 …………………………… 88
　4.1.1 工程造价审计的概念及意义 …… 88
　4.1.2 工程造价审计的特点及方式 …… 89
　4.1.3 工程造价审计的依据、内容
　　　 及程序 …………………… 90
4.2 投资估算审计 ………………… 90
　4.2.1 工程项目投资估算审计的
　　　 意义 ……………………… 90
　4.2.2 投资估算审计的内容 ………… 91
　4.2.3 投资估算审计的方法 ………… 92
4.3 设计概算审计 ………………… 95
　4.3.1 设计概算审计的意义 ………… 95
　4.3.2 设计概算审计的内容 ………… 95
　4.3.3 设计概算审计的方法 ………… 95
　4.3.4 设计概算审计的步骤 ………… 96
　4.3.5 设计概算审计的成果及其他
　　　 问题 ……………………… 97
4.4 施工图预算审计 ……………… 98

  4.4.1 施工图预算审计的意义 …………… 98
  4.4.2 施工图预算审计的内容 …………… 98
  4.4.3 施工图预算审计的方法 …………… 102
  4.4.4 施工图预算审计的步骤 …………… 104
 4.5 工程量清单计价审计 …………………… 104
  4.5.1 工程量清单计价审计的意义 ……… 104
  4.5.2 工程量清单计价审计的内容 ……… 105
 4.6 工程结算审计 …………………………… 108
  4.6.1 工程结算审计概述 ………………… 108
  4.6.2 工程结算具体内容的审计 ………… 110
 4.7 竣工决算审计 …………………………… 112
  4.7.1 竣工决算审计的意义 ……………… 112
  4.7.2 建设项目竣工决算审计的依据 …… 112
  4.7.3 竣工决算审计的内容 ……………… 112
 案例分析 ……………………………………… 113
 本章小结及关键概念 ………………………… 116
 能力提升 ……………………………………… 117

第5章 建设项目投资效益审计 ……………… 119

 学习要点 ……………………………………… 119
 5.1 概述 ……………………………………… 119
  5.1.1 建设项目投资效益审计的概念及目的 ……………………… 119
  5.1.2 建设项目投资效益审计的基础 …………………………… 120
  5.1.3 建设项目投资效益审计的几个方面 ……………………… 120
 5.2 建设项目财务效益审计 ………………… 122
  5.2.1 建设项目财务效益审计的程序 …………………………… 122
  5.2.2 建设项目财务效益审计的内容 …………………………… 122
 5.3 建设项目宏观效益审计 ………………… 126
  5.3.1 宏观效益审计与财务效益审计的联系与区别 ……………… 126
  5.3.2 宏观效益审计的作用 ……………… 126
  5.3.3 国民经济效益审计 ………………… 127
  5.3.4 社会效益审计简述 ………………… 131
 案例分析 ……………………………………… 132
 本章小结及关键概念 ………………………… 135
 能力提升 ……………………………………… 136

第6章 建设项目财务报表审计 ……………… 137

 学习要点 ……………………………………… 137
 6.1 建设项目资金筹措审计 ………………… 137
  6.1.1 资金筹措审计的依据及内容 ……… 137
  6.1.2 基建拨款审计 ……………………… 138
  6.1.3 基建投资借款审计 ………………… 140
  6.1.4 企业债券资金审计 ………………… 142
  6.1.5 其他借款审计 ……………………… 142
  6.1.6 项目资本审计 ……………………… 143
 6.2 建设项目资金使用审计 ………………… 143
  6.2.1 建筑安装工程投资审计 …………… 143
  6.2.2 设备投资审计 ……………………… 144
  6.2.3 待摊投资审计 ……………………… 145
  6.2.4 其他投资审计 ……………………… 145
  6.2.5 转出投资审计 ……………………… 146
  6.2.6 待核销基建支出审计 ……………… 146
  6.2.7 设备和材料采购支出审计 ………… 147
  6.2.8 基建收入审计 ……………………… 148
  6.2.9 交付使用资产和资金冲转核算审计 ……………………… 148
  6.2.10 竣工结余资金审计 ……………… 149
 6.3 建设项目会计报表审计 ………………… 150
  6.3.1 建设项目会计报表审计的内容 …………………………… 150
  6.3.2 审计资金平衡表 …………………… 151
  6.3.3 审计基建投资表 …………………… 156
  6.3.4 审计待摊投资明细表 ……………… 158

6.3.5 审计基建借款情况表 …………… 159
6.3.6 审计投资包干情况表 …………… 161
6.4 建设项目财务决算审计 ……………… 162
6.4.1 财务决算审计的依据 …………… 162
6.4.2 财务决算说明书的审计 ………… 162
6.4.3 财务决算报表的审计 …………… 163
案例分析 …………………………………… 163
本章小结及关键概念 ……………………… 172
能力提升 …………………………………… 172

第7章 工程项目审计文件 ………… 174

学习要点 …………………………………… 174
7.1 概述 ………………………………… 174
7.1.1 工程项目审计各阶段的内容 …… 174
7.1.2 工程项目审计流程及各阶段的审计文件 ……………………… 177
7.2 工程项目审计文件的编写 …………… 177
7.2.1 审计方案的编写 ………………… 177
7.2.2 审计通知书的编写 ……………… 185
7.2.3 审计工作底稿的编写 …………… 187
7.2.4 审计报告的编写 ………………… 192
7.2.5 审计报告实例 …………………… 203
案例分析 …………………………………… 211
本章小结及关键概念 ……………………… 217
能力提升 …………………………………… 218

第8章 工程项目审计信息化管理技术 ………………………………… 219

学习要点 …………………………………… 219
8.1 工程项目审计信息化管理概述 ……… 219
8.1.1 工程项目审计信息化管理的必要性 ……………………………… 219
8.1.2 工程项目审计信息化的现状及面临的问题 ………………… 220
8.1.3 工程项目审计信息化系统平台的构建 ……………………… 221
8.2 工程项目审计管理软件简介 ………… 227
8.2.1 工程项目审计管理软件概述 …… 227
8.2.2 工程项目审计管理软件的主要功能 ……………………………… 228
8.2.3 工程项目审计管理软件的操作流程及客户端介绍 …………… 229
8.2.4 工程项目审计管理软件的实现意义 ……………………………… 232
本章小结及关键概念 ……………………… 233
能力提升 …………………………………… 233

附录 …………………………………………… 234

附录A 财务决算报表 …………………… 234
附录B 基本建设项目竣工决算表 ……… 244
附录C 财务报表案例分析 ……………… 251

参考文献 …………………………………… 269

第 1 章 工程项目审计概述

> **学习要点**
>
> **知识点**：项目的概念、特征及参数，工程项目的概念、特点及组成，工程项目的分类、生命期及建设程序，工程项目管理的概念、目标及内容；审计的概念、分类及目标，工程项目审计的概念、主体、客体、目的和特点，工程项目审计的依据、分类和内容，工程项目审计的发展趋势。
>
> **重点**：审计的概念和目标，工程项目审计的概念和内容。
>
> **难点**：工程项目审计的分类和内容。

1.1 工程项目

1.1.1 项目的概念、特征及参数

1. 项目的概念

自从人类开展了有组织的活动就有了项目。如史前人们的围猎、中国秦长城的建设等。随着社会的发展，有组织的活动逐步分化为两种类型：一类是连续不断、周而复始的活动，人们称之为"运作"（operation），如企业日常生产产品的活动；另一类是临时性、一次性的活动，人们称之为"项目"（project）。项目无处不在，建造房屋、桥梁、公路、高速铁路是项目；开发一种新产品、完成科研课题、制订一个新的营销计划、设计和编写软件、撰写论文等，都是项目。项目与运作不同，项目是一次性的，而运作是经常性的；项目是独特性的，而运作是常规性的；项目的实施往往是由临时性的项目团队完成，而运作往往是由固定的部门和人员完成；其相同点都是由人来实施，都受制于有限的资源，都需要计划、实施和控制等。

国际项目管理协会给出的定义是："项目是一个特殊的将被完成的有限任务，它是在一定时间内，满足一系列特定目标的多项相关工作的总称。"美国 PMI（项目管理协会）的《项目管理知识体系指南》定义："项目是为创造独特的产品、服务或成果而进行的临时性任务"。

我国定义："项目是在一定约束条件下，具有特定目标的一次性任务"。

2. 项目的特征

项目作为一类特殊的活动（任务），通常具有如下特征：

（1）项目有明确的目标　项目的目的在于得到特定的结果，即项目是面向目标的。目标是明确的，且贯穿于项目始终，目标还必须是可实现的。

（2）项目完成需要通过一系列相互关联的任务　项目往往是由多个相关联的任务组成的，这些任务又必须相互协调地开展，才能实现整个项目的目标。因此，项目的复杂性是固有的，项目也可被认为是一个系统，即由相关各部分组成的一个整体。

（3）项目有具体的时间计划及有限的寿命　项目是一种临时性的任务，它要在限定的期限内完成，有明确的开始点和结束点，当项目的目标达到时，意味着项目任务完成。

（4）项目往往是独一无二的、一次性的　每个项目都有其独自的特点。一般情况下，项目是从零开始的开创性工作，且有具体的时间、费用、质量和安全等方面的要求，是一次性的工作。

（5）项目具有一定的不确定性或风险　项目实施前，一般都有进度计划和成本估算。但实施过程中的不确定性，会影响项目目标在最终成本、性能、质量、工期等方面产生偏差。它的过程是渐进的，潜伏着各种风险。

（6）项目运作需要消耗各种有限资源　项目实施必然要消耗各种资源，这些资源无论在品种、型号、质量上，还是在数量上，往往是受限制的。例如，建设某房产大厦项目，需要投入施工及管理人员、施工机械设备、建筑材料、方法、资金、时间、空间等资源。

（7）项目组织的临时性和开放性　项目开始前就要搭建项目班子（团队），并且在项目执行过程中，班子的成员和职能往往还需要不断地变化，项目结束时这套班子就会解散。参与项目的组织往往有多个，他们通过合同、协议以及其他的社会联系组合在一起。

（8）每个项目都有客户　客户提供必要的资金或条件，以达成目标的实体。客户可能是一个人、一个组织、一个团队或政府。项目管理团队和人员必须成功地完成项目目标，以使客户满意。

3. 项目的参数

项目可由五个参数来描述，即范围、质量、成本、时间、资源。这些参数是一个相互关联的集合，其中一项参数的变化必然会引起其他参数的变化，以此来保持项目的平衡。

（1）范围　范围是对项目界限的陈述。它不仅定义了要求做什么，也给出了不能做什么。在工程上，通常把它叫作"工作说明"或"工程量清单"。范围还被叫作谅解文档、范围陈述、项目启动文档、项目需求表。所有随后的项目工作都是以这份文件为基础的。范围的正确性非常关键。

（2）质量　质量包含两方面的内容：一是"产品质量"，这是指项目的可交付成果的质量。二是"过程质量"，这是项目管理过程本身的质量，焦点在于项目管理过程进行得如何以及如何改进。

（3）成本　项目成本是指项目形成全过程所耗用的各种费用的总和。主要包括：项目定义与决策成本、项目设计成本、项目获取成本、项目实施成本等。在全生命项目管理中，成本是一个主要的考虑因素。

（4）时间　时间是一个不能被储存、不可逆的资源。无论使用与否，它都会自行流逝。客户通常会对这个项目给出必须完成的时间框架或者最后期限。对项目经理而言，就是尽量高效安排各项工作的起止时间，保证项目按进度计划完成项目。

（5）资源　资源是指可投入的人、材料、机械设备、方法、设施甚至环境等。资源可以被规划，可能自有或者从外部租用。无论哪种情况，它们都是计划项目活动及有序地完成项目的核心。

1.1.2 工程项目的概念、特点及组成

1. 工程项目的概念

工程项目是以建筑物或构筑物为目标实体，需要一定投资、有开工时间和竣工时间，经过必要相互关联工作程序所组成的特定一次性任务。又称土木工程项目或建筑工程项目，它是最为常见、最为典型的项目类型，它属于投资项目中最重要一个大类。

建筑物是指房屋建筑物，它提供和满足人们的生产、居住、文化、体育、娱乐办公和各种社会活动场所的要求。构筑物是指公路、铁路、桥梁、隧道、水坝、电站及线路、水塔、烟囱、构架等土木工程实体。有开工时间和竣工时间，表明了工程项目的时间性、一次性；工程项目相互关联工作程序包括决策、设计、准备、施工、验收等；其活动内容涉及计划、采购、生产、经营、维护、协调和管理等，而且是社会化大生产所需要的广义的人类集体活动。目标实体应符合预定的使用要求，并满足标准（或业主）要求的功能、质量、工期、造价和资源等约束条件。特定是指工程项目的特殊性。

2. 工程项目的特点

工程项目具有如下特点：

（1）具有特定的工程对象　工程项目都有具体要求的功能、规模、实物工程量、质量、费用、技术标准等指标组成的工程技术系统，而且随着工程项目的进展，由构思方案到实施，由局部到完整的建设过程，形成具有完备使用功能、符合预定工程技术系统的工程实体，最终在运行（使用）过程中实现其价值。

（2）明确的建设目标　任何工程项目都具有明确的建设目标。政府主管部门审核项目，主要审核项目的宏观经济效果、社会效果和环境效果；企业则偏重于项目的盈利能力、资源利用等微观目标。

（3）多方面的限制　工程项目目标的实现受到多方面的限制和约束：时间约束，即一个工程项目要有合理的建设工期限制；资源约束，即工程项目要在一定的人、财、物条件下来完成建设任务；质量约束，即工程项目要达到预期的生产能力、技术水平、产品等级或工程使用效益的要求；空间约束，即工程项目要在一定的空间范围内通过科学合理的方法来组织完成。

（4）一次性和不可逆性　工程项目是一次性的过程。这个过程除了有确定的开工时间和竣工时间外，还有过程的不可逆性、设计的单一性、生产的单件性、项目产品位置的固定性等。工程项目一旦建成，要想改变则非常困难。

（5）影响的长期性　工程项目一般建设周期长，投资回收期长，工程项目的使用寿命长，从概念阶段到实体完成阶段，少则数月，多则数年乃至几十年，工程质量好坏影响面大，作用时间长。

（6）投资的风险性　由于工程项目体形庞大，投入的资源多、生命周期长，投资额巨大，建设过程中各种不确定因素多，投资风险、技术风险、自然风险及资源风险大，发生频率高，在项目管理中必须突出风险管理过程。

（7）管理的复杂性　工程项目是一个复杂的系统，在概念阶段策划并决策，在设计阶

段具体确定，在实施阶段形成，在结束阶段交付使用。在不同的阶段，由不同的主体完成，有不同的特点，存在着许多结合部，组织管理工作任务繁重且非常复杂，目标控制和协调活动困难重重。

3. 工程项目的组成

为了工程项目管理的需要，通常把建设项目分解为若干个独立单元和若干层次。一般把建设项目细分为四个层次，即单项工程——单位工程——分部工程——分项工程。

（1）单项工程　单项工程是指在一个建设项目中具有独立的设计文件，可独立承包，可独立组织施工，建成竣工后可以独立发挥生产能力或效益的工程，它是建设项目的组成部分。如工业建设项目中的某生产车间、某办公楼或某职工住宅。单项工程的造价是通过编制单项工程综合概预算或清单计价文件来确定的。一个单项工程又由若干个单位工程组成。

（2）单位工程　单位工程是指具有独立设计的施工图，可独立组织施工，但建成后不能独立发挥生产能力或效益的工程。单位工程是单项工程的组成部分。如土建工程（包括建筑物、构筑物）、电气安装工程（包括动力、照明等）、工业管道工程（包括蒸汽、压缩空气、煤气等）、暖、卫工程（包括采暖、上下水等）、通风工程和电梯工程等。单位工程的造价是通过编制单位工程概预算或清单计价文件来确定的。每一个单位工程可进一步划分为若干个分部工程。

（3）分部工程　分部工程一般是按照单位工程的部位、设备安装的种类或工种的不同划分。分部工程是单位工程的组成部分。例如，可将土建工程划分为土方工程、桩基础工程、脚手架及垂直运输工程、砌筑工程、混凝土及钢筋混凝土工程、构件运输安装工程、木结构工程、屋面及防水工程、金属结构制作工程、门窗工程、楼地面工程、装饰工程等分部工程，即工程定额或清单计量规范中的"章"。

（4）分项工程　分项工程一般是按照分部工程的施工内容、构造层次、施工材料或施工方法进一步划分为若干更细的部分。一个分部工程可以划分为若干个分项工程，如土方工程可划分为基槽挖土、土方运输、回填土等分项工程。分项工程是建筑安装工程的基本构成因素，是工程计价分项中计算工、料、机及资金消耗最基本的分项单元。

综上所述，一个工程项目往往是由若干个单位工程组成，一个单位工程又可划分为若干个分部工程和分项工程，而工程造价的形成和工程计价的编制工作就是从分项工程开始的。

1.1.3　工程项目的分类

按划分的标准不同，工程项目有不同的分类方法。

1. 按项目的经济用途划分

（1）生产性建设项目　它是指人们直接用于物质生产或满足物质生产需要的建设项目，包括工业建设、农业建设、水利建设、交通邮电建设、商业建设、地质资源勘探建设等。

（2）非生产性建设项目　它是指为人们物质文化生活使用的建设项目。它包括文教卫生、科学实验、公用事业、住宅和其他非生产性建设项目。

2. 按项目的性质划分

（1）新建项目　它是指原来没有、现在开始建设的项目；或对原有规模较小的项目，扩大其建设规模，新增固定资产价值超过原有固定资产价值3倍以上的建设项目。

（2）扩建项目　它是指原有企事业单位，为了扩大原有主要产品的生产能力、效益或增加新产品生产能力，在原有的固定资产基础上，兴建一些主要车间或工程的项目。

（3）改建项目　它是指原有企事业单位为了改进产品质量或改进产品方向，对原有固定资产进行整体性技术改造的项目。此外，为提高综合生产能力，增加一些附属辅助车间或非生产性工程，也属改建项目。

（4）恢复项目　它是指对因重大自然灾害或战争而遭受破坏的固定资产，按原来规模重新建设或在重建的同时进行扩建的项目。

（5）迁建项目　它是指为改变生产力布局或由于其他原因，将原有单位迁至异地重建的项目，不论其是否维持原来规模，均称为迁建项目。

3. 按项目的建设过程划分

（1）筹建项目　它是指在计划年度内，只做准备还未开工的项目。

（2）在建项目　它是指正在施工中的项目。

（3）投产项目　它是指全部竣工并已投产或交付使用的项目。

4. 按项目的规模划分

可分为大、中、小型项目。

1）工业项目按设计生产能力规模或总投资额，确定大、中、小型项目。

2）非工业项目按项目的经济效益或总投资额划分，可分为大中型和小型两种。

5. 按项目的专业划分

（1）建筑工程项目　也称房屋建筑工程项目，是指为房屋建筑及相关活动构成的过程。

（2）土木工程项目　它是指产出物为公路、铁路、隧道、水工建筑、矿山、构筑物及相关活动构成的过程。

（3）线路管道安装工程项目　它是指为安装完成的送变电、通信等线路，给排水、污水、化工等管道，机械、电气、交通等设备及相关活动构成的过程。

（4）装修工程项目　它是指构成装修产品和抹灰、油漆、木工等及相关活动构成的过程。

6. 按项目的行业性质和特点划分

（1）竞争性项目　它是指投资效益较高、竞争性较强的项目。

（2）基础性项目　它是指具有自然垄断性、建设周期长、投资额度大而收益低的基础设施项目和需要政府重点扶持的基础工业项目及直接增强国力的支柱产业项目。

（3）公益性项目　主要包括科技、文教、卫生、体育和环保等设施，公、检、法、政府机关和社会团体办公设施等。

7. 按项目的投资主体划分

有国家政府投资工程项目、地方政府投资工程项目、企业投资工程项目、三资（国外独资、合资、合作）企业投资工程项目、私人投资工程项目、各类投资主体联合投资工程项目等。

1.1.4　工程项目的生命周期与建设程序

1. 工程项目的生命周期

项目均有生命周期，这是由项目的一次性和时间限制决定的。工程项目生命周期与建设程序的关系如图 1-1 所示。

项目决策阶段	设计准备阶段	设计阶段		施工准备阶段	施工阶段		动用前准备阶段	保修期			
编制项目建议书	编制可行性研究报告	编制计划（设计）任务书	初步设计	技术设计	施工图设计	场内外准备	施工招投标	施工安装	竣工验收	动用	保修期结束	后评价	使用	项目报废
			编制年度工程建设投资计划			生产准备					
决策阶段	实施阶段							使用阶段			

图 1-1　工程项目生命周期与建设程序的关系

2. 建设程序

工程建设程序是指建设项目从前期的决策到设计、施工、竣工验收投产的全过程中，各项工作必须遵循的先后次序和科学规律。这既是对工程项目建设的规定，也是实践经验的总结。工程建设涉及面广，需要各方协调配合、管控好各环节。其具体内容和程序如下：

（1）项目建议书　项目建议书是项目前期工作的起点，是对拟建项目的设想，主要对项目进行初步研究，弄清项目市场、技术、经济条件之后，做出初步判断，以项目建议书的形式，说明拟建项目的必要性，以满足投资立项的需要。项目建议书获得批准后，才可立项。

（2）可行性研究及项目评估　可行性研究是指根据上级批准的项目建议书，通过对项目有关的市场、技术、工程经济和风险等各方面进行研究、分析、比较和论证，考察项目建设的必要性，市场的可容性，技术的先进性和适用性，工程上的合理性，财务和经济上的可行性以及对社会和环境的影响等，从而对项目的可行性做出全面的判断，减少项目投资的盲目性。为确保可行性研究报告的科学性和可靠性，一般要经主管部门授权的工程咨询机构对其进行评估。经评估认可的项目可行性研究报告，才能作为编制项目设计（计划）任务书的依据。

（3）编制计划任务书、确定建设地点　建设单位根据可行性研究报告的结论和报告中提出的内容来编制计划任务书。计划任务书是确定建设项目和建设方案的基本文件，是对可行性研究所得到的最佳方案的确认，是编制设计文件的依据，是可行性研究报告的深化和细化。

（4）编制设计文件　设计是对拟建项目的实施在技术上和经济上所进行的全面而详尽的安排，是对项目建设计划和要求的进一步形象化、具体化、明确化，是整个工程的决定性环节，是组织施工的依据，它直接关系着工程质量、造价和将来的使用效果。可行性研究报告被批准后的建设项目，可通过招投标方式来选择设计单位，按照已批准的内容和要求编制设计文件。设计文件包括文字规划和图纸设计，一般建设项目分初步设计和施工图设计两个阶段，大型的或技术上复杂的项目分为初步设计、技术设计、施工图设计三个阶段。

（5）编制年度工程建设投资计划　根据经过批准的总概算和工期，合理安排年度投资计划，以保证项目按期建成。年度工程建设投资计划是建设项目当年完成工作量的投资额，包括用当年资金完成的工作量和动用库存的材料、设备等内部资源完成的工作量。年度计划安排的建设内容，要和当年分配的投资、材料设备相适应，配套项目同时安排，相互衔接。

（6）建设准备阶段　做好建设准备是确保项目顺利进行的前提。建设准备工作主要包括以下几方面：

1）办理有关手续，如建设用地规划许可证、建设工程施工许可证等。

2）施工现场准备，如完成征地、拆迁、"三通一平"等工作。

3）资源准备，包括落实资金，主要材料设备订货，确定组织管理机构及人员。

4）开工前的技术与资料准备，包括水文地质资料、规划与红线图、总平面布置图、施工图及说明，组织图纸会审，协调解决图纸和技术资料的有关问题。

5）组织招投标，包括建设监理、工程设计、设备采购、工程施工招投标。

（7）建设项目施工　建设项目施工是根据施工图设计和有关文件进行建筑安装生产过程。它是工程建设程序中建筑产品形成的主要阶段。业主通过招投标选中施工单位后，办理施工许可证，签订承发包合同，进行施工准备，做好"四控两管一协调"（即投资控制、质量控制、进度控制、安全控制、信息管理、合同管理，协调建设各方的关系），严格按照施工组织设计和工程施工规范组织施工，全面按合同规定的承包内容完成施工任务。

（8）生产准备　对于生产性项目，在项目准备和实施阶段，建设单位要根据建设项目的生产技术特点及时做好各项生产准备工作，以保证项目建成后能及时投产使用。生产准备的内容很多，不同的建设项目对生产准备要求也各不相同，主要包括生产组织机构、管理制度、人员、技术、原材料、工器具、备品、备件物资准备等。

（9）竣工验收、交付使用　当建设项目按设计文件规定内容全部施工完成后，按照规定的竣工验收标准、工作内容、程序和组织规定，经过各单项工程的验收，符合设计要求，并具备竣工图表、竣工决算、工程总结等必要文件资料，由项目主管部门或建设单位向可行性研究报告的审批单位提出竣工验收申请报告。竣工验收是全面考核建设成果、检验设计和工程质量的重要步骤，也是项目建设转入生产或使用的标志。

（10）建设项目后评价　建设项目后评价是在工程项目投产使用后，对项目的立项决策、设计、施工、竣工投产、生产运营等全过程进行系统评价的一项技术经济活动，是工程建设投资管理的一项重要内容和最后一个环节。通过建设项目后评价，以达到肯定成绩、总结经验、研究问题、吸取教训、提出建议、改进工作、不断提高项目决策水平和投资效果的目的。

以上十项工作内容是由工程建设的技术经济特点、固定资产投资的特殊性、连续性决定的，它们相互衔接，密不可分。虽然工程建设全过程由于工程类别不同而各有差异，但都必须遵循先勘察后设计，先设计后施工，先验收后使用的原则，坚持按工程建设程序办事，才能使工程建设取得更好的投资效益。

1.1.5　工程项目管理

1. 工程项目管理的概念与特点

（1）工程项目管理的概念　工程项目管理是指管理者为了实现其建设目标，对工程项目运用系统的观念、理论和方法，对建设全过程进行全面科学的计划、组织、领导、协调和控制等一系列活动。

一个项目往往由不同的参与主体（业主方、设计方、施工方、供货方等）承担不同的建设任务，由于各个参与单位的工作性质、工作任务和最终利益不同，就形成了不同的项目管理类型。

（2）工程项目管理的特点　工程项目管理的基本特征是面向工程，以实现工程项目的建设目标为目的，对工程项目实施的全过程进行高效率、全方位的管理。

1）工程项目管理是一种一次性管理。工程项目一般投资巨大，建设周期长，具有一次性和不可逆性。在项目管理过程中一旦出现失误，很难纠正，损失严重，所以对项目建设中的每个环节都应进行严密管理，认真选择项目经理，配备项目人员和设置项目机构。

2）工程项目管理是一种全过程的综合性管理。工程项目的生命周期是一个有机成长过程。各阶段既有明显界限，又相互联系和衔接，如对项目可行性研究、勘察设计、招标投标、施工等各阶段中又包含有进度、质量、成本、安全、环境的管理。因此，项目管理是全过程的综合性管理。

3）工程项目管理是一种约束性强的控制管理。工程项目有明确的目标（成本低、进度快、质量好）、限定的时间和资源消耗、既定的功能要求和质量标准，决定了约束条件的约束强度比其他管理更高。

2. 工程项目管理的内容与类型

工程项目管理的内容是多目标、多阶段、多层次、多方位、多要素、多主体的管理。

（1）目标管理　项目成功完成是项目管理的总体目标。其具体目标是在限定的时间内，在有限的资源（资金、劳力、设备材料、空间等）条件下，以尽可能快的速度、尽可能高的质量、尽可能低的费用圆满完成工程项目。因此项目管理的目标主要有三大方面：专业目标（功能、质量、生产能力、安全、环保等）、工期目标和费用目标，它们共同构成项目管理的目标体系。

三大目标互为依存、相互制约和影响，项目管理就是追求它们之间的平衡和优化。

（2）全过程管理　从建设程序看，工程项目管理包括开工前期管理、在建期管理和竣工验收及后期管理三项主要内容。开工前期管理又包括工程立项管理、工程设计管理、建设准备工作管理等多项内容；在建期管理包括施工管理、材料管理、进度管理、资金费用（成本或投资）管理及生产准备管理等具体工作内容；竣工验收及后期管理包括验收程序管理、结算和决算管理、维护保修管理、使用管理、后评价等内容。

（3）按管理层次划分　工程项目管理按管理层次可分为宏观项目管理和微观项目管理。

宏观项目管理是指政府（中央政府和地方政府）作为主体对项目活动进行的管理。其目标主要是追求国家或地区的整体综合效益。项目宏观管理的手段是行政、法律、经济手段并存，主要包括：项目相关产业法规政策的制定，项目相关的财、税、金融法规政策的制定，项目资源要素市场的调控，项目程序及规范的实施，项目过程的监督检查等。

微观项目管理是指项目业主或其他参与主体对项目活动的管理，是项目参与者为了各自的利益而以某一具体项目为对象进行的管理，其手段主要是各种微观的经济法律机制和项目管理技术。一般意义上的项目管理，往往是指微观项目管理。

（4）按管理主体不同划分　工程项目管理涉及不同的管理主体，如项目业主、项目使用者、科研单位、设计单位、施工单位、生产厂商、监理单位等。从管理主体看，各实施单位在各阶段的任务、目的、内容不同，也就构成了项目管理的不同类型。

1）业主方项目管理。业主方项目管理是指由项目业主或委托人对项目建设全过程的监督与管理。按项目法人责任制的规定，新上项目的项目建议书被批准后，由投资方派代表，组建项目法人筹备组，具体负责项目法人的筹建工作，待项目可行性研究报告批准后，正式成立项目法人，由项目法人对项目的策划、资金筹措、建设实施、生产经营、债务偿还、资产的增值保值，实行全过程负责，依照国家有关规定对建设项目的建设资金、建设工期、工程质量、生产安全等进行严格管理。

业主以工程项目所有者的身份，作为项目管理的主体，居于项目组织最高层。业主对工程项目的管理深度和范围由项目的承发包方式和管理模式决定。

2）监理方的项目管理。建设工程监理，是指具有相应资质的工程监理企业，接受建设单位的委托，承担其项目管理工作，并代表建设单位对承建单位的建设行为进行监控的专业化服务活动。

3）承包方项目管理。作为承包方，根据承包的方式和范围不同，其项目管理又分为：

① 工程总承包方的项目管理。业主通过招标择优选定总承包单位全面负责工程项目的实施过程，直到最终交付使用功能和质量标准符合合同文件规定的工程目的物。因此，总承包方的项目管理是贯穿于项目实施全过程的全面管理，既包括设计阶段也包括施工安装阶段。其性质和目的是全面履行工程总承包合同，以实现其企业承建工程的经营方针和目标，取得预期经营效益为动力而进行的工程项目自主管理。

② 设计方项目管理。设计单位受业主委托承担工程项目的设计任务，以设计合同所界定的工作目标及其责任义务作为该项工程设计管理的对象、内容和条件，通常简称设计项目管理。设计项目管理也就是设计单位对履行工程设计合同和实现设计单位经营方针目标而进行的设计管理。

③ 施工方项目管理。施工单位通过工程施工投标取得工程施工承包合同，并以施工合同所界定的工程范围，组织项目管理，简称施工项目管理。这种施工项目主要是指施工总承包的完整工程项目，包括其中的土建工程施工和建筑设备工程施工安装，最终成果能形成独立使用功能的建筑产品。工程项目按专业、按部位分解发包的情况，承包方仍然可以按承包合同界定的局部施工任务作为项目管理的对象，这就是广义的施工企业的项目管理。

1.2 工程项目审计的概念、要素及分类

1.2.1 审计的概念、目标及分类

1. 审计的概念

审计的最早形态是政府审计，随着工商业的出现，经过数百年的发展，审计的范围逐步扩大，出现了因不同社会需求的各种不同类型及其特定目标的审计业务，已经形成了一套比较完备的科学体系及专业。审计的概念也在发展中产生了不同的理解，美国会计学会（American Accounting Association，AAA）审计基本概念委员会在《基本审计概念说明》（A Statement of Basic Auditing Concepts）中定义："审计（Audit）是一个系统化过程，即通过客观地获取和评价有关经济活动与经济事项认定的证据，以证实这些认定与既定标准的符

合程度，并将结果传达给有关使用者。"这一定义考虑了审计的过程和目标，远远超出了历史财务报告审计的内涵，除包含财务报告的编报服务，甚至还可以包含其他的鉴证服务。

因此说，**审计就是审计机构及其审计人员通过收集审计证据对经济活动的认定，按照客观标准予以验证、评价并报告结果的过程**。要准确理解审计的概念，应把握以下关键点。

1）认定和既定标准。认定是关于行为、事件、状况、结果或一定时期业绩的肯定表述；既定标准是关于审计工作的依据，对审计行为活动而言即为审计规范，包括约束激励审计主体的审计规范即审计准则和审计客体及其审计内容的审计规范即审计标准。认定是由财务报告编报者即企业管理层根据可适用的标准（既定标准）做出的，并将被传达给财务报告使用者。审计机构及其审计人员的职责就是收集证据以判断管理层的认定在多大程度上是按照既定标准做出的，并将结果告知财务报告的使用者。

2）收集和评价审计证据。审计证据是审计机构及其审计人员用来确定某一主体认定是否按既定标准表述的所有资料，包括口头陈述、书面文件、电子数据和实物等多种形式。审计人员必须保证审计证据数量和质量足以说明认定与既定标准的相符程度。并且在此过程中应该严格按照审计准则的要求，其结果应该是客观、公允的。这不仅是对审计证据获取过程的要求，也是对审计人员行为规范的要求。

3）报告结果。所有审计的最终目的和结果都是向信息使用者提供管理层认定与既定标准之间相符程度的报告。审计最后阶段的工作就是出具审计报告，它是审计人员向信息使用者传达审计结果的一种手段。

4）系统化的过程。审计作为一个系统化过程是指审计过程是合理的、有序的和有组织的。系统化意味着审计人员在制订审计计划、实施审计程序、获取审计证据和形成审计结论时全盘考虑，以有效地实现审计目标。审计系统化过程通常包括业务承接、审计计划的制订、风险评估、风险应对和审计报告的出具。

5）有关使用者。主要包括审计的三方：审计人员、被审计单位管理层（责任方）、财务报表预期使用者。审计人员对由被审计单位管理层负责的财务报表发表审计意见，以增强除管理层之外的预期使用者对财务报表的信赖程度。

审计旨在提高某一鉴证对象信息的可信度，审计的基础是独立性和专业性，通常由具备专业胜任能力和独立性的审计人员来执行，审计人员应当独立于被审计单位和预期使用者，最终编制审计报告。

2. 审计的目标

在执行财务报表审计工作时，审计人员的总体目标是：①合理保证财务报表避免由于舞弊或错误导致的重大报错，并对其重大方面的合规性发表意见；②按照审计准则的规定，根据审计结果对财务报表出具审计报告，并与管理层和治理层沟通。

3. 审计的分类

区分不同审计形态的标准有多种多样，可从以下几方面对审计加以分类：

1）按审计主体不同区分，有政府审计、内部审计和注册会计师审计。
2）按审计范围不同区分，有全面审计和局部审计，综合审计和专题审计。
3）按审计时间不同区分，有事前审计、事中审计和事后审计，期中审计和期末审计、定期审计和不定期审计。
4）按审计地点不同区分，有就地审计和送达审计。

5)按审计动机不同区分,有法定审计和任意审计。

审计作为一门独立的学科,主要研究对象是审计理论、审计方法、审计组织和审计制度等审计活动。现代审计学科体系一般由审计学原理、审计技术学、历史审计学、应用审计学四个分学科组成。审计学原理属于审计理论范畴,主要研究审计基本概念、原理、知识和规律,以及对不同类项、不同国家的审计进行比较研究等。它包括审计学基础理论和比较审计等。它对于整个审计学科的研究具有指导意义。审计技术学,主要研究各种审计方式、技术、方法和手段及其应用。历史审计学,主要研究审计的产生、发展和兴衰存亡的规律性。应用审计学,主要研究各类不同目标的审计和各个不同行业的审计以及审计法学。工程项目审计主要体现在如何在工程项目建设过程中开展审计工作,属于应用审计学的范畴。

1.2.2 工程项目审计的概念

随着我国国民经济的快速发展,固定资产投资总额逐年增加,2019年超63万亿元,但由于我国现行建设管理模式与体制尚在改革与完善中,某些项目存在着建设周期长、漏洞多、损失浪费严重、建成后的效果不佳、预期目标达不到等问题。因此,加强工程项目管理,提高管理水平和投资效益,科学、公正地进行工程项目的审计和评价是投资者和管理者必然关注的问题。

工程项目审计是指由独立的审计机构和审计人员,依据国家现行法律法规和相关审计标准,运用审计技术,对工程项目建设的技术经济活动和行为进行监督、评价和鉴证的过程。

根据中国内部审计协会2005年颁布的《内部审计实务指南第1号——建设项目内部审计》第二条规定:"建设项目内部审计,是指组织内部审计机构和人员对建设项目实施过程的真实、合法、效益性所进行的独立监督和评价活动。"第四条指出:"建设项目内部审计的目的就是为了促进建设项目实现'质量、速度、效益'三项目标。"由此可见工程项目审计有以下几层含义:

1. 工程项目审计的主体

根据定义,工程项目审计应当由独立的审计机构以及该机构所派的审计人员进行,其中包括政府审计机关、企事业单位内部审计机构和社会审计组织。其中,政府审计机关重点审计以国家投资或融资为主的基础设施项目和公益性项目。《中华人民共和国审计法》(以下简称《审计法》)第二十二条规定:"审计机关对政府投资和以政府投资为主的建设项目的预算执行情况和决算,进行审计监督。"2001年8月1日正式实施的《审计机关国家建设项目审计准则》第二条规定:"本准则所称国家建设项目,是指以国有资产投资或者融资为主(即占控股或者主导地位)的基本建设项目和技术改造项目。与国家建设项目直接有关的建设、勘察、设计、施工、监理、采购、供货等单位的财务收支,应当接受审计机关的审计监督。"

企事业单位内部审计机构重点审计本单位或本系统内投资建设的所有建设项目。而社会审计是指依法成立的社会审计机构和审计人员接受委托人的委托,对委托审计的项目实施审计。对于以国家投资或融资为主的基础设施项目和公益性项目,视建设单位的归属,由国家或地方审计机关组织审计。国家或地方审计机关也可以授权建设单位组织工程内部审计,或者委托社会审计机构进行审计。交通运输部2007年6月1日起实施的《交通建设项目委托审计管理办法》第二条规定："列入各级交通主管部门、企事业单位固定资产投资计划的建设项目办理委托审计事项，适用本办法。本办法所称建设项目委托审计，是指各级交通主管部门、企事业单位根据审计工作需要，将建设项目审计业务委托给包括会计师事务所、工程造价咨询企业等在内的社会审计组织实施的行为。"对于非国家投资或融资的基础设施建设项目和公益性项目，如BOT等方式建造的项目，根据《审计法》的要求，应当由项目出资方决定审计主体。

2. 工程项目审计的客体

工程项目审计的客体即工程项目审计的对象。从其性质上可以分为：一是所审计的具体已建和在建工程项目，既包括生产性建设项目，也包括非生产性建设项目、基础设施项目及各企事业单位的各种建设项目。二是审计工作所面对的工程项目实施的主体即工程项目参与者，包括建设单位、设计单位、施工单位、监理单位、金融机构、建设行政主管部门、建设单位主管部门等所有参与工程项目建设和管理工作的部门和单位。三是审计各项目实施参与者在工程项目建设过程中的管理、技术、经济活动情况，包括工程项目投资决策阶段、项目准备与实施阶段和竣工验收阶段的所有工作。

3. 工程项目审计的目的

《内部审计实务指南第1号——建设项目内部审计》第四条规定："建设项目内部审计的目的是为了促进建设项目实现'质量、速度、效益'三项目标。"

具体讲，工程项目审计的目的包括以下五个方面。

(1) 监督项目资金来源与支付的合法性，项目信息的真实性　工程项目审计是以监督财政、财务收支的"合法性"为主要目标。工程项目审计具备鉴证职能，能对工程项目信息是否真实做出合理的判断。随着我国信息化及大数据基本框架的建立，工程项目信息的真实性已成为审计机关监督的重点。通过审计，可以判断建设项目的建设成本及支出是否真实、可靠，在投资中有无随意扩大建设规模，挪用、挤占建设资金，盲目采购造成浪费的情况等。

(2) 审计建设项目实施过程的合法性　主要审查工程项目在实施期间是否严格遵守《中华人民共和国建筑法》《中华人民共和国招标投标法》等有关规定，项目法人的设立是否符合要求，项目手续是否健全完备，项目立项、实施程序和各项依据是否合规、合法、适时等。

(3) 监督建设单位内控制度的建立　主要审计建设单位内控制度是否健全，有无缺少关键业务流程和管理流程，是否有明确的控制点的职责分工、监督评价、绩效考核制度等。

(4) 预警作用　工程项目审计是事前、事中和事后审计相结合的全过程跟踪审计，通过审计，及时发现工程项目管理过程中存在的漏洞以及存在的苗头性、倾向性的违纪违规问题，及时预警并有针对性地提出建议，促进被审计单位及时采取有效措施，完善相关制度，堵塞管理漏洞，防止或降低工程建设过程中各种风险的发生。

(5) 审计工程项目的绩效状况　绩效审计是审计的重要工作。绩效审计包括效率审计和效益审计，效率审计是指监督审查整个建设活动按照批准的投资计划和进度、设计质量标准和相应规范的要求，按时或提前交付使用，尽快形成和达到设计生产能力；效益审计是指监督审计建设活动的各个阶段和环节，坚持以全面提高经济效益为中心，确保工程投资项目达到预期"质量、速度、效益"三项目标。

1.2.3 工程项目审计的依据

工程项目审计的依据包括以下三个层次：

（1）现行方针政策 现行方针政策主要是指国家、行业和地方现行的与工程项目建设密切相关的方针政策，如与国民经济发展有关的宏观调控政策、产业政策和发展规划等。这些方针政策直接决定了项目的性质和规模，也决定了工程项目审计工作的目标和方向。因此，它是工程项目审计宏观性和指导性的依据。

（2）法律法规 法律法规主要是指国家现行与工程项目审计相关的法律法规，包括三个层次：一是相关法律，包括《中华人民共和国审计法》《中华人民共和国建筑法》《中华人民共和国合同法》《中华人民共和国招标投标法》《中华人民共和国价格法》《中华人民共和国税法》和《中华人民共和国土地管理法》等，二是行政法规，包括《中华人民共和国审计法实施条例》《中华人民共和国国家审计准则》《建设工程质量管理条例》和《建设工程勘察设计管理条例》等，三是各地区、各行业所颁布的规章，如《内部审计实务指南第1号——建设项目内部审计》《工程建设项目施工招标投标办法》《建设工程价款结算暂行办法》《建设工程造价管理办法》和《基本建设财务管理规定》等。

（3）相关的技术经济指标和规范 相关的技术经济指标和规范主要是指项目审计中所依据的定量性的标准，如概预算定额、消耗量定额、价目表、取费标准、招标和结算工程量清单、清单计价规范、建设项目经济评价方法与参数等。

1.2.4 工程项目审计的特点

工程项目的审计活动是对投资者、建设单位及其他项目参与者所进行的一种技术经济监督、评价和鉴证活动，对其经济行为所予以的客观评价。工程项目审计作为审计业务的一部分，与其他审计业务一样，具有以下特点：

（1）审计工作的相对独立性 主要体现在：在组织上，审计机构是独立的专职机构，与被审计单位无隶属关系；在人员上，审计机构与被审单位无利益冲突关系，实行回避制度，受法律保护；在工作上，审计机构独立行使审计监督权，不受干预，客观审计；在经费上，审计机构有足够的经费来源，不受被审单位牵制。

（2）审计对象的复杂性 工程项目涉及面广，既包括生产性建设项目，也包括非生产性建设项目。建设项目的投资主体千差万别，不同行业的建设项目投资特点也不尽相同。同时，工程项目参与者众多，各项目参加者在工程项目建设过程中担任的角色也不一样。因此工程审计涉及面广，审计对象复杂。

（3）审计内容的多样性 传统的审计工作着重于对被审计单位财务收支活动及会计资料进行审计。而工程项目审计涉及被审计单位的项目建设全过程中的所有技术经济活动，包括工程项目投资决策阶段、项目实施阶段和竣工验收阶段的所有工作。

（4）审计过程的阶段性 工程项目建设必须按照建设程序分阶段进行，其投资数额大，建设周期长，阶段性强，因此，进行工程项目审计时，应当根据工程建设程序分阶段地进行。

（5）审计职能的特殊性 传统的审计是通过事后财务审计来监督被审计单位的财务活动，以监督为主。而工程项目审计是以建设职能为主，对建设项目进行全过程审计，以经济性、效益性为主，强调事前、事中和事后审计相结合的全过程跟踪审计，围绕"提前跟进、全程跟踪、立足服务、着眼防范"的思路，将审计的关口前移。及时发现资金和项目管理中的漏洞以及存在的问题，并有针对性地提出建议，促进被审计单位完善相关制度，堵塞管理漏洞，防止铺张浪费和投资损失，以达到"边审计、边整改、边规范、边提高"的目的。

（6）审计方法的灵活性 工程项目建设过程是知识、技术、资源、组织和管理的集成。因此，在项目审计时，既要对建设单位的财务收支、项目资金来源、资金使用情况进行审计，也要根据审计目标，对建设项目工程造价和投资效益等进行审计，还要对建设过程项目管理情况进行审计。为了实现审计目标，工程审计除了采用传统的审计方法，还应当吸收管理学、经济学、工程技术、计量与计价等领域的方法，如工程计量方法、价格确定方法、项目评估方法、经济预测方法、工程项目管理方法等技术经济方法，以便精准和有效地审计监督。

（7）审计的服务性 传统的审计着重对被审计单位的财务活动的真实性、合法性、合规性进行审计。工程项目审计的目的在于促进建设项目实现"质量、速度、效益"三项目标，因此，工程项目审计既是被审计单位的审计监督者，也可为被审计单位提供专门咨询服务。

1.2.5 工程项目审计的分类

根据分类的标准不同，对工程项目审计可做出不同的分类，这样有利于正确组织工程项目审计活动和发挥审计作用。

（1）按照投资主体划分 随着现代工程融资模式的多样化，建设项目投资主体也逐渐呈现多元化格局。按照投资主体的不同，工程项目审计可分为：

1）国家投资建设项目审计：是指对中央政府投资的建设项目进行审计，包括全部或主要由国家财政性资金、国家直接安排的银行贷款资金和国家通借通还的外国政府或国际金融组织及其他资金投资的建设项目。

2）地方政府投资建设项目审计：是指对各级地方政府投资的建设项目进行审计，即对省、直辖市、自治区、省级市、县、乡等各级地方政府财政性资金及其他资金投资的建设项目进行审计。

3）自筹资金投资建设项目审计：是指对各建设单位自己投资的建设项目进行审计，包括企事业单位利用自有资金或自筹资金投资的建设项目。

4）外商投资建设项目审计：是指对外商投资的建设项目进行审计，包括中外合资、中外合作和外商独资投资兴建的建设项目。

5）联合投资建设项目审计：是指对多方组成的投资联合体投资兴建的建设项目进行审计。

由于投资主体的不同，因此，工程审计的作用及法律效力也有较大差异。对使用政府投资和以政府投资为主的建设项目，审计机关按照法定程序实施审计。实施审计后，依法出具审计报告。在审计报告中对审计工作进行总结和情况反映，依法需要给予处理、处罚的，在法定职权范围内做出审计决定。审计机关依法出具的审计报告、做出的审计决定具有法律约束力，被审计单位和有关部门应当遵照执行。而对于非国家投资建设项目审计从其性质上来说属于内部审计。内部审计的监督职能应该是代表组织最高管理层，监督组织内部建设管理人员和员工的行为和效果。

（2）按照工程项目建设过程划分　根据工程项目生命周期理论，工程项目生命周期包括投资决策阶段、项目实施阶段和项目投产使用阶段，与之对应，工程项目审计可分为：

1）工程项目投资决策阶段审计。主要包括项目可行性研究报告的财务资料以及相关经济数据的咨询服务审计，建设项目法人单位成立的前期相关审计，项目预期盈利审计，项目筹资融资情况审计等。

2）工程项目实施阶段审计。主要包括设计单位、施工单位等项目参加者资信度审计，项目采购工作审计，建设单位、施工单位财政收支、财务收支审计，建设单位、施工单位年度财务会计报表审计，项目资金来源与资金使用审计，建设单位法人经济责任审计，项目资金管理审计，工程概算、预算和决算审计，以及各项目参加者工作情况审计等。

3）工程项目投产使用阶段审计。主要包括项目竣工决算审计，项目经济效益审计，项目经济效益后评估审计，项目经济责任审计，项目投资决策审计，建设项目单位清算审计等。

（3）按照审计活动执行主体的性质划分　按审计活动执行主体的性质分类，工程项目审计可分为政府审计、独立审计和内部审计三种。

1）政府审计。政府审计是指由政府审计机关依法进行的审计，也称为国家审计。我国国家审计机关包括国务院设置的审计署及其派出机构和地方各级人民政府设置的审计厅（局）两个层次。国家审计机关依法独立行使审计监督权，对国务院各部门和地方人民政府、国家财政金融机构、国有企事业单位以及其他以国有资产投资为主的建设项目的预算执行情况和决算，及其经济效益进行审计监督。各级政府审计都具有法律所赋予的履行审计监督职责的强制性。同时，国家审计机关还有要求报送资料权，监督检查权，调查取证权，建议纠正有关规定权，向有关部门通报或向社会公布审计结果权，经济处理权、处罚权，给予有关责任人员行政处分建议权以及一些行政强制措施权等。同时，国家审计机关还可以进行授权审计和委托审计。

2）独立审计。独立审计是指由独立的社会审计机构受托有偿进行的审计活动，也称为社会审计。我国注册会计师协会（CICPA）在发布的《独立审计基本准则》中指出："独立审计，是指注册会计师依法接受委托，对被审计单位的会计报表及其相关资料进行独立审查并发表审计意见。"我国社会审计组织主要承办海外企业、横向联合企业、集体所有制企业、个体企业的建设项目建设行为审计和管理咨询业务；接受国家审计机关、政府其他部门、企业主管部门和企事业单位的委托，进行可行性方案研究、项目竣工决算审计等方面的审计工作。

3）内部审计。内部审计是指由本单位内部专门的审计机构和人员对本单位建设项目实施过程中财务收支和经济活动实施的独立审查和评价，审计结果向本单位主要负责人报告。内部审计组织独立于财会部门之外，直接接受本部门本单位最高负责人领导，并向他报告工作。这种审计具有显著的建设性和内向服务性，其目的在于帮助本单位健全内部控制，改善经营管理，提高经济效益。内部审计所涉及的范围广泛，其审计方式也较为灵活。

（4）按照工程项目审计实施时间划分　按审计实施时间相对于被审计单位建设行为发生的前后分类，工程项目审计可分为事前审计、事中审计和事后审计。

1）事前审计。事前审计是指在工程项目正式实施之前进行的审计。这实质上是对计划、预算、预测和决策进行审计。如国家审计机关对工程项目批准立项的必要性和可行性、项目财政预算编制的合理性、重大投资项目的可行性等进行的审查；内部审计组织对本单位工程项目建设计划的科学性与经济性、工程合同的完备性等进行的评价。

事前审计是指在经济业务发生之前所进行的审查、评价活动。这种审计的优点是事前明确责任，因而可以防患于未然，减少或杜绝损失、浪费和违纪违法的可能性。开展工程项目事前审计，有利于建设单位进行科学决策和管理，保证未来工程建设活动的有效性，避免因决策失误而遭受重大损失。

2）事中审计。事中审计是指在工程项目实施过程中进行的审计。例如，对工程项目招标投标过程，工程合同的执行情况，工程项目概算、预算、决算情况，工程项目进展状况等进行审查。通过这种审计，能够及时发现和反馈问题，尽早纠正偏差，从而保证工程建设活动按预期目标合法合理和有效地进行。事中审计的优点是可以随时了解掌握工程项目建设的进展情况或经济责任的履行情况，可以及时发现问题，及时进行纠正。事中审计的实时性，决定了在开展工程审计时，事中审计方法运用的广泛性。

3）事后审计。事后审计是指在工程项目竣工验收交付使用之后进行的审计。如对工程竣工验收情况，项目投资财政预算执行情况，项目建设目标的实现情况，工程项目管理绩效状况等进行审计。事后审计的目标是监督工程项目建设过程的合法合规性，鉴证工程建设各种报告报表的真实公允性，评价项目建设的效果和效益状况等。

（5）按审计内容和目的划分　按审计内容和目的分类，可将工程项目审计分为财政财务审计、财经法纪审计、经济效益审计和经济责任审计。

1）财政财务审计。财政财务审计是指检查建设项目财政预、决算和工程财务收支情况，并判断其是否真实正确和合规合法的一种审计，旨在纠正错误、防止舞弊。具体来说，财政审计包括财政预算执行审计、财政决算审计和其他财政收支审计。财务审计则是指对企事业单位的资产、负债和损益的真实性和合法合规性进行审查。

2）财经法纪审计。财经法纪审计是以维护国家财经法纪，保证党和国家各项方针政策的贯彻落实为目的的一种经济监督形式。在开展财政财务审计的过程中，如果发现被审计单位和人员存在严重违反国家现金管理、结算制度、信贷制度、成本费用开支范围、税利上缴规定等国家财经法规，侵占国家资财，损害国家利益的行为，往往会立专案进行深入审查，以查清违法违纪事实，做出相应处罚。这种专案审计实质上是财政财务审计的深化，重点审查和揭露各种舞弊、侵占社会主义资财的事项，审查和揭露给国家和集体财产造成重大损失浪费的各种失职渎职行为。

3）经济效益审计。经济效益审计是由审计组织或审计人员为了促进经济效益的提高，以审查评价实现经济效益的程度和途径为内容，对被审计单位经济活动之经济效益状况和影响因素进行的审查、分析和评价活动。

对工程项目而言，经济效益审计是指由独立的审计机构或审计人员，依据有关法规和标准，运用审计程序和方法，对被审计建设工程项目投资活动的合理性、经济性、有效性进行监督、评价和鉴证，提出改进建议，促进其提高资金管理效益的一种独立性的监督活动。

4）经济责任审计。经济责任审计是在我国审计实践中创立的新的审计种类。它是指由独立的审计机构或审计人员依据财经法规和有关规定对企事业单位的法定代表人或经营承包人在任期内或承包期内应负的经济责任的履行情况所进行的审查、评价和证明活动。

对工程项目而言，由于我国实行项目法人责任制，因此有必要将对工程项目法人经济责任审计纳入工程审计工作范畴。

（6）按照工程审计内容的专业特征划分　根据工程审计内容的专业特征，可将工程项目审计分为工程项目财务收支审计、工程项目造价审计、工程项目建设管理审计和工程项目投资效益审计。

1）工程项目财务收支审计。主要对工程项目建设过程中的项目资金的来源和支出情况进行审计。

2）工程项目造价审计。主要检查工程项目建设过程中的工程项目投资财政预、决算情况，并判断其是否真实正确和合规合法的一种审计，包括投资估算审计，工程概算、预算审计和工程决算审计。

3）工程项目建设管理审计。主要对建设单位及其他项目参加者在工程项目建设过程中的建设行为的合规合法情况及工作效率进行审计。

4）工程项目投资效益审计。主要对被审计建设工程项目投资活动的合理性、经济性、有效性进行监督、评价和鉴证活动。

（7）按审计内容的范围划分　按审计内容的范围分类，可将工程项目审计分为全部审计和专项审计。

1）全部审计。全部审计或称全面审计，是指对被审计单位一定期间内的财务收支和其他经济活动所进行的全面的审查、评价或证明活动。一般年终的财务审计就属于这类审计。经济责任审计要审查责任履行的各方面，所以也属于全部审计。

2）专项审计。专项审计或称专题审计、特种审计，是指对特定的审计项目所进行的审查或鉴证活动，与此项目无关的经济业务则一般不进行审查。例如，审查某工程项目在建设过程中存在挪用国家下拨的项目建设资金的行为，就围绕这一特定项目进行审查，无关的效益方面的问题就不审查；审查预算外的收支，就不审查预算内的收支情况。

（8）按照审计实施的周期性划分　按审计实施的周期性分类，还可将工程项目审计分为定期审计和不定期审计。

1）定期审计。定期审计是按照预定的间隔周期进行的审计，如注册会计师对股票上市公司年度会计报表进行的每年一次的审计、国家审计机关每隔几年对行政事业单位进行的财务收支审计等。

2）不定期审计。不定期审计是出于需要而临时安排进行的审计，如国家审计机关对被审计单位存在的严重违反财经法规行为突击进行的财经法纪专案审计，工程造价咨询单位接受建设单位委托对工程项目造价进行审计，内部审计机构接受指派对本单位物资采购部门存在的舞弊行为进行审查等。

（9）按照审计执行地点划分　按审计地点不同分类，可将工程项目审计分为就地审计和报送审计。

1）就地审计。就地审计是指审计机构委派审计人员到被审计单位现场所进行的审查活动。这种审计的优点是可以深入实际、调查研究，易于全面了解和掌握情况。因此，是实际审计工作中经常使用的一种重要审计方式。如建设项目的跟踪审计即采用此方法。

2）报送审计。报送审计是指被审计单位按照审计机关的通知，将有关财务会计资料在规定的时间内报送审计机关，由审计机关依法进行审计。

1.3 工程项目审计的内容

由于工程项目在建设的各个阶段其工作内容不同,因此,在建设的不同阶段工程项目审计的内容和重点均不相同,但一般均从管理、技术、经济性三个方面加强审计。

1.3.1 前期决策阶段的主要审计内容

1. 管理方面的审计
1)审计前期决策程序的合规性。
2)审计可行性研究报告的编制与审批单位的资质和级别的合规性。

2. 技术方面的审计
1)审计可行性研究报告内容的完整性和编制深度及广度。
2)审计投资决策文件本身的科学性和合理性,财务评价是否可行。

3. 经济性方面的审计
1)投资估算的编制依据、内容和方法。
2)投资估算的编制程序和完整性。

1.3.2 勘察设计阶段的主要审计内容

1. 管理方面的审计
(1)勘察设计程序　建设单位是否合理安排勘察设计进度和合同,避免边勘察、边设计、边施工的"三边工程",项目经理部是否按照设计程序监督勘察设计承包人严格执行勘察设计计划和合同。
(2)勘察设计阶段文件编制　建设单位是否较好地完成了收集有关资料、组织初步设计、编制施工图设计文件的工作。

2. 技术方面的审计
(1)勘察报告的深度　勘察报告中勘察资料符合国家规范的程度,重点检查报告的规范符合性和完整性。具体是否符合实际等施工阶段再审。
(2)工程设计文件编制的深度　初步设计是否符合规划和技术经济方面的指标,是否已经批准;施工图设计是否达到施工要求的深度。
(3)合同执行情况　设计工作进度、设计工作质量、设计费用支出、设计深度是否符合规范要求。

3. 经济性方面的审计
重点审计设计概算。具体要审计设计概算的编制依据、费用准确度、内容真实性、概算调整的依据和标准,是否存在概算以外项目,以及设计收费的审计是否符合国家标准。

1.3.3 招标投标阶段的主要审计内容

1. 管理方面的审计
(1)建设单位项目管理部门组织结构的审查　项目法人是否经过授权,项目经理部组织结构是否合理、合规及有效,项目管理负责人和管理机构成员到位情况,评标专家组成及抽取是否符合规定。

（2）招标管理审查　是否严格按照招标程序进行招标工作。

2. 技术方面的审计

1）投标期限的合理性。保证投标单位能够有时间制定合理的造价文件、编写标书、完成投标工作。

2）对评委评标过程的监督。

3）勘察设计单位资格审查。包括资质审查、能力审查、经验审查。

4）监理单位资质审查。包括经验与信誉、专业技能及人员、工作计划、监理单位的质量保证体监理安全环保准入证、监理单位与施工单位是否存在隶属关系或其他利害关系等。

5）施工单位资质审查。包括资质证书、工作业绩、财务状况、安全记录、履约记录、违纪记录、施工安全环保准入证等。

3. 经济性方面的审计

（1）标底或招标控制价审查　上级主管审批的设计概算和投资计划文件、施工图或初步设计图等资料是否完整准确，工程所在地的计价依据是否合理，收集的当地的材料、人工价格等资料是否具有代表性，标底或招标控制价内容是否符合有关规定，标底或招标控制价编制方法是否合理。

（2）对于投标文件的价格分析　对各个报价的正确性分析，报价中是否存在计算错误；对不同投标人报价进行对比分析，分析各家报价的科学性、合理性、是否平衡。

1.3.4　合同签订阶段的主要审计内容

1. 管理方面的审计

1）合同签订审查。合同签订是否有建设单位领导审批并签署的授权委托书；支出类合同是否纳入计划或预算。

2）合同审批程序审查。合同是否经过有关审批，审查内容包括法律审查、专业技术审查、经济商务审查。

3）合同文档管理审查。合同专用章是否由专人负责保管，合同文本是否及时做账务处理，合同是否恰当保管归档。

4）合同签署程序审查。合同签署程序是否符合有关规定。

5）合同标的表述是否具体、明确、合法，标的条款是否经当事人双方协商一致。

6）合同履行期限、地点和方式审查。

2. 技术方面的审计

1）合同条款的真实性、合法性以及合理性。

2）合同条款的准确性、经济性。

3）合同主体的资料是否齐全，如法人营业证书复印件、授权委托书（若非法定代表人签署时）等资料应齐全。

4）合同中的质量要求。

5）是否有合同违约与索赔条款，违约责任划分是否明确，索赔项目和索赔程序以及合同终止和变更程序是否合理有效。

6）勘察设计合同实施内容审查。包括工作范围、勘察设计期限、勘察设计内容、勘察设计交底期限与交底技术标准、设计深度及评价标准、合同价格形成的依据、合同价款支付程序、设计变更范围与惩罚措施、现场服务人员名单等。

7）监理合同实施内容审查。包括工作范围与工作内容、各级监理执业资格和责任范围（总监——区段监理——标段监理——旁站监理）、监理日志记录程序与内容、签证范围、变更签证的处理办法、合同价格形成的依据、合同价款支付程序、现场监理人员名单。

3. 经济性方面的审计

1）合同中的工程内容与数量、计量单位或工程量清单。

2）合同价格是否按照合同谈判的最后价格，取费是否合理，计算过程是否正确，所包括内容是否明确，以及支付方式是否合理（施工合同采用的是总价合同，还是单价合同，或者是其他支付形式合同）。

3）结算方式与方法，风险承担及价格调整方法。

1.3.5 施工前准备阶段的主要审计内容

1. 管理方面的审计内容

在施工之前需要对前期招标过程中的招标文件和已经签订的各项合同进行统一的整理并按照审计需要的方式记录，审查建设单位有关项目现场管理制度、内部控制程序、监理单位的协调管理办法并记录，发现有制度不完善之处及时建议管理部门加强改进。

2. 技术方面的审计内容

（1）开工条件的审查 项目计划是否经过批准，项目建设是否符合建设程序，可行性研究、初步设计、概算是否经过有关部门批准，建设资金到位情况，使用是否合规，开工报告是否经过有关部门批准。

（2）项目开工准备工作的审查 项目建设用地征用是否符合规定，是否按投资计划及时到位，使用是否合规，项目建设用地征地、拆迁工作完成情况，施工场地的"四通一平"是否符合招标需要。

3. 经济性方面的审计内容

此阶段在审查由承包商编写、建设单位认可的工程实施计划的基础上，审计项目资金支出计划和批复情况，目的是检查项目资金的支出计划与工程实施计划是否相符合，资金支出计划中是否有资金上超出或时间上超前于工程实施计划的情况存在。另外，还需对建设单位的财务管理情况进行审查。

（1）建设单位财务组织审查 建设单位财务组织的合理性、健全性、有效性，岗位设置是否符合国家以及公司的有关规定，各种财务管理办法的执行情况，财务内控制度以及财务监督管理办法的健全性和有效性。

（2）建设单位财务管理审查 建设单位财务的决策体系是否合理，是否符合有关规定，建设单位财务控制体系是否完备有效。

1.3.6 施工阶段的主要审计内容

1. 管理方面的审计内容

由于施工阶段涉及的管理方较多，按照各方的职责不同，其审计内容及侧重点也不同。

（1）业主方（建设单位管理部门）

1）管理制度控制。管理制度是否健全，管理制度之间是否协调统一，管理制度执行情况。

2）合同支付控制。支付程序是否符合有关管理办法规定，支付资金需要经过审批的，是否严格按照管理办法执行审批手续。

3）变更事件的控制。及时掌握变更事件的信息，及时采取有效措施处理；根据变更金额、变更性质决定采用合规的变更审批程序，及时落实变更事件，保证项目顺利实施。

4）索赔事件的控制。索赔依据资料是否原始、完整、真实、准确和及时。

5）监理方的跟踪控制。是否根据有关规定制定对监理日志检查的程序和方法，做好监理日志内容的核实工作。是否随时掌握监理单位对施工单位签证的情况。

（2）设计方

1）设计现场服务。现场设计人员的资质、数量，以及工作制度。

2）设计变更内容的审计。①是否控制设计变更时间，提出设计变更、会签确认、更改原有设计、批准、实施变更的变更过程，期限不能超过有关规定；②是否严格执行变更会签程序，由变更提出方填写变更通知单，写明变更内容、原因、变更对投资和进度与质量的影响，再由相关各方代表讨论会签，最后由设计单位和建设单位审核。

（3）施工方

1）隐蔽工程控制。按照承包人上报的施工组织计划，及时按照建设单位有关规定组织隐蔽工程验收，程序是否合理，隐蔽部分记录是否完备。

2）变更程序及现场记录。合同条件中明确规定工程变更的范围和程序，现场签证的范围和程序，在执行过程中，是否严格按照程序办事，避免签证积累和结算扯皮，控制设计变更的数量，是否严格按照设计变更程序处理设计变更事件。

3）施工分包控制。施工单位进行分包是否按照合同报送建设单位审查，施工单位是否按照合同约定分包部分工程给具有合格施工资质的施工单位，施工单位有无将工程肢解以分包名义分别转包给他人的行为。

4）施工日志。规定施工日志记录方式与内容，按月上报建设单位审核，施工日志上记录每日的工程量，对施工单位多报虚报工程量酌情进行分等级处罚，通过施工日志控制形象进度（可以将施工记录与施工日志相结合）。

（4）监理方

1）监理现场办公布置。驻地监理是否与承包人独立安排生活起居。

2）监理现场服务。监理到现场人员的资格与人数。

3）监理规划。是否编制工程建设监理规划，是否按照工程建设进度分专业编制工程建设监理细则，是否编制旁站监理的工作手册，是否编制现场变更签证的程序与责任范围。

4）监理日志。监理日志是否准确记录每日发生的新增工程量和工地事件，是否按月上报业主。

5）签证例会制度。是否按月组织当月签证单的会签会议，及时解决签证问题。

2. 技术方面的审计内容

1）勘察报告和设计文件深度。勘察和设计深度是否符合施工需要，若发现勘察设计资料有偏差或不详细，则应判断导致变更的可能性，并要求其做出相应的补救措施。

2) 变更审查。变更合理性，变更资料完整性、原始性、真实性。

3) 施工质量控制。审查施工方质量控制体系，施工方案的技术合理性和经济性。

4) 施工进度控制。是否以审核后的施工组织设计为依据进行施工过程监督，承包人是否按照进度计划组织施工，保证项目按期完工。

5) 施工组织设计的控制。检查施工单位是否按照批准的施工组织设计进行施工。

3. 经济性方面的审计内容

1) 工程预付款控制。预付工程款是否与工程进度及合同规定相符，预付工程款拨款单保函是否经过财务部门负责人、建设项目主要负责人和建设单位领导审批。

2) 工程进度款核算审查。支付的工程进度款是否与工程进度及合同规定相符，工程进度款拨款单及保函是否经过财务部门负责人、建设项目主要负责人和建设单位领导审批；确认在建工程成本所依据的原始单据是否完整、合规。

3) 工程建设其他费用核算。日常财务工作的处理程序是否遵守有关规定，银行账户是否按照建设单位资金管理办法运行，现金、支票和有价证券是否按照有关规定严格管理，会计凭证是否真实、完整和计算准确。

1.3.7 竣工验收阶段的主要审计内容

1. 管理方面的审计内容

1) 建设单位管理部门是否按照相关规定编制验收计划，是否按照有关规定及时组织相关单位对工程竣工验收。

2) 竣工结算资料完整性审查。

① 招标文件。

② 投标文件。

③ 在施工过程中项目参与方提交的正式存档文件。

④ 建设工程竣工验收备案表。

⑤ 建设工程竣工验收报告及竣工图。

⑥ 建设工程施工许可证。

⑦ 建设工程施工图设计文件审查意见。

⑧ 单位工程质量综合验收文件。

⑨ 建设工程质量检测报告和功能试验资料。

⑩ 合同文件及建设单位按合同约定支付工程款的工程款支付证明。

3) 监理方是否按照规定准备监理竣工资料，监理方是否督促施工方制定有效控制措施，协助业主搞好竣工验收。

4) 在监理工作结束后监理方及时提交"监理工作总结"，包括下列内容：

① 工程概况。

② 监理组织机构、监理人员和投入的辅助设施。

③ 监理合同履行情况。

④ 监理工作成效。

⑤ 施工过程中出现的问题及其处理措施和建议。

⑥ 工程照片及其他影像资料。

2. 经济性方面的审计内容

1）施工方竣工结算资料。

① 施工合同、补充合同或施工协议书。

② 全套施工图、设计变更签证单。

③ 工程预结算书及工程量计算书。

④ 建设单位预付工程款，预付材料款说明。

⑤ 主要材料耗用明细表及调价材料计算明细表；甲供物资明细表；经认定材料价格的原始凭证复印件。

⑥ 施工日志、隐蔽工程资料、变更资料。

⑦ 开工报告、现场签证、工期延期联系单。

⑧ 施工企业资质等级证书、经济所有制证明、税务签证证书。

⑨ 其他有关影响工程投资、进度、质量的资料。

2）工程量以及造价的核定。将施工方提交的竣工资料中工程量总数与以往施工方、监理方按月提交的日志记录对照，粗估冒算的要予以提出。

3）剩余物资。施工单位所用物资是否有剩余，其中，属于业主采购的物资剩余部分是否已经归还业主，属于施工单位自行采购的物资剩余部分是否已从工程结算中扣除。

4）资产及转资审查。

① 流动资产、工程拨款、固定资产、累计折旧、在建工程等财务处理是否合理，是否违反有关规定，资产交付是否及时，移交手续是否完整。

② 固定资产转资（含预转资、预转资决算调整）是否及时和规范，清单是否完整，转资原始依据是否完整、充分、合规。

③ 是否存在将不符合转资条件的资产转资情况。

1.4 工程项目审计的发展趋势

1.4.1 审计内容沿着绩效审计方向发展

长期以来，我国工程项目审计一直围绕着以监督财务收支的真实性和合法性为重点进行，为维护国家正常的财政经济秩序、促进廉政建设发挥了积极作用。但是，一段时间，我国建设领域出现了一些贪大求洋、盲目攀比、重复建设，超规模、超标准搞各种"政绩工程""形象工程"现象，造成资金浪费损失严重，投资效益低下。因此，如何有效监督资金的使用效益和效果已成为各级政府和人民群众广泛关注的问题，开展效益审计已经成为建设项目审计发展的必然要求。工程项目效益审计是指对工程项目的经济性、效率性和效果性进行的审计。所谓"经济性"，是指在充分考虑工程质量的前提下尽量减少投资成本，即少支出。所谓"效率性"，是指项目建设与其所用的资源（如土地、建筑材料、机械、人工等）之间的关系，即一定的投入所能得到的最大产出，或一定的产出所需的投入最少，即支出合理。所谓"效果性"，是指项目的预期结果和实际结果之间的关系。也就是说，项目在多大程度上达到政策目标、经营目标以及其他预期效果，即支出得当。绩效审计具体体现在以下几方面：

1. 进一步扩大工程项目绩效审计的范围

工程项目绩效审计要严格依据国家相关的法律、法规和规章，以及工程建设过程中的各项资料对工程项目管理和投资效益进行全面的审计。在对工程项目管理审计过程中，不仅要关注内部控制，还要关注风险管理和项目治理，建立风险评估模式，进行互动式、连续式的监控，强调风险确认与风险管理；不仅要关注项目建设单位，还要对与项目建设有关的单位进行一定的关注，必要的时候可以考虑对各种异常情况进行专项审计。除进行传统的三大控制外，还需要进行工程项目实施过程中的环境、安全等方面的控制。随着科技的进步和经济的发展，人们越来越注重工程项目与生态环境的协调发展。因此，工程项目投资效益审计除包括传统的经济效益、社会效益外，还应当包括环境效益的评价。在投资决策、工程建设以及项目运营中充分考虑对环境、人类生存的影响，最终实现项目建设的社会效益最大化。

2. 进一步完善工程项目效益审计的评价指标

工程项目涉及方方面面，关联性很强，涉及金融、环境保护、国家的产业政策、整体的行业前景等诸多方面。因此，在建立评价指标体系的时候需要关注以下几点：首先，需要从工程项目的现实情况出发，将对工程造成影响的各种因素排个顺序，依据彼此间的相关性、动态性、有效性来打造评价体系。其次，通过计算收入、成本、费用等数据，分析工程成本利润率、投资回报率、投资回收期、投资现值、内部收益率以及财务的可持续性、资金需求量等，以考察其投资工程的财务盈利能力。再者，应从工程质量层面设定工程优秀率、工程质量一次通过率、工程耐久度、抗地震度，以及管、线、轨等具体指标。最后，从社会层面，设定工程对环境的影响度、扩大就业量、对国民经济的贡献率等指标。

3. 进一步加强工程项目绩效审计的管理与控制

对效益好的要从控制和管理上总结经验，进行表彰；对效益差并出现工程项目资金损失浪费的要按照管理原则，该处理的要坚决处理，该追究责任的要追究责任。对因失职而造成重大损失浪费的要移交纪检监察机关处理，追究其有关责任。构成犯罪的，移交司法机关处理，追究其刑事责任。建议制定量化的责任追究和处罚机制。同时，把工程项目绩效审计与经济责任审计及其他专项审计结合起来，充分运用审计成果，形成审计合力，进一步提高企业投资的绩效水平，促使企业创造更大的经济效益。另外，可以通过建立工程项目绩效审计公示通报制度，扩大绩效审计成果的作用。通过公示对绩效审计过程中取得的一些好经验予以推广，好做法予以及时传播。利用绩效审计成果，充分发挥人民群众的监督作用，对违法违纪的起到震慑作用，对做出贡献的起到表彰作用，使工程项目绩效审计的影响力和威慑力得以充分体现。

1.4.2 审计标准体系日臻完善，审计人员执业素质进一步提高

工程项目审计的规范化，是提高审计质量、防范审计风险的重要途径。我国审计机关一直非常重视审计的规范化建设，建立了一套比较完备的审计准则体系。

1. 不断完善国家法律法规

1994年8月31日第八届全国人民代表大会通过，2006年2月28日第十届全国人民代表大会修订的《中华人民共和国审计法》对我国审计监督制度的内容做了全面具体的规定，是我国审计工作的基本法。2000年8月，审计署颁布了审计机关审计方案、审计证据、审

计工作底稿、审计报告编审和审计复核等准则。2001年8月，审计署颁布了审计机关专项审计调查、公布审计结果、审计人员职业道德、审计档案工作等准则，并颁布了第一个专业审计准则《审计机关国家建设项目审计准则》。该准则对国家建设项目审计的审计对象、审计范围和审计内容等做出了明确规定。通过一系列法规的颁布和实施以及几十年的审计实践，我国固定资产投资审计初步形成全过程对参建单位的全面审计制度和准则。2001年1月，审计署颁布了《国家审计基本准则》，对审计主体及其行为做出了基本规范，它是承接审计法及其实施条例，统率各项具体审计业务规范和审计管理规范的重要审计规章。同时，颁布了审计机关审计处理处罚、审计听证、审计复议等规定。2003年《国家建设项目审计准则》（审计署3号令）对跟踪审计做了明确规定。交通部《交通建设项目审计实施办法》（交审发〔2000〕64号）和《关于加强交通建设项目审计监督的通知》（交审发〔2001〕62号）等法律法规都对交通建设项目跟踪审计做了明确规定。2005年颁布的《内部审计实务指南第1号——建设项目内部审计》规范了项目内部审计的内容、程序和方法，指出建设项目内部审计的目标就是为了促进建设项目实现"质量、速度、效益"三项目标。并分别对投资立项审计、设计（勘察）管理审计、招投标审计、合同管理审计、设备和材料采购审计、工程管理审计、工程造价审计、竣工验收审计、财务管理审计以及后评价审计所需的资料和主要内容做出规定。2008年，审计署制定的《审计署2008至2012年审计工作发展规划》中提出应积极探索跟踪审计，尤其是对关系国计民生的特大型投资项目、特殊资源开发、环境保护事项、重大突发型公共事项和国家重大政策措施的执行试行全过程跟踪审计。2011年1月1日起实行的《中华人民共和国国家审计准则》从新的高度承接审计法及其实施条例，规范了跟踪审计行为及审计管理的具体操作流程，有利于提高审计质量，降低审计风险。与此同时，一些地方也相继出台了一批旨在加强国家建设项目审计监督的地方性法规和规章。这些规范性文件的颁布执行，将有力地促进国家建设项目审计的规范化，提高审计质量。

2. 不断提高审计人员执业水平

工程项目审计是一项特殊的服务性工作，对审计人员的素质有很高的要求，建立一支能力强、素质高的审计队伍是保证审计工作顺利进行的重要条件，提高审计人员的整体素质，也是开展工程项目审计的一个关键。工程审计人员必须具有过硬的政治素质和良好的职业道德，还要有严谨的工作作风和高度的责任心，不徇私舞弊，敢于同违法违纪行为做斗争。同时，工程审计人员必须具有一定的专业知识，掌握工程、机械、财务、造价、法律、计算机等多方面的知识，才能适应工作的复杂性，才能发现问题、分析问题和解决问题，并提出有效的审计意见和建议，才能保证审计工作质量。随着工程项目审计的不断深入开展，工程项目审计人员的执业素质也将进一步得到提升，具体体现在以下三个方面：

首先，综合能力不断提升。全过程跟踪审计工作内容和工作范围广、涉及的工作单位多，它是集工程、经济、审计、法律和管理学科为一体的综合性工作，要求工程审计人员不仅要具备基本建设、经济及相关学科的专业知识，同时还要求其具有宏观经济管理知识、政策法规及审计、计算机应用能力、运用外语能力、口头及书面表达能力、综合分析能力等必备素质。而提高工程项目审计人员的综合能力，岗位培训和后续教育则是一项关键措施。为此，一是审计机关应统筹安排每年的工程审计培训计划，合理安排工程审计人员进行工程审计岗位培训和后续教育；二是工程审计人员是属于工程造价人员的一部分，同时应当遵守工程造价管理机构的继续教育和培训制度，参加工程造价管理机构举办或者认可的继续教育、岗位培训活动，学习审计、法律、经济、计算机、外语等方面的知识，掌握与从事工作相适应的技能，成为一名合格的建设工程全过程审计人员。

其次，创新能力不断加强。审计人员要切实增强创新能力，提高审计创新水平，审计工作除了要在审计理念、审计手段、审计方式方法上创新外，对审计报告的形式也要进行创新。依据审计反映的问题，区分不同对象，确定不同的角度，有针对性地向有关部门和领导提供不同形式的审计结果报告，以提高审计成果的利用率。同时，努力培养既懂计算机又懂审计的专业人员，以推动工程计算机审计工作上一个新台阶。全面推行以运用计算机管理为特征的现场审计实施系统和审计管理系统，把现代化的最新成果引入审计管理，依靠现代化手段加强审计质量控制，提高工作效率和管理水平。

最后，职业道德水平不断提高。要将工程项目审计人员职业道德建设融入工程项目审计业务中。一是加强工程项目审计人员职业道德教育。要结合审计工作实际，提高他们的业务素质和职业道德修养。二是加强对工程项目审计人员职业道德监督。审计人员所做的工作是审计监督，办事必须公正，要讲原则，要有高度的纪律性，要自觉地接受人民群众和社会舆论的监督，把自律与他律有机地结合起来，形成良好的监督氛围，工程项目审计职业道德建设才能真正得以加强。三是加快实现工程项目审计队伍专业化。加强审计职业道德建设，必须打造一支结构优化、知识复合、业务精湛、善于创新，适应新形势下工程项目审计发展的新型专业化审计队伍，过硬的专业技能是工程项目审计工作具有说服力的最好保证，也是工程项目审计人员职业道德建设的基本要求。

1.4.3 审计方式将向着全过程跟踪审计方向发展

长期以来，对建设项目的审计主要是概（预）算执行情况和竣工决算审计，这两种方式都属于事后监督，存在着"时间滞后、职能弱化、诉讼增多、风险加大"等问题。随着我国投资体制的市场化进程不断加快，工程项目各参与主体的所有制性质发生了很大改变，原有的"事后"审计监督已不适应现实情况的需要。建设项目审计应早介入、早安排，侧重事前，兼顾中间环节，贯穿于全过程，即实施建设前期、建设期间、竣工决算的全过程跟踪审计方式，已成为国家建设项目审计的必然选择。

1. 跟踪审计是应对工程项目挑战的有效审计模式

在跟踪审计模式下，避免了合同内容与审计法的冲突。审计人员可以分期审计工程结算，经审计后再支付工程款，从而防止超付工程款问题的发生，从根本上防止为了收回多付工程款而发生的诉讼问题。

在跟踪审计模式下，审计人员可以经常深入到工程现场，能够观察到物资进出、设备安装、建设施工的具体过程。可以及时对设计变更事项的合法合理性进行审计，对材料设备价格的合理性进行审计，对签证单、验收单、进货单及相关事项包括隐蔽工程等进行审计，从而大大减少审计人员因不了解实际情况所带来的检查风险。

跟踪审计模式使审计部门自然地介入了建设过程。通过对基建物资采购、设计、招投标、建设施工、监理等各方面进行跟踪审计，势将形成有效的约束机制，促进建设项目各参与方依法规范自身行为，从而使建筑市场秩序从根本上得到规范和改善。

跟踪审计模式下，审计机关提前介入建设过程，必将形成对权力的制衡机制，从而从源头上防止腐败现象发生。既保护了个人，又避免了资产的流失。

开展建设项目全过程跟踪审计，可将事后审计环节提前并始终贯穿项目建设全过程，使建设单位能及时发现问题、解决问题，有效防范风险，强化管理，保障建设资金安全、完整和有效使用；有利于加强建设单位与审计机构、施工单位的沟通、协调，及时采纳合理化审计建议和咨询意见，节约投资，体现审计成果，促进工程结算支付和竣工决算编报、审批工作顺利完成。加强工程项目建设全过程跟踪审计，事前审计的重点是对工程项目的准备和规范的实际情况监督；事中审计的重点是建设项目的建设过程审计，重点是对于工程设计的变更、造价进行审计监督；事后审计则侧重于竣工决算的审计和对所审计的建设项目进行项目评价。

2. 跟踪审计体现了工程项目系统思想

跟踪审计把审计作为子系统融入了项目建设这个大系统，成为大系统的有机组成部分。在这个大系统中，审计不仅能很好地发挥自身的功能，而且通过审计与原项目建设系统各方面（包括设计、建设、监理、施工等）的相互联系与相互作用，产生了新的、更优的整体功能，促进了更大的整体目标的实现。

跟踪审计体现了前馈与后馈有机结合的特征和优势。跟踪审计虽然不全在问题发生之前进行反馈，但由于是在问题刚刚发生之时便进行了反馈，因而大大缩短了反馈时间，能把问题消灭在萌芽状态并对以后的建设进程起到预警、预防的作用。跟踪审计是审计控制随着工程项目的运行处在一种持续不断的状态，得以通过循环往复的审计信息反馈与调节来保证审计目标的实现。

跟踪审计使项目系统具有产生"耗散结构"，使之形成具有生机活力的自组织功能。在跟踪审计模式下，由于审计人员进入项目的建设过程中，就使原先封闭的项目建设系统打开了大门，使整个工程项目建设活动不在缺少审计监督的封闭环境中运行。随着审计连续不断地检查、验证及反馈信息，就能不断地消除建设过程中的各种无序状态，使系统保持健康有序、有效的运行状态，成为具有"耗散结构"的自组织系统。

1.4.4 审计手段方面进一步发挥信息化技术的作用

工程项目审计工作量大，技术含量高，加快审计监督手段的创新，是提高审计工作效率和质量、缓解审计任务与审计力量矛盾的有效手段。目前，各级审计机关都相继开发使用了各种版本的应用软件，建立了政府投资项目审计数据库，在项目审计中发挥了积极作用。但是，各地区发展不平衡、审计软件开发大都侧重于工程造价审计等方面，造成了能普遍推广应用的审计软件不多。因此，实现审计手段的创新，加强国家建设项目审计的信息化建设和计算机技术的推广应用是一项迫切而重要的任务。

1. 工程项目审计信息化系统的构建

有关工程项目审计信息资源的开发、利用，以及审计数据、资料的共享已成为今后的发展趋势。为了实现审计数据共享，应充分利用网络资源，建立共享的数据库，进行资源整合，增强兼容性，做到信息畅通，实现数据一次性采集后各应用系统共享。审计人员通过网络访问共享数据库，从而节省了时间、资源和资金，提高了工作效率和工作质量。建立一个造价审计工作专用的服务器平台，通过审计系统的联网，实现网络资源共享。审计信息化使审计监督从单一静态到静态与动态的结合，使审计人员的作业模式发生重大变化，不但可以促进审计项目的规范化，而且能够使计算机审计工作更加智能化。与此同时，还应关注计算机数据的安全性。一方面，从软件以及相关配置方面入手，软件以及相关配置是计算机操作者最关注的事，也是与其最密切相关的。审计人员的计算机应设置 DIOS 开机密码、硬盘密码，并且使用加密软件对重要数据进行加密保护，此外，还要安装防病毒和防火墙软件，同时，将机密数据保存在移动硬盘、U 盘或者刻录到光盘等存储介质上加以备份，以防不测。另一方面，如果可能，可以考虑通过购买相关的硬件提高审计人员计算机整体的安全性，防盗和防泄密。如果审计人员经常在人多的场所使用笔记本电脑，则存在意外泄密的可能性，会对计算机数据的安全带来一定的威胁。对于高级用户，除了上述措施外，建议选购带有安全解决方案、IC 智能卡、指纹识别系统等的产品。

2. 审计人员计算机技能水平进一步提高

虽然我国目前大多数审计人员能够独立进行一些简单的审计信息系统工作，会操作一些基本的通用审计软件，但对于一些专业性强、复杂程度高的专项审计，仍需聘请计算机技术专家进行协助。但由于两者之间专业不同，沟通起来比较困难，使得审计目的难以实现。

随着我国计算机审计技术的不断发展和普及，审计软件的简便化、通用化程度的不断提高以及审计人员自身业务素质的上升，计算机审计技术将对我国工程项目审计的发展起到巨大推动作用。要推动计算机审计的发展，必须加强计算机审计人才的培养。在人员培训上，要注重对普通应用人才与高层次人才的培养，对在职人员培训和未来人才培养进行统筹规划。对普通在职人员培训的重点，除一般的文字处理、制表软件的操作外，应着重于计算机辅助审计技术的应用，包括利用被审计单位的计算机信息系统、Excel 和审计软件辅助审计的技术方法，并逐步适时地加入计算机信息系统与网络的安全问题、有关控制及其审计等内容。较高层次的人才培养，重点可放在信息系统的开发审计、系统的功能或应用程序审计、网络安全审计和审计软件的开发等方面。对未来审计人员的培养，应在高校专业教学计划中增加信息技术和电子商务等内容，并把计算机审计列为必修课。

3. 审计软件开发力度加大，质量和实用性进一步增强

要推动计算机审计的发展，一项重要的工作是要提高我国审计软件的质量和实用性，关键是做好软件的开发和优化工作。软件开发人员必须深入审计工作第一线，审计软件的分析设计要有有经验的审计人员参加。我国现有的审计软件还处在使用和改进过程中，只有加强使用者与开发者之间的沟通与联系，才能让用户把使用中发现的问题及改进建议及时反馈给开发者。开发者应广泛地收集用户的反馈意见，更好地总结审计的算法模型，使审计软件能不断优化提高，真正成为有用的审计工具。我国许多信息系统没有审计接口，审计软件无法获取系统的电子资料。缺乏数据接口已成为我国利用计算机辅助审计的桎梏，因此解决审计接口问题刻不容缓。信息化管理部门与审计部门要加强监管，强制要求各单位在开发利用涉及经济和会计业务处理的计算机系统时，必须为经济监督部门提供数据接口，以便于今后计算机辅助审计方法的应用和审计信息化建设能顺利实施。

1.4.5 审计组织形式方面将进一步强化社会审计机构工作质量的监管

近年来，随着国家财政投资规模逐年加大，国家审计机关监督财政投资的任务较为繁重。为解决审计任务繁重与审计力量相对不足的矛盾，扩大审计监督的覆盖面，审计机关加大了组织利用有资质的工程造价咨询机构参与项目工程造价审计工作的力度，形成了一条实

施委托审计的路子。目前，一些审计机关开展委托审计主要有两种方式：一是地方审计机关采用委托社会中介机构（如工程造价咨询机构）进行审计。中介机构的选择主要采用招投标方式，由审计机关对中介机构的工作质量进行监管，审计文书由审计机关统一制发。二是审计署驻地方特派员办事处和地方审计机关采用聘请专业技术人员参与审计组进行审计的方式。这些专业技术人员大都由社会公开招聘，理论知识全面，实践经验丰富，是项目审计组的重要组成部分。实践证明，开展委托审计是一条有效途径。但审计机关如何更有效地监管委托审计工作质量，规范审计行为，理顺审计关系，防范审计风险，提升审计质量和水平，仍需要进一步探索和完善。

工程项目具有建设周期长、投资额大、技术复杂、控制环节多、项目管理专业性强、涉及的工程项目利益主体多等特点，使得工程项目审计显得尤为重要。而社会审计机构作为审计主体，对审计质量有着关键影响。因此，国家必须进一步加强对社会审计机构工作质量的监管力度。审计管理部门通过对社会审计机构审计业务质量的监督检查，有利于了解有关社会审计机构的执业水平，揭露被检查单位在验资、审计等业务中存在的弄虚作假、鉴证不实和未执行独立审计准则规定等审计质量问题，揭示内部质量控制中存在的问题，促使工程审计人员恪守独立、客观、公正的基本原则，促进提高社会审计机构的执业质量，为进一步整顿和规范市场经济秩序发挥积极的作用。交通部于 2007 年 6 月 1 日起实施的《交通建设项目委托审计管理办法》对规范交通建设项目委托审计管理工作，提高委托审计质量，防范审计风险起到了重要作用。

1. 构建科学合理的社会中介机构实时考核评分体系

具体来说，就是应构建跟踪审计项目过程（事中）评分和跟踪审计项目结果（事后）评分相结合的工作机制，质量考核评分尽可能做到以客观评分为主，并兼顾主观评分。基本设想是，质量考核评分按照 6∶4 的比例划分客观评分和主观评分。其中，客观评分工作由平台对于社会中介机构审计人员在编制审计方案、撰写审计过程记录及跟踪审计工作情况月报、编制审计工作底稿、撰写审计报告、报送审计信息数量等方面的及时性，进行自动评分；主观评分工作主要针对跟踪审计项目过程中的审计信息报送质量、收集审计证据或资料、跟踪审计质量、跟踪审计成果运用以及社会中介机构与审计机关、被审计单位和相关管理部门之间的沟通等情况，由审计机关联络员在平台直接填写；然后，平台将客观评分与主观评分进行组合，得出该跟踪审计项目的总体评分。在汇总每个社会中介机构完成的年度委托审计项目得分的基础上，计算该社会中介机构的年度跟踪审计项目的平均得分。

为提高社会中介机构报送审计信息质量和审计工作成果，审计机关将建立审计信息采纳结果和审计工作成果奖励制度。具体来说，在年度跟踪审计项目平均得分的基础上，对审计信息采纳率和审计工作成果排名不同名次的社会中介机构进行不同程度的加分，加分后的结果为年度跟踪审计项目综合得分。

2. 利用远程审计管理平台，加强双方信息沟通，强化审计机关的监督指导

1）社会中介机构审计人员要积极利用平台，定期或不定期地上传审计工作记录和其他能够证明跟踪审计情况的相关资料，及时报送跟踪审计信息，提出需要审计机关支持和解决的困难和问题。对于特别紧急的事项，社会中介机构审计人员除在平台上提出问题外，还应通过手机短信、电话等形式及时告知审计机关联络员。

2）审计机关联络员要通过平台，从跟踪审计实施方案的编制、跟踪审计工作重点和切入点的确定、跟踪审计的现场实施、社会中介机构审计人员与被审计单位的沟通协调、跟踪审计成果的反映等方面，加强对社会中介机构审计人员跟踪审计情况的实时监控。审计机关联络员的具体监控工作，一般以社会中介机构编制的审计实施方案为依据，对照跟踪审计各阶段预定审计任务的不同时间节点，分析跟踪审计工作目标的实现情况。

3）审计机关联络员要加强对社会中介机构参审项目的业务指导，做好与相关方面的沟通协调，积极支持社会中介机构开展相关工作，及时解决社会中介机构审计人员提出的问题和困难，督促社会中介机构审计人员按照委托协议的要求，履行相关职责。在规定期限内未完成工作的审计机关联络员，应在平台上说明原因。

4）对上述委托审计过程中需要审计机关领导决定的事项，审计机关领导一般应在一周内研究解决；对于涉及重大政策等情况需征求被审计单位和有关职能部门意见的，由审计机关负责牵头召开专题协调会，社会中介机构审计人员应负责整理协调会议形成的决议，经审计机关审阅后，以审计机关名义送交有关部门和被审计单位。

5）在跟踪审计项目结束时，社会中介机构应按照审计机关审计档案管理的相关要求，认真做好审计档案整理归档工作。

6）审计机关相关审计部门根据项目特点和社会中介机构的不同情况，在管理平台上编制《委托审计项目台账》。

本章小结及关键概念

本章小结：项目是在一定约束条件下，具有特定目标的一次性任务。它具有明确目标、需要通过一系列任务、有具体的时间计划及有限的寿命、是独一无二、具有一定的风险、需消耗各种资源、有组织、有客户等特征。项目可由范围、质量、成本、时间、资源等五个参数来描述。工程项目是以建筑物或构筑物为目标实体，需要一定投资，有开、竣工时间，经过必要相互关联工作程序所组成的特定一次性任务。工程项目具有生命周期。工程建设程序是指建设项目从前期的决策到设计、施工、竣工验收投产的全过程，各项工作必须遵循的先后次序和科学规律。工程项目管理是管理者为了实现其建设目标，对工程项目运用系统的观念、理论和方法，对建设全过程进行全面科学的计划、组织、领导、协调和控制等一系列活动，基本特征是面向工程，以实现工程项目的建设目标为目的，对工程项目实施的全过程高效率、全方位的管理。审计就是审计机构及其审计人员通过收集审计证据对经济活动的认定，按照客观标准予以验证、评价并报告结果的过程。工程项目审计是指由独立的审计机构和审计人员，依据国家现行法律法规和相关审计标准，运用审计技术，对工程项目建设过程的技术经济活动和建设行为进行监督、评价和鉴证的活动。工程项目审计的主体是独立的审计机构及审计人员，其中包括政府审计机关、企事业单位内部审计机构和社会审计组织；客体即工程项目审计的对象包括项目本身、各参与方、各项工作等。工程项目审计的依据包括现行方针政策、法律法规、相关的技术经济指标和规范等三个层次。工程项目审计的目的是促进建设项目实现质量、速度、效益三项目标。工程项目审计具有工作的独立性、对象的复杂性、内容的多样性、过程的阶段性、职能的特殊性、方法的灵活性、任务的服务性等特点。根据不同的分类标准，对工程项目审计可做出不同的分类。由于在建设的各个阶段工作内容不同，工程项目审计的内容和重点均不相同，但一般需从管理、技术、经济性三个方面进行审计。绩效审计、标准化审计、全过程跟踪审计、审计信息化、强化社会审计监管是工程项目审计的发展趋势。

关键概念：项目、工程项目、工程项目管理、审计、工程项目审计、审计主体、审计客体。

能力提升

一、选择题

1. 项目是在一定（　　）条件下，具有特定目标的一次性任务。
A. 时间　　　　　B. 约束　　　　　C. 安全　　　　　D. 环境

2. 审计就是通过客观地获取和评价有关经济活动与经济事项认定的（　　），以证实这些认定与既定标准的符合程度，并将结果传达给有关使用者。
A. 事实　　　　　B. 活动　　　　　C. 工作　　　　　D. 证据

3. 下列哪一项不是工程项目审计的目标？（　　）
A. 效益　　　　　B. 安全　　　　　C. 速度　　　　　D. 质量

4. 不属于审计主要利害关系人的一项是（　　）。
A. 责任方　　　　B. 审计人员　　　C. 义务方　　　　D. 财务报表预期使用者

5. 工程项目审计按审计活动执行主体的性质分类，下列错误的是（　　）。
A. 外部审计　　　B. 内部审计　　　C. 政府审计　　　D. 独立审计

二、填空题

1. 项目一般可由_____、_____、_____、_____、_____五个参数来描述。

2. 工程项目管理的三大目标是：专业目标（功能、质量、生产能力、安全、环保等）、_____目标和_____目标。

3. 工程项目审计的主体是指_____及_____。

4. 工程项目审计的依据包括_____、_____和_____三个层次。

5. 在项目建设的不同阶段，工程项目审计的内容和重点均不相同，但一般均从_____、_____、_____三个方面加强审计。

三、简答题

1. 何谓项目？它有哪些特征和参数？
2. 什么是工程项目？其特点有哪些？
3. 按不同划分标准，工程项目有哪些分类方法？
4. 何谓工程项目管理？其特点如何？
5. 工程项目管理的内容与类型有哪些？
6. 何谓审计？审计的关键点有哪些？
7. 按不同的划分标准，审计有哪些类型？
8. 何谓工程项目审计？其主体和客体指什么？

9. 工程项目审计的特点是什么？
10. 工程项目审计的目的是什么？
11. 工程项目审计是如何分类的？
12. 工程项目审计的依据有哪些？
13. 工程项目审计的内容有哪些？
14. 工程项目审计的发展趋势主要有哪些？

第 2 章 工程项目审计程序和方法

> **学习要点**
>
> **知识点**：工程项目审计程序的概念和目的，工程项目审计程序的具体流程，不同审计主体审计程序的差异，工程项目审计方法及选用原则，工程项目不同阶段审计方法的选用，工程项目跟踪审计的概念、特点和功能。
>
> **重点**：工程项目审计程序、方法及选用原则。
>
> **难点**：工程项目审计程序和方法，工程项目不同阶段审计方法的选用。

2.1 工程项目审计的程序

2.1.1 工程项目审计程序的概念和目的

工程项目审计程序是指在工程项目审计全过程中，主体与客体均须遵循的工作关系、流程顺序、形式和时间期限等。项目审计程序贯穿于审计工作计划、实施和报告阶段的全过程，是项目审计全过程审查具体对象所需经历的工作程序和步骤。确定审计程序，有利于保证审计质量，提高工作效率，有利于审计规范化。因此，审计程序是保证审计工作顺利进行和实现目标的重要条件。

2.1.2 工程项目审计程序

由于工程项目审计涉及的内容复杂，专业技术要求较高，因此，应根据审计内容、目标及专业技术要求等，制定相应的审计程序，工程项目总体审计程序如图 2-1 所示。

图 2-1 工程项目总体审计程序

（1）审计准备阶段程序　审计准备阶段程序如图 2-2 所示，其中编制的审计方案可参见表 2-1，下达的审计通知书可参见表 2-2。

（2）审计实施阶段程序　审计实施阶段程序如图 2-3 所示，其中完成的审计工作底稿见表 2-3。

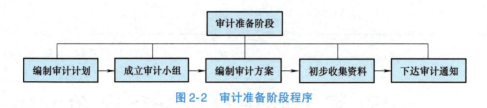

图 2-2 审计准备阶段程序

表 2-1 审计方案

被审计单位名称			
审计类别		审计工作时间	
审计期间、范围			
方案编制依据		编制人	
被审计单位概况			
审计目标			
审计内容			
审计重点			
审计风险评估			
审计小组人员分工及工作步骤（可另附）			
备注事项			
编制人员	编制人员签名：		年 月 日
部门负责人审核意见	审核人员签名：		年 月 日
局领导审批意见	审批人员签名：		年 月 日

表 2-2 审计通知

关于××××××××（工程审计对象）审计的通知

×××××××（被审计单位名称）：

根据你单位申请及我审计单位工作计划安排，决定派出审计小组，自××××年××月××日起，对你单位××××××（工程项目审计内容）进行审计。请给予积极配合，并提供有关资料和必要的工作条件。

审计组长：×××

审计组员：×××、×××、×××……

×××××××（审计单位名称）

××××年××月××日

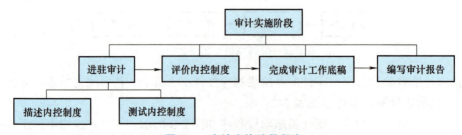

图 2-3 审计实施阶段程序

表2-3　审计工作底稿

索引号：

被审计单位名称			
审计事项			
审计时间或截止时间			
审计人员		编制日期	
审计结论或审查出的问题摘要及其依据			
复核意见			
复核人员		复核日期	

共　页，第　页　　　　　　　　　　　　　　　　　　　　　　附件（共　页）

（3）审计终结阶段程序　审计终结阶段程序如图2-4所示。

图2-4　审计终结阶段程序

（4）后续审计阶段程序　后续审计阶段程序主要是跟踪审计处理结果，审查审计报告中问题落实情况、有无重犯的情况、有无新问题产生及审计报告自身的质量问题等。后续审计是审计程序不可缺少的重要组成部分，是强化审计监督职能，深化审计内容的有效途径。

2.1.3　不同审计主体审计程序的差异

针对以上审计程序，由于审计主体的不同，审计程序存在着差异。

（1）国家审计程序　国家审计通常经历审计准备、审计实施、审计报告和审计处理等四个环节。在审计实施阶段审计人员通过审查会计凭证、会计账簿、财务会计报告，查阅与审计事项有关的文件、资料，检查现金、实物、有价证券等，向有关单位和个人调查等方式进行审计，取得证明材料，并按规定编写审计日记，编制审计工作底稿。在审计报告阶段审计组对审计事项实施审计后，应当向审计机关提出审计组的审计报告。审计报告报送审计机关前，应当征求被审计单位的意见。被审计单位应当自接到审计报告之日起10日内，将其书面意见送交审计组或者审计机关；自接到审计报告10日内未提出书面意见的，视同无异议。在审计处理阶段，审计机关审定审计报告，对审计事项做出评价，出具审计意见书；对违反国家规定的财政收支、财务收支行为，需要依法给予处理、处罚的，在法定职权范围内做出审计决定或者向有关主管机关提出处理、处罚意见。审计机关应当自收到审计报告之日起 30 日内，将审计意见书和审计决定送达被审计单位和有关单位。审计决定自送达之日起生效。被审计单位对地方审计机关做出的审计决定不服的，可以在收到决定之日起 60 日内向本级人民政府和上级审计机关申请复议。被审计单位对审计复议决定不服的，可以依照《行政诉讼法》的规定向人民法院提起行政诉讼。

（2）社会审计程序　社会审计的审计程序因受委托业务的不同也存在着差异，一般需经历以下过程：

1）签订审计业务委托合同。
2）编制审计计划。依据审计业务委托合同编制审计计划，制定审计方案并报委托单位审批。
3）内部控制制度测评。
4）运用审计方法获取相关证据。
5）编制审计工作底稿。
6）完成审计外勤工作。
7）出具审计报告。

2.2　工程项目审计方法

审计方法是审计部门和人员实现审计目标，执行审计职能，审查、评价和鉴证审计对象，完成审计任务的重要手段。审计方法是审计工作者在长期工作实践过程中总结、提炼和积累起来的。随着审计事业的发展，审计方法将不断改进、推陈出新和日臻完善。

现代审计方法日趋多样化，已经超越了传统的事后查账的账目基础审计技术，发展到全面运用审计调查、内部控制制度审计、抽样审计和审计分析技术，并向着风险基础审计技术和预警机制迈进，已形成了一套完整的审计方法体系。

审计方法体系包括技术性方法、基础性方法和工程审计方法以及辅助性数值分析方法。

2.2.1　工程项目审计的技术性方法

工程项目审计的技术性方法主要用于查明或证实审计项目真实性、合法性及正确性的各种专门方法，包括审查书面资料的方法和证实客观事物的方法以及审计调查方法。

1. 审查书面资料的方法

按审查书面资料的技术，可分为审阅法、复算法、核对法、比较法和分析法；按审查资料的顺序，分为顺查法和逆查法；按审查资料的范围，分为详查法和抽查法。

（1）审阅法　审阅法是指对凭证、账簿和报表，以及经营决策、计划、预算、合同等文件和资料的内容详细阅读和审查，以检查经济业务是否合法，经济资料是否真实正确，是否符合法律法规和会计准则要求的审计方法。

审阅法主要是查证证、账、表等会计资料。

1）审阅原始凭证、记账凭证。既要从形式和技术上审查，即审查凭证是否完整正确，如日期、摘要、金额、大小写、签章等应填写是否齐全，有无涂改；也要从内容上审查，即审查经济业务是否符合有关程序和手续，有无违反财经纪律和财会制度等。

2）审阅经济资料的记录有无异常情况。如是否有涂改、刮擦、挖补、伪造以及不符合规定的书写和改动，报表各项目有无异常的增减变化现象等。

3）审阅经济资料的记录是否符合有关原理和原则。

（2）复算法　复算法是指对凭证、账簿和报表以及预算、计划、分析等书面资料重新复核、验算的审计方法。复核验算的内容：①原始凭证中单价乘数量的积数，小计、合计等；②记账凭证中的明细金额合计；③账簿中每页各栏金额的小计、合计、余额；④报表中有关项目的小计、合计、总计及其他计算；⑤预算、计划、分析中的有关数据。

实际工作中，复算法与审阅法结合运用，可提高审计的质量和保险系数。

（3）核对法　核对法是指将会计记录及其相关资料中两处以上的同一数值或相关数据相互对照，用以验明内容是否一致，计算是否正确的审计方法。其目的是查明证、账、表之间是否相符，证实被审单位工程数据、财务状况和财务成果的真实、正确、合法。一般要在下列资料之间核对：

1）原始凭证与有关原始凭证，原始凭证与汇总原始凭证，记账凭证与汇总记账凭证（或科目汇总表）。核对内容是所附或有关的原始凭证数量是否齐全，日期、业务、内容、金额同记账凭证上的会计科目及金额是否相符，原始凭证之间、记账凭证同汇总记账凭证之间内容上是否一致。

2）凭证与账簿。核对凭证的日期、会计科目、明细科目、金额同账簿记录内容是否一致；汇总记账凭证（或科目汇总表）与记入总账的账户、金额、方向是否相符。

3）明细账同总分类账。主要核对期初余额、本期发生额和期末余额是否相符。

4）账簿与报表。以总账或明细账的期末余额或本期发生额为依据，核对账户记录与有关报表项目是否相符。

5）报表与报表。核对报表是否按制度规定要求编制，报表之间的相应关系是否正确。

核对中如发现错误或疑点，应及时查明原因。采用核对法作为证据的资料必须真实正确，否则核对是毫无意义的。当缺乏依据时，相互核对的数据应至少有两个不同来源，并使其核对相符。

（4）比较法　比较法是指通过相同被审项目的实际与计划、本期与前期、本企业与同类企业的数额进行对比分析，检查有无异常情况和可疑问题，以便为跟踪追查提供线索，取得审计证据的审计方法。例如，以被审项目同其他单位的相同项目相比，就可以说明情况，发现问题。

比较法又可分为绝对数比较法和相对数比较法，两者的目的只有一个，就是为了更好地进行审计和核对。

（5）分析法　分析法是指通过分解被审项目的内容，以揭示其本质和了解其构成要素的相互关系的审计方法。又分为：

1）比率分析法。就是通过对相关项目之间的比率关系，如资金周转率、资金利润率、成本率等进行对比分析，从中发现情况，或判断被审单位的经济活动是否经济、合理。

2）账户分析法。就是根据账户对应关系的原理，对某些账户借贷方发生额及其对应账户进行对照分析，从中找出异常情况。一方面可以审核有无差错，另一方面可以深入了解工程结算情况和应收账款的情况，如有异常现象则应进一步采用其他方法进行审计。

3）趋势分析法。就是分析某项经济指标在不同时期的发展趋势的方法。即在确定了所要分析的经济指标和基期数后，将该指标各年度的数额除以基期数，求出年度对基期的趋势比率。以此来观察某项指标不同时期的变动情况和发展趋势，如发现变动过大或过小等异常情况，则需进一步深入审查。

另外，还有按期限长短进行归类分析，借以进一步重点追查的期龄分析法；对会计报表相关项目之间的平衡关系、勾稽关系进行对照分析的平衡分析法；分析计算各个因素变动对有关经济指标的影响程度的因素分析法。按项目开展时间和目的的不同，还分有事前分析、事中分析和事后分析。

（6）顺查法　顺查法是指按照经济活动发生的先后顺序，依次从起点查到终点的审计方法。对会计资料的审查就按照会计核算程序的先后顺序，依次审核和分析凭证、账簿和报表。顺查法的主要优点是简便易行，审计内容详细，审计结果较为可靠；缺点是事无大小都同等对待，往往把握不住重点和主次方向，费时费力，可能因小失大，因此一般适用于对规模较小，业务不多的单位审计时采用。

（7）逆查法　逆查法是指按照经济活动进行的相反顺序，从终点查到起点的审计方法。在财务收支审计中，就是按照会计核算程序的相反次序，先审查会计报表，从中发现错弊和问题，然后有针对性地依次审查和分析报表、账簿和凭证，乃至项目结算。逆查法的主要优点是从大处着手，审查的重点和目的比较明确，易于查清主要问题，审计功效较高；不足之处是着重审查分析报表，并据以重点逆查账目，可能遗漏或疏忽某些更重要的问题，而且逆查法难度较大，对审计人员业务素质要求较高。

逆查法和顺查法各有侧重，可结合运用。

（8）详查法　详查法是指对被审计单位被审计期内的全部证、账、表或某一重要（或可疑）项目所包括的全部账项进行全面、详细的审查的审计方法。早期的财务审计通常采用这种方法。

（9）抽查法　抽查法是指从被审计单位被审计对象中抽取其中一部分进行审查，根据审查结果，借以推断审计对象总体有无错误和弊端的审计方法。其特点是：根据审计对象和审计目的，选取具有代表性的、相对重要的项目作为样本，或者从被审查资料中随机抽取一定数量的样本，然后根据样本的审查结果来推断总体的正确性。这种方法的关键在于抽取样本，故又称为抽样审计法。

抽查法又分为任意抽样法、判断抽样法和统计抽样法三种。

1）任意抽样法。审计人员在总体中任意抽取一部分进行审计，抽查的出发点纯粹是为了减少审计人员的工作量。因此，它所取得的审计证据，风险较大，有时带有极大的偶然性和任意性。

2）判断抽样法。又称重点抽查法，它是根据审计目的、被审计单位内部控制完备程度和所需要的证据，由审计人员根据经验，有选择、有重点地对审计总体中一部分内容进行审计，据以推断总体情况。此法重点突出，针对性强，但抽查结果是否有效，不好判定。该抽查法与审计人员的素质是密不可分的。

3）统计抽样法。又称数理抽查法，它是指审计人员运用概率统计原理，按随机原则在审计总体中抽取一定数量内容作为样本进行审计，再根据样本结果推断总体特征。统计抽样的具体运用有两种，一是用于符合性测试，用来估计总体特征的发生率；二是用于实质性测试，用来估计总体数额的差异值。前者称属性抽样，后者称变量抽样。

抽查法审查重点明确，省时省力，具有事半功倍的效果，但如目标和对象选择不当或缺乏代表性，往往不能发现问题，甚至前功尽弃。在财务收支审计和财经法纪审计中，抽查法往往不及详查法，因此它还是有一定的局限性。实际中常将其与其他方法配合运用。

2. 证实客观事物的方法

除了审查书面资料方面的信息，审计工作还必须审查以实物形态存在的有形资产情况，证明落实客观事物的形态、性质、存在地点、数量、价值等，审核确定是否与账目相符。这类方法主要有盘点法、调节法和鉴定法。

（1）盘点法　盘点法是指审计人员通过对各项财产物资的实地盘存，检查工程项目实物的数量、品种、规格、金额等实际情况，借以确认经济资料和经济活动是否真实无误，经济资料与实物是否一致的审计方法。

盘点法分为直接盘点法和间接盘点法两种。直接盘点法是由审计人员现场盘点实物，以证实书面资料同有关的财产物资是否相符。间接盘点法是审计人员亲临现场通过观察被审计单位自行组织的盘点情况，借以确定实物实有数额的方法。必要时审计人员也可进行抽查、复点。

（2）调节法　调节法是指为验证某一项目数据的正确性，使两个独立和各自分离的相关数据，通过调整而趋一致的审计方法。如果现成的数据和需要证实的数据存在表面不一致时，为了证实数据的真实性，就要运用调节法。

（3）鉴定法　鉴定法是指邀请专业人员运用专门技术对书面资料、实物和经济活动进行确定和识别的审计方法。如对实物资产的性能、质量、价值、书面资料的真伪以及经济活动的合理性、有效性等的鉴定，往往需要聘请一定数量的专业技术人员以提供鉴定结论，并做出独立的审计证据。

3. 审计调查方法

审计时除了审查书面资料和证实客观事物外，还需要实地对经济活动及其资料的某些客观事实进行内查外调，判断真伪，取得审计证据。审计调查是审计方法中不可缺少的重要组成部分。审计调查方法主要有观察法、查询法、函证法、专题审计调查法。

（1）观察法　观察法是指审计人员亲临审计现场对被审计单位的经济管理及业务活动进行实地观察，以查明被审计事项的事实真相，取得审计证据的审计方法。如观察内部控制制度的执行情况、经济业务的运作过程，从中发现薄弱环节和存在的问题，借以收集书面资料以外的证据。

（2）查询法　查询法是指对审计过程中发现的疑点和问题，通过口头询问或书面质疑的方式查清事实真相并取得口头或书面证据的审计方法。如对可疑账项或异常情况、内部控制制度、经济效益等的审查，都可以向有关人员提出口头或书面的询问。

（3）函证法　函证法是指审计人员通过给有关单位和个人发函，以取得证据的审计方法。如往来款项的查证、认证债权债务等，可采用函证法核对认证。

（4）专题审计调查法　专题审计调查一般是指针对全国或某一地区或某个行业范围内的某专门问题，组织力量进行审计调查的审计方法。它是政府决策科学化、合理化的信息保证。

除上述审计方法外，针对特定审计种类，还有一些专门方法，如评审内部控制制度采用的调查表法和流程图法，信息化审计等。

作为技术性的审计方法体系，其方法和审计内容会随着社会经济的发展而不断更新发展。实际工作中各种方法的使用不是孤立的、单一的，通常需要运用多种审计方法，相互补充，相互促进，以求尽快查明经济活动和经济资料的正确性、真实性、合法性、合理性和有效性。

2.2.2 工程项目审计的基础性方法

在项目审计过程中，恰当选用审计方法是保证审计业务顺利完成的前提。由于项目有其一定的特殊性，各类审计的对象、内容、目的、任务等都不一样，所以除了常规的审查书面资料、证实客观事物的存在，以及实地调查等技术性审计方法外，还可以运用以下方法：

1) 财务收支审计与技术经济资料审查相结合的审计方法。项目审计中对相关的经济技术资料审查的内容较多，如项目可行性研究报告相关技术经济资料咨询审计，设计任务书相关经济资料审计，项目概算预算审计等。这些内容仅采用财务收支审计方法是不够的，审计人员在审计过程中，应该将常规的审计方法与技术经济资料的审查相结合，尽可能将相关数据资料有机结合，通过对比分析，达到预期效果。

2) 充分利用各阶段其他相关的审计结果的方法。一个项目投资情况是否满足投资者或所有者和被审计单位的目标，在该项目立项前就要做出评价和决策。因此，审计人员在项目各阶段的审计，应当充分利用项目过程中，各个阶段、各种类型的审计报告，将事前审计、事中审计、事后审计有机地联系在一起，全面、客观、正确地做出审计评价和结论。

3) 与内部审计部门紧密联系的方法。项目活动涉及面很广，专业性很强，不同性质、不同专业、不同规模的项目各具特点。审计人员在对项目审计过程中，在设立内部审计部门的被审计单位，可以运用相应的审计方法，对内部审计的审计结果进行测试以确定可利用的程度，并与内部审计人员互相配合，紧密联系，以保证审计业务的顺利完成。

4) 管理会计方法、成本会计方法、责任会计方法、财务管理和计算机相互结合的审计方法。鉴于项目业务的复杂性和多样性，单纯的财务会计方法和报表审计方法已经落后。因此，项目审计过程中，除了采用一般审计项目所运用的审计方法外，选择恰当的计算机操作软件，特别是项目预算、概算、决算审计软件的选用是一项十分关键的工作，将切实有效地帮助审计人员实施与完成审计业务。

2.2.3 辅助性数值分析方法

借鉴西方的审计方法，为完成审计及稽查任务，还可采用辅助性数值分析方法，包括统计抽样法、计划评审法和概率法、期望值分析法和灵敏度分析、对策论和排队论、经济订货量和风险分析法等。

1. 建筑工程的订货点审计方法

订货点是指需要再次订货的库存量水平，其计算公式为

$$订货点 = 平均每天正常耗用量 \times 提前期天数 + 安全储备量 \tag{2-1}$$

订货应在存货用完前，提前若干天进行，这提前的天数就称为订货提前期天数。安全储备量是为了预防订货过程中出现意外情况导致存货短缺而建立的储备数量。

2. 工程物资管理的经济订货批量审计方法

该方法是指使存货的订货量和储存费用之和为最低时的订货量，其计算公式为

$$Q = \sqrt{\frac{2KD}{K_c}} \tag{2-2}$$

式中　Q——经济订货量；

　　　K——每次订货的订货费用；

　　　D——年需要量；

　　　K_c——单位存货的年储存费用。

3. ABC 分析法

通过对各类工程物资或存货进行比较分析，根据不同情况把库存物资划分为 A、B、C 三类，并对各类存货实行不同管理与控制方式。进行 ABC 分析有五个步骤：收集数据、统计汇总、编制 ABC 分析表、绘制 ABC 分析图和确定重点管理方式。ABC 分析法的重点是：将存货划分为 A、B、C 三类项目。其中 A 类项目，品种和数量少，但单位价值高；B 类项目，品种和数量较多，单位价值较高；C 类项目，品种和数量多，而单位价值却很低。对 A、B、C 类项目分别采用严格控制、一般控制和简单控制的方法进行控制。

4. 贝叶斯法

贝叶斯法是在多种可能的方法中，运用条件概率，选择一种最可行的方案的决策方法。它是非肯定性决策的一种，经常用于修正先前的经验概率。任何时候，当审计判断与经典抽样方法相结合时，都是在使用贝叶斯法。实际上，它是一种定性与定量结合的分析方法，例如非统计抽样方法。

5. t 检验法

这种方法是衡量两个抽样总体的差异程度的重要分析方法，最终目的就是为了衡量两个总体是否具有可比性，主要用于判断两个不同的抽样或样本总体在平均值统计上是否相等进行参数统计分析。它作为一种参数统计工具，要求在比较区间内的数据必须符合正态分布。一般来说，绝对值超过 2 的 t 检验值说明两个总体之间的差异很显著，不具有可比性。

6. χ^2 检验法

χ^2 检验法是对定性数额之间关系的非参数检验。它可对列明分类和次序数据的独立性进行检验，且不要求数据符合任何特定的分布形式。

7. 回归分析

回归分析包括简单回归分析、多元回归分析。

（1）简单回归分析

$$y = a + bx \tag{2-3}$$

式中　y——因变量；

　　　x——自变量；

　　　a——常数项，等于函数的垂直截距（即函数与垂直轴的交点）；

　　　b——回归系数，也是函数的斜率。

（2）多元回归分析　对具有一个以上的自变量的回归分析被称为多元回归分析。在原理上，多元回归和简单的线性回归是一样的，但在计算上要复杂得多，故几乎所有涉及多变量的回归分析都使用计算机。多元回归分析技术在经济学中得到了广泛应用。有两个变量的

多元回归方程可写为

$$y = a + bx + cz \tag{2-4}$$

8. 时间序列分析法

时间序列分析法是对将来的值进行预测的一种方法，其核心是确定数据变化由哪几部分构成。根据传统，可以把它们分为四类：趋势、季节性、周期性和随机波动。

1）趋势预测法是建立在一个时间序列数据中，存在着一种可识别的变化趋势的假设基础上的方法，是最常见的预测方法。趋势预测法实际上就是回归分析法，只是唯一的自变量是时间，且每次数据的权数都是相同的。趋势预测也可作为确定季节性和周期性变化的预测。

2）指数平滑法是一种时间序列预测技术，它赋予近期的观察数据以更大的权值，所有权值之和等于1。指数平滑法的优点是在分析时间序列数据时，允许近期的数据具有较大的权值；另外，还可增加新的观察数据，从而使预测很容易地适合新的情况。其缺点是，如果数据呈现明显的时间趋势，用它进行预测就会不太准确。如果时间趋势为正值，根据指数平滑法做出的预测就可能偏低；如果时间趋势为负值，做出的估计就会偏高。只有当数据没有明显的时间趋势时，用简单指数平滑法做预测才是合适的。

2.2.4 审计方法的选用原则

正确选用审计方法，是保证审计质量、实现审计目的的重要条件。在工程项目审计操作中应当遵循以下原则选用审计方法：

1）依据不同的审计对象和目标选择审计方法。工程项目审计对象复杂、多样，接受委托的审计业务类型众多，应当根据不同的审计对象，按照不同的审计目的，与相关专业技术人员协调配合选用恰当的审计方法。

2）依据不同的被审计单位或不同的工程项目及其审计内容，正确选择审计方法。

3）依据审计程序需要获取审计证据的不同类型选择审计方法，以保证审计证据的充分性、客观性和有效性。

4）依据审计人员素质和专业选择审计方法，力求做到专业互补，人尽其力，人尽其才。

5）根据不同审计方式选择审计方法。

6）依据审计结论的保证程度和审计成本来选择审计方法，以保证审计工作质量和审计资源的有效配置和利用。

7）依据总体效果和系统观点选用。

总之，无论是国内现有的工程项目的审计方法，还是国外审计方法，监管者都应当高度重视审计程序的重要性。在审计计划和准备阶段，要有效获取建设工程有关技术经济资料和会计数据文件；在实施阶段，要深入调查现场，优选和制定各种审慎的审计方法并熟练掌握各种审计技巧；在报告阶段，要及时纠正审计偏差，通过三级复核制度和审计部门质量控制标准，甄选审计结论。

2.2.5 工程项目不同阶段审计方法的选用

由于工程项目建设周期长，投资数额大，工作内容多，项目参与者面广人多，因此，针对工程项目的审计，由于在不同的建设阶段审计的内容不同，所采用的审计方法也各不相同。

（1）投资立项阶段审计方法　投资立项阶段审计的主要方法有审阅法、对比分析法等。

审阅法是对有关书面资料，如项目建议书、可行性研究报告和项目立项批文等进行审计，以审查与评价已立项建设项目的决策程序和可行性研究报告的真实性、完整性和科学性情况。

对比分析法是通过相关资料和技术经济指标对比分析拟建项目与国内同类项目的差异点，从而发现问题的方法。

（2）设计阶段审计方法　设计阶段审计主要采用分析复核法、复算法、文字描述法、现场核查法等。

分析复核法主要是通过对设计文件的分析复查，检查设计文件是否规范、完整，是否符合经批准的可行性研究报告的要求等。

复算法主要是通过计算检查设计概算是否符合投资估算要求，施工图预算是否符合经批准的概算要求等。

文字描述法主要是通过文字描述检查施工图设计文件是否规范、完整，勘察、设计资料依据的充分性和可靠性等。

现场核查法主要是检查设计单位是否建立、健全勘察设计的内部控制工作制度，各项管理活动的真实性、合法性和效益性。

（3）招投标阶段审计方法　招投标审计主要采用观察法、询问法、分析复核法、文字描述法、现场核查法等。

观察法是指审计人员亲临现场对招标、资格预审、现场踏察、标前会议、开标、评标、决标、签订合同等业务活动进行实地观察，借以查明招标投标事实真相的一种审计方法。

分析复核法是指审计人员在审计过程中，通过对招标控制价的单价和总价、投标报价的价格组成、工期和质量等指标进行对比、分析、评价，查看招投标过程有无问题或异常情况的一种审计方法。

文字描述法主要是通过对招标文件、资格预审文件、各投标商的投标文件、评标报告和中标通知书等进行复核，查看招标文件和资格预审文件等是否有违法违规情况出现，投标文件是否对招标文件进行实质性响应，评标报告是否与招标文件确定的评标方法和标准相符，中标通知书是否与招标文件及中标人的投标文件相符等。

（4）合同管理过程审计方法　对工程合同管理过程进行审计主要采用审阅法、核对法、重点追踪审计法等。

审阅法是对工程合同进行仔细观察和阅读，对照资料记录，鉴别其真实性、正确性、合法性、合理性及有效性。

核对法主要是对工程合同的合法性、完备性和公正性进行审核。如检查工程合同当事人双方是否按照招标文件及中标人的投标文件的内容签订合同，是否存在实质性内容的变更，合同文件各部分内容是否有前后矛盾的现象，合同条款是否与现行法律法规相冲突的情况，补偿合同、备忘录是否真实客观等。

重点追踪审计法主要是对工程合同的签订过程和履约过程进行跟踪审计，特别是对工程变更、签证、索赔和争议的处理过程进行跟踪，鉴别其真实性、正确性、合法性、合理性及有效性。

（5）设备、材料采购过程审计方法　设备、材料采购过程审计主要采用审阅法、网上比价审计法、跟踪审计法、分析复核法、现场观察法、实地调查法等。

网上比价审计法主要是通过工程造价信息网、建材价格信息网等对材料设备的价格进行查询、比对，鉴别设备、材料采购价格的真实性和合理性。

实地调查法和现场观察法主要是通过对设备、材料供应厂商实地考察，对设备、材料进场后实地检验情况进行检查，鉴别设备、材料的数量、规格、质量等是否符合要求。

（6）工程管理审计方法　工程管理审计主要采用关键线路跟踪审计法、技术经济分析法、质量鉴定法、现场核定法等方法。

关键线路跟踪审计法主要是针对工程建设过程中的关键工作进行跟踪审计，保证工程建设有组织、保工期、按计划实施。

技术经济分析法主要是通过对工程建设过程中的主要技术经济指标，如投资额、工期、主要材料消耗、工程造价相关资料等进行对比分析，考察相关被审计单位的工程管理水平和能力。

质量鉴定法主要通过对工程实体质量的检查鉴定，查看工程建设过程中质量目标的实现情况。

现场核定法主要是对工程施工现场管理制度和程序等进行现场核定，考察被审计单位的工程管理水平和能力。

（7）工程造价审计方法　工程造价审计主要采用重点审计法、现场检查法、对比审计法等。

重点审计法是指选择建设项目中工程量大、单价高，对造价有较大影响的单位工程、分部工程进行重点审查的方法。该方法主要用于审查材料用量、单价是否正确，工资单价、机械台班是否合理。

现场检查法是指对施工现场直接考察的方法，以观察现场工作人员及管理活动，检查工程量、工程进度，所用材料质量是否与设计相符。

对比审计法是指通过设计概算与投资估算、施工图预算与设计概算、投标报价与标底、工程决算价与工程合同价之间的总价及其价格组成的对比分析，考察工程造价是否真实合理，投资目标是否得到有效控制的方法。

（8）竣工验收阶段审计方法　竣工验收阶段审计主要采用现场检查法、设计图与竣工图循环审查法等方法。

现场检查法是指参与工程竣工验收，通过对工程的现场验收及竣工验收资料的复核检查，来考察工程建设目标的实现程度的方法。

设计图与竣工图循环审查法是指通过分析设计图与竣工图之间的差异来分析评价相关变更、签证等的真实性与合理性的方法。

（9）财务管理审计方法　财务管理审计主要采用调查法、分析性复核法、抽查法等方法对建设项目资金筹措、资金使用及其账务处理的真实性、合规性进行监督和评价。

（10）后评价阶段审计方法　后评价阶段审计主要采用文字描述法、对比分析法、现场核查法等方法对建设项目交付使用经过试运行后有关经济指标和技术指标是否达到预期目标进行审查和评价。

2.3 工程项目跟踪审计

2.3.1 工程项目跟踪审计的概念

跟踪审计（Follow-up Audit）最先起源于 20 世纪 90 年代末的西方国家。而之前的英国、美国等发达国家的工程项目审计主要包括事前建设计划（即决策、勘察设计阶段）审计和投资绩效审计两个部分，很少采用与项目建设同步的跟踪审计。后来，Pomeranz 提出预先审计（Preemptive Auditing）概念，指出预先审计应贯穿整个工程生命周期，以对工程进行严密监控，对管理漏洞迅速采取行动措施从而达到审计效果。随后，西方国家才逐渐推出了跟踪审计。我国早期的财政财务收支审计以及近期的建设项目管理审计，其基本审计方式都是事后审计为主，审计的重心放在合法、合规性方面，尽管取得了一定的成就，但审计价值并没有完全得到体现。因此，选择更好的建设项目全过程跟踪审计模式，加强事先预防和控制，提高信息反馈的及时性是十分必要的。

跟踪审计是指："针对审计对象的发生发展过程，及时对它进行全过程审计监督"（《中国审计大辞典》）。审计主体是审计机关及其审计人员，审计客体是项目投资资金使用者从事的经济活动。

工程项目跟踪审计是指将建设全过程划分成若干阶段或确定若干重点建设事项，由审计人员随着建设进程，及时对各阶段的审计对象（或确定的重点事项）进行审计并做出审计意见和建议，供被审计单位纠正存在的问题，改进、完善建设工作，使其得以规范、有序、有效运行，取得尽可能好的效益。

跟踪审计中，各阶段的划分可根据工程项目的风险程度、规模、特点、审计要求及审计资源情况等具体确定。分段跨度越小，每段持续时间越短，则审计次数越多，耗费的审计资源也越多，反馈审计信息的及时性、有效性也会提高；反之亦然。

2.3.2 工程项目跟踪审计的特点

（1）目的性　审计是一种特殊的经济活动监控行为。跟踪审计是审计的一种改良形式，因而跟踪审计的过程也是一种监控过程和行为。一种控制行为只有有了特定的目标，才能发挥控制功能。审计目标直接决定着审计控制手段和方式。建设项目内部审计，是指组织内部审计机构和人员对建设项目实施过程的真实、合法、效益性所进行的独立监督和评价活动。建设项目内部审计的目的就是为了促进建设项目实现质量、速度、效益三项目标。工程项目跟踪审计的定义也明确表明，工程项目审计作为一种经济监控活动，其目的在于防止舞弊、提高工程质量、降低工程成本、规避工程风险，并为项目各参与方提供决策有用信息。

（2）全程性　一个工程项目往往经历投资决策、勘察与设计、招标投标、建设准备、施工、生产准备、竣工决算、考核评价等阶段，并且每一个阶段都有其自身的运行和建设周期，工程项目跟踪审计就必须与各过程相配合、相适应。这与传统的事后审计（在工程竣工后集中一次开展审计）不同，工程项目跟踪审计具有全程性。全程性是指跟踪审计对建设项目从项目立项到竣工验收决算及后评价全过程的审计，它将整个建设过程合理划分成若干阶段或确定若干重点建设内容，对投资项目的审计也按各个阶段或重点建设内容进行，项目建设资金运用到哪里,审计就要跟到哪里。跟踪审计体现了审计介入时点的不断前移,体现了从事后审计到事前审计整个过程的不断向前拓展。事前、事中、事后这一全过程的审计提高了跟踪审计的效能和质量。

(3) 适时性　工程项目全过程跟踪审计方式缩短了信息反馈的回路,提高了信息反馈的效益,使信息得到充分、及时的利用,起到了预测和防范的作用,具有信息反馈的适时性。跟踪审计的适时性具体体现在发现和纠正问题的及时性,即能在审计过程中发现管理漏洞,及时反馈信息,提出合理化建议,达到高效利用审计资源的目的。与传统的事后竣工决算审计不同,工程项目跟踪审计强调对建设项目事前的投资决策审计和事中对建设项目的资金使用情况、项目的进展情况和质量管理情况的全过程的审计,对于各阶段、各环节发现的问题能适时向有关责任方提出整改建议,实现边发现、边整改、边规范,从而克服传统事后审计解决问题的滞后性。

(4) 系统性　传统的工程结算审计的内容往往比较单一,主要审查资金收支问题,而跟踪审计的内容,范围非常广,工程项目往往是一个复杂的系统,各阶段、各环节、各部分之间存在相互联系,相互制约的关系。每一个问题的发生都可能会影响到整个工程的质量、进度或效益。传统的工程结算审计已经不能满足现实需要。但工程项目跟踪审计则涉及整个工程项目全过程的各方面,包括对工程建设方案、工程概预算、工程资金收支、工程成本效益、工程质量、工程进度等全方位的审计,并且它们相互联系,因此,工程项目跟踪审计具有系统性。

(5) 效益性　审计的效益性是通过审计行为的成果即审计的信息效益体现的。审计信息能够揭示和反映受托经济责任及过程的履行情况,有助于改善和提高管理职能,引导经济资源合理流向并实现最佳配置的作用。工程项目跟踪审计的效益性体现在审计信息的决策有用性。审计信息的决策有用性依据信息使用者的不同需求具有差异性。工程项目跟踪审计通过对跟踪审计过程中发现的建设项目存在的问题及时提出改进意见和措施,不仅能及时发现和纠正建设工程预算、工程招标控制价(标底)、合同洽谈、工程变更、工程结算、竣工决算等方面的问题,还能揭露和反映出体制制度方面存在的问题,剖析问题产生的根源。不仅能帮助建设单位加强管理,确保建设项目各方参与者全面有效履行责任,降低项目建设过程中的委托代理成本,还能防止资金流失,保证国家方针政策的贯彻落实,确保国家和人民的根本利益。

2.3.3　工程项目跟踪审计的功能

(1) 监督功能　监督是指对现场或某一特定环节、过程进行监视、督促和管理,使其行为和结果按预定目标实现。从信息论角度看,监督是对信息的监督;从行为主体的态度看,监督处于协从的地位,它是为实现某种控制目的而服务。监督功能体现在建设项目控制过程中对信息的跟踪与监测部分。没有审计监督,就没有对信息的跟踪与监督,反馈也就成了无稽之谈,工程项目跟踪审计就无法提供决策有用信息,工程项目管理漏洞的弥补也丧失了可操作性,项目建设跟踪审计的目标就难以实现。政府主管部门要求:"改进方式,对重点项目实行跟踪审计""强化监察、审计等专门监督,高度重视人民群众监督和新闻舆论监督,做到行政权力运行到哪里,监督就落实到哪里,财政资金运用到哪里,审计就跟进到哪里",这充分体现了审计监督作用的重要性。工程项目跟踪审计有利于发挥监督制约机制,让项目建设系统处于全过程监督的开放状态，随时接受外界的监督。审计监督是实现审计目标的手段，而监督质量的好坏直接影响着审计功能的实现。工程项目跟踪审计是对建设项目全过程、全方位、全面的监督。

（2）评价功能　评价就是对特定事物、设想、方法等做出的价值判断。往往是用某种标准对事物的可靠性、实用性、经济性以及满意度等性能进行评估的过程。实施全过程跟踪审计的过程，就是依据审计评价标准对工程项目全过程各阶段的经济效益、管理水平、资金使用效率、资源配置、工程进度和质量等内容进行动态评价的过程。跟踪审计具有动态性，应适时根据项目建设的进展情况调整审计评价依据，以适应跟踪审计的需要。

（3）服务功能　工程项目跟踪审计的服务功能在于以工程项目利益相关者的需求为导向，在工程项目建设的不同层次和阶段为他们及时提供审计成果。工程项目利益相关者包括业主（建设单位）、设计单位、监理单位、施工单位、供应商、政府以及经济供应链上的其他利益相关者。目前，项目建设过程中违法违规行为、资金资源损失浪费、挤占挪用资金、破坏施工环境等情况仍时有发生。此外，由于利益相关者间的利益冲突，容易导致审计合谋、审计寻租和审计诚信缺失问题等，最终将导致社会效率等下降。因此，审计人员必须更新观念，以政府和市场对审计的需求为导向，增强服务意识，创新审计工作。在宏观层面上，对工程项目实施跟踪审计应服务于国家、政府和人民群众的根本利益，及时查处工程项目建设过程中的重大违法违纪行为，惩治腐败，保证中央政策措施的贯彻落实，保障国家利益，维护国家经济的安全运行。从微观层面看，工程跟踪审计应服务于项目建设本身，及时发现工程项目建设过程中的漏洞，及时进行反馈与整改，从而有助于提高工程项目管理的效率和效果。

（4）防御功能　审计是国家经济社会运行的免疫系统，即发现问题、处理问题、完善机制以致增强免疫功能以抵御病毒，其作用机理是一个螺旋上升的过程，即通过系统发挥监督、防御职能。通过审计能够及时地发现"病毒"和杀死"病毒"，并且具有稳定、可靠、实时的预警功能，在"病毒"未侵入之前，就发出警报，对潜在的风险进行揭示和抵御，极大发挥其保障国家经济建设和社会健康发展的"防御"功能。

工程项目跟踪审计是对审计方式的创新，是实现审计免疫系统具有防疫功能的重要形式。它将审计关口前移，将问题发现于萌芽状态，并及时予以处理，这样从源头上发现并遏制项目实施过程中存在的问题，从而避免事后审计的滞后性，降低发案率，充分提高审计效果。

本章小结及关键概念

本章小结：工程项目审计程序是指在工程项目审计全过程中，主体与客体均须遵循的工作关系、流程顺序、形式和时间期限等。它贯穿于审计工作计划、实施和报告阶段的全过程，是项目审计全过程审查具体对象所需经历的工作程序和步骤。由于审计主体的不同，审计程序存在着差异。审计方法是审计部门和人员实现审计目标，执行审计职能，审查、评价和鉴证审计对象，完成审计任务的重要手段。工程项目审计的技术性方法主要用于查明或证实审计项目真实性、合法性及正确性的各种专门方法，包括审查书面资料的方法和证实客观事物的方法以及审计调查方法。按审查书面资料的技术，可分为审阅法、核对法、复算法、比较法和分析法；按审查资料的顺序分为逆查法和顺查法；按审查资料的范围，分为详查法和抽查法。工程项目审计的基础性方法包括财务收支审计与技术经济资料审查相结合、利用各阶段其他相关的审计结果、与内部审计部门紧密联系、采用管理会计、成本会计、责任会计、财务管理与计算机相互结合的审计方法。辅助性数值分析方法包括统计抽样法、计划评审法、概率法、期望值分析法、灵敏度分析、对策论、排队论、经济订货量和风险分析法等。为保证审计质量、实现审计目标，应遵循选用审计方法的原则；应根据工程项目的不同阶段、审计的不同内容，正确选用审计方法。跟踪审计是指针对审计对象的发生发展过程，及时对它进行全过程审计监督。审计主体是审计机关及其审计人员，审计客体是项目投资资金使用者从事的经济活动。工程项目跟踪审计是指将建设全过程划分成若干阶段或确定若干重点建设事项，由审计人员随着建设进程，及时对各阶段的审计对象（或确定的重点事项）进行审计并做出审计意见和建议，供被审计单位纠正存在的问题，改进、完善建设工作，使其得以规范、有序、有效运行，取得尽可能好的效益。工程项目跟踪审计具有目的性、全程性、适时性、系统性和效益性等特点；具有监督、评价、服务、防御等功能。

关键概念：工程项目审计程序、审计方法、审计方法选用原则、工程项目跟踪审计。

能力提升

一、选择题

1. 工程项目审计程序是指在工程项目审计全过程中，（　　）均须遵循的工作关系、流程顺序、形式和时间期限等。
   A. 主体与客体　　B. 部门与人员　　C. 审计与被审计　　D. 时间与环境
2. 由于审计（　　）的不同，审计程序存在着差异。
   A. 事实　　B. 主体　　C. 工作　　D. 活动
3. 工程项目审计的技术性方法主要用于查明或证实审计项目真实性、合法性及（　　）的各种专门方法。
   A. 可靠性　　B. 安全性　　C. 效益性　　D. 正确性
4. 工程项目审计的（　　）方法包括财务收支审计与技术经济资料审查相结合、利用各阶段其他相关的审计结果、与内部审计部门紧密联系、采用管理会计、成本会计、责任会计、财务管理与计算机相互结合的审计方法。
   A. 证实客观事物　　B. 基础性　　C. 作业　　D. 工作
5. 重点追踪审计法主要是对（　　）的签订过程和履约过程进行跟踪审计。
   A. 竣工验收　　B. 内部审计　　C. 工程合同　　D. 设计文件

二、填空题

1. 审计方法是审计部门和人员实现审计目标，_____，_____、_____和_____，完成审计任务的重要手段。
2. 审计方法体系包括_____、_____和_____以及辅助性数值分析方法。
  3. 审计方法按审查书面资料的技术，可分为_____、_____、_____、_____和分析法。
  4. 抽查法可分为_____、_____和_____三种。
  5. 招投标审计主要采用_____、_____、_____、_____、_____等。

三、简答题

1. 何谓工程项目审计程序？其目的何在？
2. 简述工程项目审计程序的具体流程。
3. 不同审计主体审计程序的差异有哪些？
4. 工程项目审计方法有哪些？
5. 工程项目审计方法选用的原则有哪些？
6. 工程项目不同阶段审计方法的选用有哪些？
7. 何谓工程项目跟踪审计？
8. 工程项目跟踪审计的特点和功能有哪些？

第 3 章
工程项目建设全过程审计

> **学习要点**
>
> **知识点：** 工程项目建设全过程审计定义，建设全过程各阶段审计的主要工作内容，投资决策阶段的审计、勘察设计阶段的审计、招标投标阶段的审计、施工阶段的审计、竣工验收阶段的审计。
>
> **重点：** 工程项目建设全过程审计定义，投资决策阶段的审计，勘察设计阶段的审计，招标投标阶段的审计，施工阶段的审计，竣工验收阶段的审计。
>
> **难点：** 投资决策阶段的审计，勘察设计阶段的审计，招标投标阶段的审计，施工阶段的审计，竣工验收阶段的审计。

3.1 概述

工程项目建设全过程审计是我国审计监督工作的重要组成部分，通过对建设项目建设过程中合法性、合规性和有效性进行监督、评价和鉴证，提出改善提高工程项目管理成效的意见和建议，达到提高建设项目投资效益的目的。

3.1.1 工程项目建设全过程审计的定义

工程项目建设全过程审计是指由独立机构及其派出人员，依据一定的审计标准，运用特定的审计评价指标体系，对工程项目建设各个阶段的投资结果进行监督评价鉴证的活动。具体来讲，它包含以下三层含义：

1) 审计主体应当是独立的审计机构，其中包括国家审计机关、企业内部审计机构、社会民间审计组织。

2) 工程项目建设全过程审计的对象应当是工程项目建设的各个阶段，即从投资决策阶段、勘察设计阶段、招标投标阶段、施工阶段到竣工验收阶段的全过程。

3) 工程项目建设全过程审计，既是对工程项目法人的管理等情况的鉴定、评价，也是为工程项目投资者做好投资的服务，同时也是对工程项目施工者的监督、检查与评价。

综上所述，工程项目建设全过程的审计活动是投资者、建设单位和施工单位主观和客观上需要的一种经济监督、评价和鉴证活动，它既符合投资者的经济利益，也对建设单位和施工单位所进行的建设活动中的经济行为予以客观的评价。

3.1.2　工程项目建设全过程审计的主要内容

项目建设从投资决策阶段，提出项目建议书开始，就要进行总投资概算，并着手确定投资来源渠道，管理活动随之开始；经过可行性研究，初步确定概算，确定投资总额，项目法人组建成立；资金到位后，经过勘察设计、招标投标阶段后，进入建筑安装施工阶段，设备材料采购等一系列工作，货币形态转化为实物工作量；项目建成投产后，进行竣工决算阶段，反映投入产出的经济效益。对工程项目建设进行审计，不能仅局限于项目建设的某一阶段，要对各阶段的投资、财务、管理等活动进行审查，因而工程项目建设审计贯穿于项目建设的全过程。

1. 投资决策阶段审计的主要内容

工程项目建设在投资决策阶段应全面做好项目建议书及可行性研究，全面细致地编制投资估算，确定投资总额。通过对这一阶段的审计，可以促使决策机构做出正确的投资决策；促使建设单位认真扎实地做好项目的前期准备工作，为建设阶段工作的顺利开展打下良好基础；促使固定资产投资的决策机构和建设单位的工作规范化，有利于提高我国投资管理的水平。其审计的主要内容是工程项目建议书审计和工程项目可行性研究审计。

2. 勘察设计阶段审计的主要内容

工程项目建设勘察设计工作包含两部分内容：工程项目建设勘察工作和项目建设工程设计工作。在工程项目勘察设计阶段的审计是工程项目建设全过程跟踪审计的重要内容，对节约建设资金、避免损失浪费，具有十分重要的意义。其主要审计内容就是工程项目勘察工作审计和工程项目设计工作审计两个方面。

3. 招标投标阶段审计的主要内容

工程项目建设招标投标阶段的审计是对招标投标过程以及结果产生的公正性、公平性、合法性进行检查和评价，出具审计意见。这一阶段的工作是非常复杂的，其主要审计内容是：工程项目报建的审计，建设单位资质的审计，招标申请的审计，资格预审文件、招标文件的编制与送审的审计，招标公告或招标邀请书发布的审计，对投标人资格的审计，工程标底的审计，招标文件的发出或出售的审计，投标、开标、评标与中标的审计。

4. 施工阶段审计的主要内容

施工阶段是建设项目实施的主要工作内容，是投资活动的高峰期。施工阶段审计是工程项目建设全过程审计的核心工作。在合同签订之前，审核施工合同（包括总承包施工合同和专业分包合同等）；审核材料设备招标采购程序；对工程量清单以外，无法实施招标采购的新增材料设备的价格进行审核；审核工程款项的拨付是否真实；对设计变更程序、价款进行审核；参与签证项目的现场确认，审核签证费用；参与隐蔽工程的验收，审核涉及费用变动的隐蔽事项等，对以上内容均应出具审计咨询意见；审核索赔费用，提出反索赔建议。综上所述，该阶段主要审计内容可以概括为以下几个方面：工程施工合同的审计，材料设备采购的审计，款项支付的审计，设计变更、工程洽商的审计，现场签证的审计，隐蔽工程的审计，工程索赔的审计。

5. 竣工验收阶段审计的主要内容

在工程竣工验收阶段，应参与工程竣工验收，审查竣工结算资料的完整性；进行现场勘查、检查实际施工是否与竣工结算资料相符；审查工程竣工结算造价，出具审计报告。其主要审计内容为：竣工决算的审计、竣工验收的审计。

综上所述，工程项目建设全过程审计的主要内容可以概括为如图 3-1 所示的几方面内容。

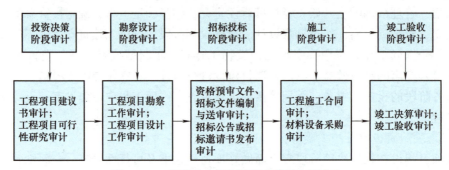

图 3-1　工程项目建设全过程审计的主要内容

3.2　投资决策阶段审计

3.2.1　工程项目建设投资决策阶段的工作内容

项目投资决策是选择和决定投资行动方案的过程，是对拟建项目的必要性和可行性进行技术经济论证，对不同建设方案进行技术经济比较及做出判断和决定的过程。正确的项目投资行动来源于正确的项目投资决策。前期投资决策所涉及的主要内容包括确定项目建议书和进行可行性研究。

1. 确定项目建议书

确定项目建议书是在项目投资机会分析后进行的，在投资机会分析中，投资者已经对发展前景较好、贡献较大、投资效益较高和可行性较大的方案做出了优选。作为形成项目构思的设想，是项目产生的萌芽。项目建议书是拟建单位向行政主管部门提出的要求建设某一具体工程项目的建议文件，是对工程项目建设的轮廓构想。其主要目的是为建设项目投资提出建议，在一个确定的地区或部门内，以自然资源和市场预测为基础，选择建设项目。项目建议书作用是建议一个拟建项目，论证其建设的必要性、建设条件的可行性、建设资源的可获得性和项目建成后获利的可能性，以供审批机关选择是否进行下一步工作。项目建议书经批准后，可进行详细可行性研究工作，即依据项目建议书，进一步对项目进行技术和经济的可行性论证。项目建议书的内容根据项目的类别有所不同，一般情况下包括以下内容：

1）项目建设的必要性及相关依据。
2）产品方案、建设规模及关于项目选址的初步设想。
3）建设资源条件分析、各参与方协作关系、设备选择、生产条件、供应商选择等初步分析。
4）项目投资估算、建设和生产资金筹措、融资方案、还贷方案等初步设想。
5）项目建设和运营的进度的初步安排。
6）产品的经济效益和社会效益的初步分析。

7）环境影响的初步评价。

2. 进行可行性研究

项目建议书一经批准，即可着手进行可行性研究，对项目在技术上是否可行和经济上是否合理进行科学的分析和论证，国家规定所有基本建设项目都要在可行性研究通过的基础上，选择经济效益最好的方案编制可行性研究报告，并根据不同的投资规模分级审批。

决策阶段的可行性研究是非常重要的环节，它贯穿决策阶段的全过程。可行性研究是项目决策之前，通过调查、研究、分析论证与项目有关的工程、技术、经济、管理、法律等方面的条件和可能遇到的实际情况，对可能的多种方案进行比较论证，同时对项目建成后的经济效益进行预测和评价的一种投资决策分析研究和科学分析活动。可行性研究是对基本建设项目在技术上、经济上是否可行所进行的科学分析与论证。其主要做法是经过科学的调查研究，对建设项目进行技术、经济方面的论证，为决策提供可靠的依据。

工程项目建设可行性研究一般分为以下三个阶段：投资机会研究、初步可行性研究、可行性研究。

工程项目建设可行性研究的作用包括：

1）为投资项目决策提供依据。

2）为建设项目设计、融资、申请开工建设、建设项目实施、项目评估、科学实验、设备制造以及项目的投产运行提供依据。

工程项目建设可行性研究的内容包括：

1）市场研究。为项目建设必要性论证提供依据。

2）工艺技术方案的研究。为项目建设的工艺和技术可行性提供依据。

3）财务和经济分析。为项目建设经济方面的合理性提供依据。

3.2.2 工程项目建设投资决策阶段审计的内容

1. 项目建议书审计的内容

（1）项目建议书管理情况的审计　审查对工程建设决策阶段工作的管理是否遵循了相关的法律法规。例如，项目是否经过审批，承担编制项目建议书的单位是否具备相应资质，费用的支出是否列入计划、是否合理等。

（2）项目建议书编制情况的审计

1）审查有无编制项目建议书。项目建议书是编制可行性研究报告的依据，只有具备经过上级主管部门审批的项目建议书，才能进行可行性研究工作。同时，项目建议书也是建设程序的一个重要环节，只有经过审批的项目建议书，整个工程的建设才符合国家的规定。对于正在建设而没有编制项目建议书的工程项目，审计机构应当责令被审计单位立即补编项目建议书，并报上级主管部门审批，同时应当根据具体情况，分别进行相应处理。

2）审查项目建议书的编制依据是否可靠。审查项目建议书是否符合国民经济和社会发展规划、地区经济发展规划的总体要求。

（3）项目建议书内容的审计

1）项目建设必要性的审计包括：①审查项目建设的依据是否充分可靠，有无为了争项目而夸大事实的情况；②审查项目建设的必要性是否建立在客观实际的基础上，项目建议书中所阐述的必要性可以通过实地查看、走访当地群众的方法来审查其客观性；③审查推荐项目的理由是否充分，是否经过多项目的比较和优选。

2）项目建设规模的审计。项目建设规模的审计主要是审查拟建项目的规模是否符合实际需要，是否符合项目建设目的和要求。还要审查被审计单位有无为了使项目容易获得审批而将项目分拆的现象。

3）主要建筑物布置的审计。主要建筑物布置的审计主要是审查确定的工程等级和标准是否与确定的项目建设规模相符合，工程选址（选线）、选型及布置是否体现了规划阶段的要求，有无对工程量较大或关键性建筑物进行方案比较。审查主要建筑物及机电和金属结构是否与建设规模以及工程选址相配套，是否做到了最优化的设计。

4）工程施工方案的审计。工程施工方案的审计主要是审查工程施工条件的论述是否充分，是否能够对工程施工提供足够的资源、交通、水电等各方面的物质支持；审查主体工程的主要施工方法及主要施工设备是否与初拟的建设规模相适应，主要施工设备的选用是否具有先进性；审查施工总进度是否符合成本效益原则，是否达到了最优化设计。

5）环境影响的审计。环境影响的审计主要是审查项目建议书中关于工程项目对环境影响的分析是否充分，有无低估对环境影响的现象，同时审查对环境的有利影响是否符合实际。审查减免不利影响的对策和措施是否能够对环境的保护起到实质的作用，能否真正减少工程项目建设对环境的影响。

6）工程管理规划的审计。工程管理规划的审计主要是审查项目建设管理机构的设置与隶属关系以及资产权属关系是否与工程项目的投资情况、建设规模、项目运作情况相配套，管理维护费用及其负担原则、来源和应采取的措施是否合理，是否体现了成本效益原则。

7）投资估算及资金筹措的审计。投资估算及资金筹措的审计主要是审查投资估算编制原则、依据及采用的价格水平的合理性；审查各项建筑工程的投资估算是否与设定的建设规模相符合，所采用的投资指标是否反映了工程项目的特点，有无为了审批而故意降低投资估算现象；审查引进外资的投资估算的必要性及其相关的其他费用的合理性。审查项目投资主体的组成及其合法性，审查资金来源渠道是否符合法律、法规的规定及其真实性；对利用国内外贷款的项目，应当审查贷款偿还措施是否合理、可靠。

8）经济评价的审计。经济评价的审计主要是审查经济评价的基本依据是否充分、可靠；审查国民经济初步评价中评价指标的运用是否合理，对项目国民经济合理性的初步评价是否反映了工程项目的实际；审查财务初步评价是否符合国家财务制度的规定，对财务的评价是否反映了市场的供求变化，对项目的财务可行性初步评价是否合理；审查综合评价是否真正反映了社会效益、经济效益和财务效益以及国民经济的发展。

（4）项目建议书审批情况的审计　对项目建议书的审批情况进行审计，就是审查工程建设项目建议书是否严格按照相应审批权限进行审批，有无越权审批和没有审批就开工的现象。

工程建设项目建议书是工程项目建设过程中非常重要的一个建设程序，项目建议书通过审批，意味着一项工程项目就要开始。如果项目建议书的审批程序以及其中的各种建设指标存在问题，那么，对于工程项目建设来说将会造成很大的损失。

因此，在对工程建设项目建议书进行评价时，要对影响工程项目建设的重大问题进行详细的论述，阐明其中的遗漏或疏忽的环节，并且提出审查的意见。在对多个问题进行评价后，要根据重要性原则，汇总各个重要的问题，审查其对项目的影响程度，从而给出总体的评价结论。

2. 可行性研究审计的内容

工程项目可行性研究，是指对工程项目的技术先进性、经济合理性和建设的可能性的研究，它是根据调查研究提出建设方案和论证报告。对工程项目可行性研究要进行必不可少的审计，通过审计可以为投资决策提供依据，提高投资效益，防止由于决策失误造成损失和浪费。工程项目可行性研究审计的内容一般有以下几个方面：

1）审查工程项目是否有可行性研究报告。按照规定，新建、扩建、改建的工程项目，都必须有可行性研究报告。如果没有可行性研究报告，就无法进行审计。

2）审查是否具备进行可行性研究工作的前提。原国家计委《关于建设项目进行可行性研究的试行管理办法》规定，工程项目必须由有关部门和单位在调查研究的基础上，编制并上报需要进行可行性研究的项目建议书，经主管部门批准后，才可委托有关单位进行可行性研究。如果项目建议书未经上级部门批准，则审计部门应通知其补办手续或停止可行性研究工作。

3）对进行可行性研究的单位进行资格审查。按规定，负责进行可行性研究的单位，要经过资格审定，要对工程成果的可靠性、准确性承担责任。也就是说，只有资格审定合格的单位才有权进行可行性研究。对于未经国家正式批准颁发证书的单位进行可行性研究的，审计机构有权予以追究；审计机构还应审查建设单位是否与可行性研究机构签订委托合同。

4）可行性研究内容提出依据的审计。工程项目可行性研究的内容必须按照国民经济长远规划和地区规划、行业规划的要求来编制，审计机构应查处计划外投资项目或建设内容，尤其应防止低水平的重复建设。

5）审查编制可行性研究报告之前的相关工作。审计部门应审查编制可行性研究报告之前的相关工作，即是否进行调查研究、资源地质勘探等各项准备工作；调查报告是否经过充分论证，是否满足规定的内容和深度要求等。

6）审查可行性研究的内容。原国家计委《关于建设项目进行可行性研究的试行管理办法》规定，工业项目可行性研究应具备的十项内容如下：总论，需求预测和拟建规模，资源、原材料、燃料及公用设施情况，建厂条件和厂址方案，设计方案，环境保护，企业组织、劳动定员和人员培训，实施进度的建议，投资估算和资金筹措，社会及经济效果评价。可行性研究审计的方法可以是就上述内容逐项审查分析，然后对可行性研究报告做出综合评价和分析。这种方法需要耗用较多的时间和精力，一般情况不宜采用。对可行性研究内容进行审计的另一方法是，首先对可行性研究内容进行分析和归纳，找出可行性研究所要解决的主要问题，然后运用各种审计方法对可行性研究对上述问题的解决方法及其结论的准确性进行审查分析评价，提出审计结论。

可行性研究所要解决的主要问题是：①说明为什么要投资建设这个项目；②说明建设这个项目，在工艺技术上的可行性、经济上的营利性，决定项目规模、原材料供应、市场销售的条件；③说明建设地点及当地的自然条件和社会条件，进行厂址比较；④说明工程项目何时开始投资、何时建成投产、何时收回投资，选择最佳投资时机；⑤说明工程项目的资金筹措、工程建设、经营管理等事项由谁来承担。

审计机构重点审查可行性研究对上述五个问题的解决情况。因此，工作侧重于以下几个方面：①工程项目及其厂址、规模、建设方案等是否经过多方案比较优选；②各项数据是否齐备可信；③运用效益考核指标对投资估算和预计效益等进行详细分析考核；④审查可行性研究对工程项目经济效果是否进行了静态和动态分析、财务分析和国民经济评价。

7) 审查可行性研究报告的审批情况。主要审查可行性研究报告是否经其编制单位的行政、技术、经济负责人签字以示对可行性研究报告的质量负责；是否按期上交有关单位和部门进行审查；审查机构是否组织各方面专家参加审查会议，并据实做出审查意见以及可行性研究机构对审查意见的执行情况等。

8) 建设规模和市场需求预测准确性的审计。主要是审查拟建项目的规模、产品方案是否符合实际需要，对国内外市场预测、价格分析、产品竞争能力、国际市场的前景分析是否正确等。

9) 协作配备关系落实情况的审计。审计的主要依据是地质勘探部门的勘探资料，主要是审查原材料、资源、燃料、动力、交通及公用设施落实情况，防止协作配套关系项目的不落实。

10) 建设条件和厂址方案的审计。主要审查与项目有关的气象、水文、地质、地形条件和社会经济状况是否准确无误。如果工程地质条件和水文条件不清，则审计人员应及时提出意见，必须将这些问题搞清楚，并写出书面报告呈报上级主管部门批准后方可开工建设。

11) 项目工艺、技术方案的审计。主要是审查工艺和设备选型是否先进合理，引进技术、设备能否消化吸收等。

12) 交通运输情况的审计。主要是审查厂内、厂外运输条件，特别要注意厂外运输条件的审查，因为它是保证生产供应、生活供应和产品销售的重要环节。如果一个企业单位，交通运输条件不具备，就会造成原材料进不来，而生产的产品出不去，甚至职工生活也会受到很大的影响。

13) 对环境保护措施的审计。主要是审查"三废"治理措施是否与主体工程同时设计、同时建设、同时投产。对于严重污染环境、治理方案不落实的工程项目，审计人员应提出停建或缓建的建议。

14) 对投资估算和资金筹措的审计。主要是审计其安排是否合理。在审计时，应注意审查工程项目投资概算是否真准确，建设资金和生产流动资金任务中当的来源渠道，贷款有无偿还能力，投资回收期计算是否正确等。

15) 投资效益的审计。既要审查项目建设的微观效益，也要审查工程项目对国民经济的宏观效益，对财务评价与国民经济评价要进行仔细的审查和核算。

16) 对各项经济指标计算的审计。要审查其是否准确，如对项目投资额、产品成本、企业年利润率、贷款的偿还能力、投资回收年限、建设工期等，应仔细复核，看是否计算准确，防止弄虚作假，随意编造。

17) 对可行性研究收费情况的审计。主要审查收费标准是否合理；收费标准、付款时间和方式是否写入了合同等。

3. 案例分析

【例 3.1】 某地级市的一个建设项目，占地 600 亩（1 亩 = 666.$\dot{6}$ m^2），所涉及的土地是集体土地，需要办理土地征收手续。审计进点时该项目已基本办好前期各项审批手续，进入征地拆迁阶段，三通一平也正在实施。审计情况：审计人员要求建设单位提供前期资料及各项审批手续（前期资料如表 3-1 所示）。经核对，项目建议书及批复、选址意见书、环境影响保护评价报告、可行性研究报告、建设用地许可证、初步设计、建设用地规划许可证、建设工程规划许可证、施工图审核意见、开工报告、施工许可证等都已经相关部门审批核发。但在审查过程中发现，该土地属于集体土地，按规定征收、征用集体土地超过500亩以上必须经过国务院批准，该市国土部门虽已将该用地规划上报，但上级审批机关尚未对该地块用地申请进行批复。

表3-1 前期决策审计提供资料明细表

建设单位			索引号	
工程项目			页次	
资料提供截止日			编制日期	
序号	资料名称	资料来源	提供时间	备注
1	前期工作管理办法			
2	项目工作管理体系			
3	项目发展规划			
4	项目规划设计			
5	建设工程投资里程碑计划			
6	市场分析预测报告			
7	项目建议书及批复			
8	可行性研究报告			
9	可行性研究报告评审报告			
10	项目核准申请报告			
11	环境影响评价报告及批复			
12	项目报批相关资料			
13	其他相关资料			

审计意见：该建设项目前期土地征收、征用手续不全，市土地行政主管部门和规划行政主管部门下发建设用地许可证、建设用地规划许可证、建设工程规划许可证的做法，违反了相关建设程序和规定。

【例3.2】 某建设项目由某设计院完成了一隧道初步设计，其概算规模为建筑面积43 572m²，投资额13 747.40万元，比原批准计划增加了11 748m²，增加投资8 607.40万元（超163%）。对此，建设单位未及时向原审批部门报批，便擅自开工建设。

审计意见：该建设单位的做法违反了《公路建设项目可行性研究报告编制办法》（交规划发［2010］178号）第七条"工程可行性研究阶段投资估算与初步设计概算之差，应控制在投资估算的10%以内"的规定，也违反了国家计委、建委、财政部《关于基本建设程序的若干规定》（计［1978］234号）第一条"建设项目的计划任务书一经批准后，如果在建设规模、产品方案、建设地区、主要协作关系等方面有变动以及突破投资控制数时，应经原批准机关同意"的规定。

3.3 勘察设计阶段审计

3.3.1 工程项目建设勘察设计阶段的工作内容

工程项目建设勘察设计是指根据建设项目的要求,对工程项目所需的技术、经济、资源、环境等条件进行综合分析、论证,编制建设项目勘察、设计文件的活动。其包含两部分的内容:工程项目建设勘察工作和工程项目建设设计工作。

1. 工程项目建设勘察工作

工程勘察是为查明工程项目建设地点的地形地貌、土层土质、岩性、地质构造、水文条件和各种自然地质现象等而进行的测量、测绘、测试、观察、地质调查、勘探、试验、鉴定、研究和综合评价工作。目的是为工程项目厂(场)址的选择、工程的规划、设计、施工及综合治理提供科学、可靠的依据和所需的基础资料。

勘察工作的深度和质量是否符合有关技术标准的要求、厂(场)址选得是否得当,对工程建设的经济效益有着直接的影响。工程勘察在工程建设诸重要环节中居先行地位。城市建设、工业与民用建筑、铁路、道路、港口、输变电及管线工程、水利与施工建筑、采矿与地下等工程建设都必须坚持先勘察、后设计、再施工的原则。没有符合要求的工程勘察资料,就不能确定厂(场)址,不能进行设计,更不能进行施工。

(1)工程勘察工作的原则

1)勘察工作必须遵守国家的法律、法规,贯彻国家有关经济建设的方针、政策和基本建设程序。要贯彻执行提高经济效益和促进技术进步的方针,并严格执行有关技术标准。

2)勘察成果要正确反映客观地形、地貌、地势情况,确保原始资料的准确性,并结合工程具体特点和要求提出明确的评价、结论和建议。

3)勘察工作既要防止技术保守或片面追求产值、任意加大工作量,又要防止不适当的减少工作量而影响勘察成果,给工程建设造成不应有的事故或浪费。

4)要积极合理地采用新理论、新技术、新方法、新手段。应结合工程和勘察地区的具体情况,因地制宜地采用先进可靠的勘察手段和评价方法,努力提高勘察水平。

5)要开展环境地质评价工作。勘察工作不仅要评价当前环境和地质条件对工程建设的适应性,而且要预测工程建设对地质和环境条件的影响。要从保护环境出发,做好环境地质评价工作。

6)要充分利用已有勘察资料,勘察工作前期应全面搜集、综合分析、充分使用已有勘察资料。

7)要搞好安全生产。加强对勘察职工安全生产教育,严格遵守安全规程,防止人身、机具和工程事故。

(2)工程勘察工作的程序 勘察阶段的划分应与设计阶段相适应。各勘察阶段的工作内容和深度要求,应按国家或本地区、本部门颁发的有关规范、规程等技术标准的规定,结合工程的特点来确定。

勘察方法和工作量主要依据工程类别与规模、勘察阶段、场地工程地质复杂程度和研究状况、工程经验、建筑物和构筑物的等级及其结构特点、地基基础设计与施工的特殊要求等六个方面而定。

各阶段勘察工作一般要按下列程序进行：承接勘察任务，收集已有资料，现场踏勘，编制勘察纲要，出工前准备，现场调查、测绘、勘探、测试，室内试验，分析资料，编制图件和报告等。

大型或地质条件复杂的工程，要做好施工阶段的勘察配合、地质编录和勘察资料验收等工作。如果发现有影响设计的地形、地质问题，则应进行补充勘察，要做好监测、回访和总结工作。

（3）工程勘察技术标准　勘察技术标准（包括规范、规程）是工程建设标准化工作的组成部分，是各项勘察工作的技术依据。各类建设工程的勘察都必须制定相应的技术标准，并逐步建设统一的工程勘察技术标准体系，同时，要在一定时间内完成配套工作。制定或修订技术标准，必须贯彻执行国家的有关技术经济政策，做到技术先进、经济合理、安全适用、确保质量。

勘察技术标准分为国家、行业、地方和勘察单位四级。国家勘察技术标准，是指在全国范围内需要统一的标准，由主编单位提出，并报国务院主管基本建设的综合部门审批、颁发。国务院各有关组织制定的勘察技术标准行标，是指在全国各行业范围内需要统一的技术标准，由主编单位提出，报主管部门审批、颁发，同时报国务院主管基本建设综合部门备案。省、市、自治区有关主管部门组织制定的勘察技术标准称为地标，是指在本地区范围内需要统一的技术标准，由主编单位提出，报省、市、自治区主管基本建设的综合部门审批、颁发，同时报国务院主管基本建设的综合部门备案。勘察单位可根据本单位工作特点和需要，制定在本单位内部使用的勘察技术细则和勘察技术规定，由勘察单位自行颁发执行，并报上一级主管部门备案。

勘察技术标准一经颁布，就是技术法规，在一切工程建设的勘察工作中都必须认真执行，不符合勘察技术标准要求的勘察技术成果，不被承认或提出。

（4）工程勘察质量管理　勘察单位必须对员工进行"质量第一"的教育，建立健全勘察质量管理制度，推行全面质量管理，不断提高勘察质量。要切实抓好勘察纲要的编制、原始资料的取得和成果资料的整理三个环节的质量管理。每个环节都应做到事前有布置，中间有检查，成果有校审，质量有评定。勘察纲要应体现规划、设计意图，如实反映现场的地形和地质概况，符合规范、规程和任务书的要求，勘察方案合理。原始资料必须符合规范、规程的规定，做到及时编录、核对、整理，不得遗失或任意涂改。成果资料必须做到数据准确、论证有据、结论明确、建议具体。

勘察单位必须建立和健全原始资料的检查、验收制度和成果资料审核制度。对各项原始资料必须坚持自检和互检相结合，大型或地质条件复杂的工程的勘察纲要和成果资料，应组织会审。各主管部门在审批大型或地质条件复杂的工程的文件时，应审查勘察成果资料。主管部门和勘察单位要开展创优秀勘察活动，要制定创优秀勘察的措施，保证"创优"活动深入持久的开展。

2. 工程项目建设设计工作

设计是一门涉及科学、经济和方针政策等各个方面的综合性应用技术科学，设计文件是安排工程项目和组织施工的主要依据。

设计是整个工程建设的主导，一个项目该不该上、如何上，都需要设计单位为有关部门的宏观控制和项目决策提供科学依据。项目确定以后，能不能保证工程建设的质量、加快建设速度、节省投资，项目建成后能否获得最大的经济效益、环境效益和社会效益，设计工作都起着关键性的作用。设计工作不仅关系到基本建设的多快好省，而且更重要的是直接影响企业建成投产后的产量、质量、消耗、成本和资源的最佳配置，对企业的生产技术水平和劳动生产率起着决定性的作用。

设计的基本任务是要体现国家有关经济建设的方针、政策，设计文件的内容要切合实际、安全适宜、技术先进、经济合理。设计人员在编制设计文件的过程中，必须坚决贯彻执行以下原则：

1）严格遵守国家的法律、法规，贯彻执行国家经济建设的方针政策和基本建设程序，特别应贯彻执行提高经济效益和促进技术进步的方针。

2）要从全局出发，正确处理工业与农业、工业内部、沿海与内地、城市与乡村、远期与近期、平时与战时、技改与新建、生产与生活、安全质量与经济效益等方面的关系。

3）要根据国家有关规定和工程的不同性质、不同要求，从我国实际情况出发，合理确定设计标准。对生产工艺、主要设备和主体工程要做到先进、适用、可靠。对非生产性的建设，应坚持适用、经济，在可能条件下注意美观的原则。

4）要实行资源的综合利用。根据国家需要、技术可能和经济合理的原则，充分考虑矿产、能源、水、农、林牧、渔等资源的综合利用。

5）要节约能源。在工业项目设计中，要先用耗能少的生产工艺和设备；在民用建设项目中，也要采取节约能源的措施。要提供区域性供热，重视余热利用等。

6）要保护环境。在进行各类工程设计时，应积极改进工艺，采取行之有效的技术措施，防止粉尘、毒物、废水、废气、废渣、噪声、放射性物质及其他有害因素对环境的污染，并进行综合治理和利用，使设计符合国家规定的标准。"三废"治理的措施必须与主体工程同时设计、同时施工、同时投产。

7）要注意专业化和协作。工程项目应根据专业化协作的原则进行建设，其辅助生产设施、公共设施、运输设置以及生活福利设施等，尽可能同邻近有关单位密切协作，配套使用。

8）要节约用地。一切工程建设，都必须因地制宜，提高土地利用率。工程项目的厂（场）址选择，应尽量利用荒地、劣地，不占或少占耕地。总平面的布置，要紧凑合理。

9）要合理使用劳动力。在工程项目的设计中，要合理选择工艺流程、设备、线路，合理组织人流、物流，合理确定生产和非生产定员。

10）要立足于自力更生。引进国外先进技术必须符合我国国情，着眼于提高国内技术水平和制造能力。凡引进技术、进口关键设备能满足需求的，就不应引进成套项目，凡能自行设计或合作设计的，就不应委托或单独依靠国外设计。

设计概（预）算经审核后，就是控制工程项目投资的依据。各级主管部门要切实加强工程建设概（预）算工作的领导，管好用好基本建设投资，不断提高投资效益。

3.3.2 工程项目建设勘察设计阶段审计的内容

1. 工程项目建设勘察工作审计

工程勘察工作是对工程建设项目地质的评价，不仅要客观的评价，反映当前的环境及地质条件，而且也要预测工程建设项目将对地质和环境产生的影响。勘察工作应全面搜集、综合分析勘探、测绘的结果，及时、准确地向有关单位提供可靠的勘察数据和勘察报告。

工程勘察工作的内容和深度要求，应按国家和本地区、本部门颁发的有关规范，结合具体工程特点确定。对工程勘察工作的审计，主要有以下几个方面：

（1）勘察证书确认的审计　勘察单位必须持有勘察证书，如果发现有超越承担任务范围，发生勘察质量事故的，则要向主管部门通报，情节严重者应追究责任，甚至吊销勘察证书。未取得勘察证书的单位，不得承揽工程勘察工作。若有弄虚作假，则必须追究相应责任。当有特殊情况需委托国外勘察时，应报请国家计委审批，其工程勘察资格证书也应由有关主管部门确认。

（2）对工程勘察工作报告内容的审计　审计人员必须到有关的设计单位、施工单位做调查，在具备大量调查资料前提下对勘察报告内容进行审计。若在工程地下基础部分施工中，发现与勘察报告不符的地质情况时，则应及时分析原因，做出正确判断，分清责任。

（3）工程勘察取费审计　工程勘察工作收费按国家规定《工程勘察取费标准》执行，不得巧立名目乱收费，更不得索取"回扣"，一旦发现，除应退还原资金外，还应追究相应责任。

（4）工程勘察合同审计　建设单位、设计单位与工程勘察单位的委托、承包合同，必须符合《中华人民共和国经济合同法》的规定。工程勘察工作应当在工程设计任务书编制前进行，勘察的结果应能满足设计单位、施工单位的要求。

2. 工程建设设计工作审计

工程设计工作是基本建设工作程序中一个重要环节，是前期工作的重要组成部分。对工程设计的审计工作主要有以下几个方面：

（1）设计单位资格、等级审计　在审计设计文件之前，应首先对承担工程设计工作的设计单位的资格和等级进行审计。承担设计任务的设计单位必须是取得经国家批准颁发的设计证书的单位。按照国家规定，持有各等级工程设计证书的设计单位，须按照核定的等级承担相应的设计任务。特殊情况下，设计单位承揽超过等级证书允许设计等级的任务，须报经主管部门批准同意，并委托符合规定等级的设计单位负责审查并加盖公章，审查单位应对设计的可靠性和合理性负技术责任，否则应视为无效设计。

（2）建设工程设计合同审计　建设工程设计合同是建设单位同设计单位明确责、权、利的协议，必须符合《中华人民共和国经济合同法》的有关规定。一般的设计合同应具备以下几点：

1）工程名称、规模、投资额、建设地点。
2）委托方提供的资料内容、设计要求和设计完成期限。
3）承包方的设计范围、进度和质量、设计阶段及交付设计文件时间、份数等。
4）设计取费依据、取费标准及支付办法、奖罚内容等。

审计时重点对设计单位是否按合同履约，是否按规定期限如数交付图纸及文字资料，有否因图纸不全或未按时交付而影响工程进度，设计取费是否按国家规定的取费标准，有否"高套定额"，设计费支付是否符合财务规章制度及现金管理制度。

（3）设计任务书的审计　按国家计委颁发的《基本建设设计工作管理暂行办法》规定，设计单位要参加建设前期工作，根据主管部门的组织、委托，参加设计任务书的编制。对设计任务书的审计就是对其在编报、审批、修改等环节的合规性进行审查。主要有以下几个方面的内容：

1）设计任务书审批权限审计。设计任务书的编制，应由工程项目的主管部门组织设计和筹建单位参加，并经主管部门审查后上报。大中型项目的设计任务书应由项目所在地的省、市、自治区的计划部门或国务院主管部门转报或提出建议，某些重大项目的设计任务书应由项目所在地的省、市、自治区计划部门或国务院主管部门组织编制，上报国家计委或国务院审批。在审计时，应着重审查是否存在越权审批的现象。

2）设计任务书编制内容的审计。对设计任务书编制内容进行审计，应当进行充分的调查研究，特别是对生产方案、产品市场、自然资源、贷款偿还能力、投资效益等数据，要对照可行性研究报告或有关部门做出的效益评估或贷款评估，认真审查，如有矛盾，要分析其原因。与此同时，还要根据国家有关规定，审计该工程建设是否符合国家产业政策的要求。在审计中，如果发现建设单位、设计单位违反国家产业政策，则应及时向有关部门通报，并提出整改建议。

3）设计任务书修改的审计。按规定设计任务书一经审批，便具有约束力，任何单位和个人都不得擅自修改或增加内容。如果由于政策性变化确实需要修改，则必须经设计单位重新编制，由原审批机关重新审批。不论是重新编制还是修改，都必须由单位责任人签章，否则无效。

(4) 初步设计审计 初步设计是设计单位依据设计任务书编制的，审计重点主要在以下五个方面：

1）核查初步设计的规模是否与设计任务书一致，有无夹带项目、超规模等问题。

2）设计深度是否满足技术、经济等方面的要求。

3）初步设计文件内容的审计。主要包括工艺、设备的选择是否先进、合理、经济，建筑物的设计是否符合安全、适用、美观的原则等。

4）设计质量的审计。设计文件所依据的标准规范是否符合国家规定；基础资料是否可靠；设计单位是否有健全的编制、审核责任制度；图纸、文字资料的各级技术校对、审核是否有符合要求；设计单位是否有设计文件质量检查记录卡，审计人员可适当抽查设计图纸质量。

5）设计审批权限审计。各级主管部门必须根据国家规定的审批权限及审批办法进行初步设计审批，不得随意下放审批权，也不得超越权限审批初次设计。在审计时，如果发现有超越权限审批，则应向有关部门通报。

(5) 施工图设计审计 施工图设计是工程设计的最后阶段，是根据初步设计审批文件，将审批意见及原则用图纸、文字、图表等加以具体化，因此它要求具有一定的深度，主要审计以下几个方面的内容：

1）施工图设计深度审计。按照对施工图深度要求，审计其是否能满足各类设备安装及全面施工要求，是否能满足做施工图预算、决算要求等。

2）施工图设计质量审计。如果是在施工前审计，则应主要审查设计文件所依据的标准规范是否符合国家规定；各专业之间配合是否准确、可靠；勘探等资料的基础数据是否可靠；设计文件编制责任制是否健全等。

如果是在施工中间审计，则应向施工单位进行全面调查，了解在施工过程中是否发现设计质量问题、有无设计漏项等。

3. 案例分析

【例3.3】 根据设计合同、项目投资估算及设计所需的基础资料，×××审计局从2018年1月开始，组织审计组，对×××项目的设计工作情况进行了跟踪审计。现将项目阶段性跟踪审计结果总结如下：

(1) 跟踪审计情况和审计评价

1) 项目跟踪审计情况。该次审计以设计阶段为主线。从项目入手，及时跟进，及时查处，及时整改。通过跟踪审计，及时揭示了设计管理等方面的问题，以点带面，积极反映设计工作实施等方面情况。及时防止和纠正一些设计过程中的违纪违规问题。审计中，审计组提前介入，全过程跟踪，立足服务，着眼预防，帮助规范，坚持边审计、边整改、边提高，督促各单位及有关部门及时整改，充分发挥国家审计"免疫系统"功能。整个项目设计跟踪审计共提出审计建议12条，有关部门和单位全部采纳，目前已整改完成8条，还有4条正在整改中。

2) 审计评价。审计结果表明，建设单位和设计单位认真落实项目规划要求，积极采取措施保障设计进度和设计质量，设计进展比较顺利。方案设计、初步设计及施工图设计均按照合同约定时间如期完成。项目建设单位和设计单位对工程设计质量意识较强，不断建立健全各项管理制度，加强了项目设计管理和监督，并对跟踪审计发现的问题及时整改规范，设计管理情况总体是好的，没有发现重大违法违规问题。但是跟踪审计也发现，部分工作中存在一些应该引起重视的问题。

(2) 跟踪审计发现的主要问题及整改情况

1) 项目设计任务书编制不够准确。由于项目初期建设单位建设目标不够明确，造成项目设计过程中出现较多变更，导致设计工作量加大，施工受到一定干扰。审计发现上述问题后及时提出审计建议，建设单位已根据审计意见对投资目标进行了调整，并细化建设目标。

2) 设计单位的内部控制制度执行不够严格。有的补充的设计修改图、设计变更通知未进行专业会签，有的补充的设计修改图、设计变更缺少专业负责人和工程负责人签字，并加盖执业注册章。存在某一专业的修改涉及其他专业的，其相关专业未作出相应修改。审计发现上述问题后及时提出审计建议，设计单位已根据审计意见规范了内控制度。

3) 在跟踪审计过程中，审计组从便于施工的角度提出如下改进意见：①连续框架梁相邻跨度较大，图纸中中间支座负弯矩筋分开锚固，造成梁柱接头处钢筋太密，混凝土浇捣困难，审计组建议：负筋能连通的尽量连通。在保证梁负筋的前提下，尽量保持各跨梁宽一致，只对梁高进行调整，以便于面筋连通和浇捣混凝土。②由于结构造型复杂，结构施工难以一次完成，在设计交底时应当说明混凝土施工缝如何留置。③阳台面标高降低后，由于中间有梁，且此梁与室内相通，梁受力筋在降低处是弯折还是分开锚固，设计未做出说明。

跟踪审计过程中，审计人员就上述问题及时向有关单位提出审计建议，各单位正在认真进行整改。

(3) 审计建议

1) 建设单位应当重视前期项目策划工作，在编制设计任务书时尽量将工程建设目标具体化，保证设计工作的科学性、合理性和针对性。

2）虽然设计单位已经建立了内部控制制度，但制度并未得到有效的执行。应当加强对设计的关键环节的审批控制，完善相关程序。

3）在审计中所发现的问题中，涉及违反工程建设标准强制性条文危及安全和公众利益的，必须进行修改；涉及施工图设计深度不够或技术资料不完整的，必须补充完善。

3.4 招标投标阶段审计

3.4.1 工程项目建设招标投标阶段工作的基本程序

工程项目建设招标投标阶段活动包含的内容十分广泛，包括建设项目招标的范围、建设项目招标的种类与方式、建设项目招标的程序、建设项目招标投标文件的编制、工程量清单与招标控制价编制与审查、投标报价以及开标、评标、定标等。所有这些环节的工作，均应按照国家有关法律、法规规定认真执行并落实。这一阶段工作的基本程序可以划分为：招标准备、招标、投标、开标、评标、定标这几个主要阶段，具体流程如图3-2所示。

1. 工程项目报建

1）工程项目的立项批准文件或年度投资计划下达后，按照《建筑法》及相关的规定要求，需向建设行政主管部门报建审查登记。

2）工程项目报建的范围包括：各类房屋建筑、土木工程、设备安装、管道线路敷设、装饰装修等工程建设。

3）报建工程项目内容包括：工程名称、建设地点、投资规模、资金来源、当年投资额、工程规模、发包方式、计划开工与竣工的日期、工程筹建情况等。

4）办理工程报建时，应交验的文件资料有：立项批准文件或年度投资计划、固定资产投资许可证、建设工程规划许可、资金证明。

5）工程报建程序：建设单位填写统一格式的"工程项目报建审查登记表"，有上级主管部门的需经其批准同意后，连同应交验的资料一并报建行政主管部门。

工程项目报建审查登记后，具备了《招标投标法》中规定的招标条件的工程项目，可开始办理建设单位资质审查。

2. 审查建设单位资质

建设单位办理招标，应具备以下条件：

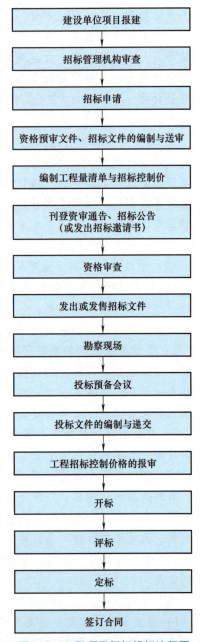

图3-2 工程项目招标投标流程图

1) 具有法律、行政法规规定的相应民事权利能力和民事行为能力。
2) 有与招标工程相适应的经济、技术人员。
3) 有组织编制招标文件的能力。
4) 有审查投标单位资质的能力。
5) 有组织开标、评标、定标的能力。

不具备上述2)~5)项条件的建设单位必须委托具有相应资质的中介机构代理招标，建设单位与中介机构签订委托代理招标的协议，并报招标管理机构备案。

3. 招标申请

招标申请包括以下内容：工程名称、建设地点、招标建设规模、结构类型、招标范围、招标方式、要求施工企业的等级、施工前期准备情况（土地征用、拆迁情况、勘察设计情况、施工现场条件等）、招标机构组织情况等。

4. 资格预审文件、招标文件的编制与送审

公开招标需要进行招标预审的，只有资格预审通过的施工单位才可以参加投标；不采用资格预审的公开招标应进行资格后审，即在开标后进行资格审查。采用资格预审的招标单位需编写资格预审文件和招标文件，而不进行资格预审的公开招标只需要编写招标文件。资格预审文件和招标文件按照有关部门规定须报招标管理机构审查的，审查同意后可刊登资格预审通告、招标通告。

5. 发布招标公告或发出邀请书

按照《招标投标法》规定，当招标人采用公开招标方式时，应当发布招标公告。依法必须进行招标的项目的招标公告，应当通过国家指定的报刊、信息网或者其他媒介发布；当招标人采用邀请招标的方式确定投标人时，应向三个以上具备承担招标项目的能力，资质良好的特定的法人或者其他组织发出投标邀请书。

6. 审查投标人的资格

工程项目招标，一般在发放标书前，招标人对前来投标的投标人进行资格审查，了解这些单位的资历、资质、信誉、财力和技术力量等情况。其目的一是通过预审，保证参加投标的承包商具备承担工程项目实施任务的能力；二是通过预审，实施对工程项目的必要保护，限制那些由于政治、经济或者其他原因不能参加投标的单位，保证招标工程项目能按招标要求和条件顺利实施。

资格预审的内容，主要包括以下几个方面：投标人概况、经验与信誉、投标单位的技术力量、财务能力、施工装备。

7. 编制工程量清单与招标控制价

工程量清单是表现拟建工程的分部分项工程项目、措施项目、其他项目的项目编码、项目名称、计量单位和工程数量的详细清单，采用工程量清单招标的项目，工程量清单由招标人统一提供，是招标文件的重要组成部分。投标人根据市场行情和自身实力对工程量清单项目逐项报价。我国规定，国有资金投资的工程应实行工程量清单招标，工程量清单计价规范（2013）规定招标人应编制招标控制价。招标控制价是公开的拟招标工程的最高限价，并在招标文件中公布，这体现了招标公开、公正的原则。当招标控制价超过批准的概算时，招标人应报原概算审批部门审核。投标人的投标报价高于招标控制价的，其投标应予拒绝。招标控制价不应上浮或下调，同时招标人将招标控制价的明细表报工程所在地工程造价管理机构备查。招标控制价的编制依据：①《建设工程工程量清单计价规范》（2013）；②国家或省级、行业建设主管部门颁发的计价定额和计价办法；③建设工程设计文件及相关资料；④招标文件中的工程量清单及有关要求；⑤与建设项目相关的标准、规范、技术资料；⑥工程造价管理机构发布的工程造价信息，工程造价信息没有发布的材料按市场价；⑦其他的相关资料。

投标人经复核认为招标人公布的招标控制价未按照工程量清单计价规范的规定进行编制的，应在开标5日前向招投标监督机构或（和）工程造价管理机构投诉。招投标监督机构应会同工程造价管理机构对投诉进行处理，发现确有错误的，应责成招标人修改。

8. 发出或发售招标文件

招标文件是在招标准备阶段由招标人编制的一份文字性的书面资料，是投标人投标的主要依据，也是评标、定标的标准。当投标单位对招标文件有不清楚的问题时，应在收到招标文件后7日内向招标单位提出，招标单位以书面形式或投标预备会议形式予以解答。发出或发售招标文件的时间，应规定得长一些，以使投标人有足够的时间领取招标文件。

9. 投标准备和投标

当投标单位资格审查获得通过后，应按照招标通知的要求，向招标机构购买招标文件，并研究和熟悉招标文件的内容；参与招标单位组织的对工程项目现场进行勘察；参加业主安排的标前会议，标前会议是招标单位给拟参加投标的单位提供一次质疑机会。投标单位在标前会议前，应将在研究招标文件、现场勘察过程中所发现的各种问题，整理成书面资料，在标前会议上要求招标单位予以澄清。投标人应当按照招标文件的要求编制投标文件，对招标文件提出的实质性要求和条件做出响应。

10. 开标、评标和定标

在建设项目招投标中，开标、评标和定标是招标程序中极为重要的环节，只有做出客观公正的评标、定标，才能最终选择最合适的承包人，从而顺利进入到建设项目的实施阶段。我国相关法规中，对于开标的时间和地点，出席开标会议的一系列要求，开标的顺序及废标等，对于评标原则和评标委员会的组建，评标程序和方法，对于定标的条件与做法，均做出了明确而清晰的规定。

3.4.2 工程项目建设招标投标阶段审计的内容

工程项目建设招投标审计的总体目标是对招标投标过程以及结果产生的公正性、公平性、合法性进行检查和评价，出具审计意见。在招标投标阶段审计的工作程序应遵循招标工作流程——开展：首先应了解和收集与工程项目招标投标有关的资料；其次调查了解工程项目招标投标情况；最终综合评价工程项目招标投标的总体情况。

1. 工程项目报建的审计

对工程项目报建的审计主要是审查项目是否经有关部门的批准、报建时所提交的文件资料是否全面、报建的内容是否符合规定等内容。

审计人员应该对项目在报建时交验的文件资料进行复核，以检查项目的报建文件资料是否全面，报建人是否有舞弊的行为。这些文件资料包括：①工程项目建议书批准文件；②可行性研究报告批准文件；③初步设计批准文件；④资金证明；⑤项目法人成立的批准文件；⑥投资方案协议书；⑦有关土地使用权的批准文件；⑧施工准备阶段建设内容和工作计划报告；⑨项目法人组织结构和主要人员情况表。

审计人员还应该检查报建工程项目的内容是否完整，是否包括工程名称、建设地点、投资规模、资金来源、当年投资额、工程规模、发包方式、计划开工与竣工日期、工程筹建情况等。在这个环节中，审计人员应该重点审计工程规模、工程范围和资金证明三个方面的内容。

2. 建设单位资质的审计

审计人员应该重点审查建设单位是否具有自行招标的资格，能否对工程进行准确的设计。审计人员一般应对建设单位的以下事项进行审核：①项目法人营业执照、法人证书或者项目法人组建文件；②与招标项目相适应的专业技术力量情况；③是否具有编制招标文件和组织评标的能力；④是否设有招标机构或三名以上的专职招标业务人员；⑤以往编制的同类工程项目的中标文件和评标报告，以及招标业绩的证明材料。

审计人员还应该对代理招标单位是否具有代理招标的资格进行审计。在审计招标代理单位是否具有相应资格的时候，要注意审查以下两点：①是否拥有从事招标代理业务的营业场所和相应资金；②是否拥有能够编制招标文件和组织评标的相应专业力量。

3. 招标申请的审计

对招标申请的审计主要是审核招标申请文件所包含的内容是否全面，是否符合工程项目招标的条件，所采用的招标方式是否合法。

招标单位的招标申请应该得到招标管理机构的批准，审计人员应该要求招标单位出示招标申请的批文，若有需要还可以向招标管理部门针对此事进行询问。审计人员同时还应检查招标申请是否包括如下应有的内容：工程名称、建设地点、招标建设规模、结构类型、招标范围、招标方式、要求施工企业的等级、施工前期准备情况、招标机构组织情况等。

4. 资格预审文件的审计

对资格预审文件进行审计，主要是确定招标人是否进行了资格预审。在进行投标工作之前，招标单位应该对潜在的投标人进行资格审查，其目的是保证招标工作的质量。招标人也可以不进行资格预审，在招标工作结束后对投标人进行资格后审。审计人员应该检查资格预审程序的合法性和合规性。

5. 招标公告或招标邀请书发布的审计

对招标公告或招标邀请书发布进行审计，主要是审查招标人是否在指定的媒体上发布了招标公告或者向足够数量的招标人发出了招标邀请书。

1）公开招标中，审计人员只要审查一下招标人所发布的招标信息的媒体是不是国家发展和改革委员会指定的，该媒体上有没有招标人发布的招标信息即可。审计人员还应审查招标公告的内容，以确定其是否有限制潜在投标人数量的项目条款。

2）邀请招标中，审计人员首先应该审查投标人的数量。同时，可以要求招标人提供投标人的名称，并向投标人进行询问，以确定招标人提供的信息是否真实。审计人员还应该结合对投标人资格的审计来确定招标人和投标人之间是否存在利益关系，是否有相互串通损害国家利益的行为。

6. 对投标人资格的审计

对投标人资格的审计是要确定投标人是否有相应的资格承接招标的项目，主要包括以下内容：

（1）投标人概况　审计人员可以向投标人注册的工商行政部门了解有关该企业的主要经营范围、注册资金本、企业资质等情况，并向投标人索要近三年的经过注册会计师审计的并出具审计报告的财务报表，据此分析投标人是否有足够的财力（尤其是流动资产）来完成它所承揽的任务。

（2）经验与信誉　审计人员可以要求投标单位提供以往所承揽工程的概况，对投标人以往的成就、业绩与信誉，尤其是向原业主咨询投标人以往工作表现的情况，给予考虑。

（3）投标单位的技术力量和施工装备　审计人员应该与投标单位的人力资源管理部门就其高级管理人员（包括高级工程师、经济师、会计师、建造师）的素质、学历以及以往所参加过的工程的业绩情况进行询问，同时可以实地检查投标人是否真正拥有所承揽的工程应配备的机械设备（包括自有设备和拟为所承揽工程购买或租赁的设备）。

7. 工程量清单、招标控制价的审计

编制工程量清单是招标人应完成的工作，它是投标人报价的依据。工程承包中工程量的风险是由发包人承担的，因此必须对工程量清单的编制质量进行审计。清单编制应遵循客观、公正、科学、合理的原则，严格依据设计图纸和资料、现行的定额和有关文件以及国家制定的建筑工程技术规程和规范，客观公正，兼顾招标人和投标人双方的利益。审核工程量清单时应注意以下几方面：①清单内容的完整性。不遗漏、不重复，清单项目所附属的特征说明、技术标准和工艺要求应明确、无歧义。②审核工程量计算，合理立项。以工程量计算规则、图纸为依据，根据工程现场情况，考虑合理的施工方法和施工机械，分部分项地逐项计算工程量，准确立项。③力求明确图纸做法与材料设备，并且尽量不留下可能发生歧义的词句。

招标控制价是对招标工程限定的最高工程造价，投标人的投标报价高于招标控制价的，其投标将予以拒绝。招标控制价应由具有编制能力的招标人，或受其委托具有相应资质的工程造价咨询机构编制。对招标控制价的审查应注意两方面：一是其编制是否合法，包括招标控制价的编制人是否具有相应资质，委托的编制机构是否专业、合法，证件是否真实有效，所编项目与本职专业是否相符，对委托项目的编制原则把握是否准确，历史编制记录中失误情况；另外，招标控制价编制依据的工程量清单、招标文件、设计文件及有关的标准、规范、技术资料是否合法有效。二是招标控制价编制的准确性，包括计价定额套用是否合理，取费程序是否正确，计算方法是否得当，有无漏算、重算、错算等。

8. 招标文件的发出或出售的审计

对招标文件的发出或出售进行审计，主要是审核招标文件的内容是否真实、完整以及招标文件售价的合理性。在实际中经常发现由于招标文件不实而导致招投标工作被动、招标人与投标人产生纠纷等有关问题，因此，审计招标文件的质量是招投标审计工作的重要内容之一。招标文件发出或出售的审计，可以结合招标文件的发布审计一起进行。

在对招标文件进行审计时，审计人员应该向招标单位索要其编制的招标文件或招标文件的复印件，仔细阅读文件中各个项目的语句表达是否清楚，有没有歧义，招标人所要表达的内容是否真实完整地写入了招标文件中。

招标单位不得利用发售招标文件的机会提高招标文件的价格而获取不当利益。审计人员应该检查招标单位的销售发票或者现金账，如果需要，则审计人员可以向投标人进行函证或询问。

9. 投标、开标、评标与定标的审计

审计人员对招标、开标、评标和定标进行审计，主要是审查投标文件的编制和填写是否符合规定，标价是否合理，投标保证金的交纳和返还，评标工作的公正性和公平性等内容。

（1）投标审查　投标文件的审查包括投标文件合格条件的审查和投标文件技术经济的再评价两个方面。

1）投标文件合格条件的审查。审计人员在审查投标文件的合格条件时，应该结合开标时对投标文件的检查来确定。在开标过程中如果遇到下列情况，那么投标文件均应该视为无效标书：①投标文件未密封、未按照规定的格式填写，或者字迹模糊、辨认不清、未加盖投标单位或者负责人的印章；②投标文件不符合招标文件要求，或者因投标单位在标书上要求保留不同意见及附加条件而违背投标文件要求的，在开标之前投标单位对其保留意见及附加条件未声明作废的；③未按照规定提供投标保证金的标书。

2）投标文件的技术经济再评价。由于投标文件的审计一般是事后审计，所以对投标文件的技术经济评价也是再评价，是对评价机构评价结论的评价，评价的内容包括技术和经济两个方面。投标文件技术方面的审查，是对投标文件内容在施工技术、施工工期和施工组织上进行可行性分析和评价。投标文件的综合经济评价的审查是通过一定的方法对招标要求的主要指标逐个评价和审查。经常使用的评审方法有选标比价法、综合评分法和综合经济评价法，在实际操作运用时，两种方法可同时使用。一般先用选标比价法淘汰超过预选要求的投标者，以节约时间，提高效率，然后对预选范围内的投标者进行综合经济评分。

（2）开标审查　开标审查主要关注的是它的公正性和公开性。如果对招标投标的审计采用的是事中审计，那么审计人员就应该参加开标会，对开标的程序和组织的合法性和公平性进行监督。比如开标会的主持人以及开标会的参与成员（主持人、监标人、开标人、唱标人、记录人等）是否按照相关要求全部参加。如果对招标投标的审计采用的是事后审计，则审计人员应该向当时参加开标会的公证人员询问开标的程序和组织是不是按照有关规定进行的。

审计人员应该在现场对开标活动给予监督和记录，要确保开标活动是按照规定的程序公平合法的进行，对在开标过程中发现的违法违规行为，审计人员应及时地对招标人给予提醒，并提请其改正。

（3）评标审查　评标工作是由评标委员会负责的，所以评标的审计就是审查评标委员会工作的合法性和公平性。首先，在实施审计的时候，审计人员应该注意评标委员会成员的身份和人数。审计人员可以向招标单位索要评标委员会成员的名单，并对所列的成员的身份进行复核。其次，如果审计人员获准可以参与评标的工作，那么审计人员还应该注意审查评标委员会的工作内容和工作程序。

（4）定标的审查　定标的审查在于确定中标人的产生是否公平合法。当招标人确定的中标人与评标委员会推荐的中标候选人顺序不一致时，审计人员应该要求招标单位陈述选择该中标单位的原因，如果理由不充分，则审计人员应该上报到招标单位的上级行政主管部门。审计人员还应该检查招标人是否及时地将中标的消息通知中标人和其他的投标人。

开标、评标和定标的最基本原则就是公平、公正，任何投标人都不得以向招标人或者评委会成员行贿为手段谋取中标。在审计时，审计人员应注意发现上述问题，并予以揭示，以

保证招投标工作的公平性和公正性。

10. 案例分析

【例3.4】 某大学新建教学楼，工程投资总额1亿元人民币。该学校委托招标代理机构代理施工招标，招标范围为：全部建筑安装工程和室外工程。招标文件规定采用资格后审和工程量清单计价，招标代理服务费用由中标人支付。

在投标截止时间前，招标人共受理了10份投标文件，随后组织有关人员对投标人的资格进行审查，查对有关证明、证件的原件。有一个投标人没有派人参加开标会议，还有一个投标人少携带一个证件的原件，没能通过招标人组织的资格审查。招标人对通过资格审查的投标人A、B、C、D、E、F、G、H组织了开标。

唱标过程中，投标人A没有递交投标保证金，招标人当场宣布A的投标文件为无效投标文件，不进入唱标程序；投标人D的投标函没有盖投标人单位章，同时又没有法定代表人或其委托代理人签字，招标人当场宣布D的投标为废标；投标人B的投标函上有两个投标报价，招标人要求其确认其中一个报价进行唱标；投标人C在投标函上填写的报价，大写与小写不一致，招标人查对其投标文件中工程报价汇总表，发现投标函上报价的小写数值与投标报价汇总表一致，于是按照其投标函上小写数值进行唱标。

开标后，招标人组建了总人数7人的评标委员会，其中招标人代表1人，招标代理机构代表1人，从政府组建的综合性评标专家库抽取的5人。

评标委员会采用以下评标程序对投标文件进行评审和比较：

1）评标委员会成员签到。
2）选举评标委员会的主任委员。
3）学习招标文件，讨论并通过招标代理机构提出的评标细则，该评标细则对招标文件中评标标准和方法中的一些指标进行了具体量化。
4）对投标文件的封装进行检查，确认封装合格后进行拆封。
5）逐一交验投标人的营业执照、资质证书、安全生产许可证、建造师证书、项目经理部主要人员执业/职业证书、业绩工程合同及获奖证书的原件等，按评标细则，并据此对投标人资质、业绩、项目管理机构等评标因素进行打分。
6）按评标细则，对投标报价进行评审打分。
7）按评标细则，对施工组织设计进行打分。
8）评分汇总。
9）推荐中标候选人，完成并签署评标报告。
10）评标结束。

由于各种原因，通过初步评审的投标人仅有两家且明显缺乏竞争力，于是评标委员会否决所有投标。为此，招标人拒绝支付给招标代理机构招标代理服务费用。招标代理机构认为根据双方签订的招标代理合同，里面明确约定招标人支付相关费用。而招标人却反驳道：招标文件中已规定招标代理服务费用由投标人支付，而且这个规定和国家发改委的文件一致，是有效的，招标人完全不用支付招标代理服务费用。

问题：

1）招标人组织的资格审查工作是否妥当？并说明理由。

2) 评标委员会的组成是否妥当？并说明理由。
3) 指出上述评标过程中的不妥之处，并一一说明理由。
4) 招标人在唱标过程中针对一些特殊情况的处理是否妥当？并说明理由。
5) 本次招标中的招标代理服务费用应由谁承担？并说明理由。

分析：
1) 招标人组织的资格审查工作不妥。理由：该招标项目的资格审查规定采用资格后审的方式，资格后审应当由评标委员会在评标时负责完成。
2) 评标委员会的组成合法。理由：人数7人为5人以上单数，招标人和招标代理机构各派了1个人参加评标，所占比例并没有超过总人数的1/3，且专家从政府组建的综合性评标专家库抽取，符合相关法律规定。
3) 评标过程中的不妥之处及相应理由如下：①讨论并通过招标代理机构提出的评标细则的做法不妥。理由：评标委员会必须按照招标文件规定的评标标准和方法评标。②评标委员会对投标文件的封装进行检查不妥。理由：应当由投标人代表或招标人委托的公证机构检查封装。③评标委员会依据其讨论通过的评标细则进行打分的做法不妥。理由：应以招标文件中的评标标准和方法作为评标依据。
4) 招标人唱标过程中对一些特殊情况处理不正确。针对B的投标函上有两个投标报价，招标人应立即宣读投标人在投标函（正本）上填写的两个报价，不能要求该投标人确定其报价是这中间的哪一个；大写与小写不一致，招标人在开标会议上无须查对工程报价汇总表，仅需按照投标函（正本）上的大写数值唱标即可；针对投标人D的投标函没有盖投标人单位章，同时又没有法定代表人或其委托代理人签字，招标人仅需按照招标文件规定的唱标内容进行唱标即可，而招标人当场宣布D的投标为废标的行为属于招标人越权。
5) 招标代理服务费用应由招标人支付。理由：招标代理机构与招标人约定由中标人支付的，从其约定。但由于全部废标导致约定无法实现且不可归责于招标代理机构的，招标人应支付相关招标代理服务费。

【例3.5】 某审计小组在对某工程项目招标投标进行审计时，发现了一些问题，主要是下列两个方面：

1) 该次招标投标中出现了同时有几家投标单位的标书被认为出现了重大偏差，基本原因相同：招标控制价中列出了暂列金额110万元，并说明是按分部分项清单费用的2%计取的，而这几家投标单位在投标报价时更改了暂列金额的数值，分别是按自己报价中的分部分项费用重新计算了此项费用。

2) 该工程随招标文件一起发放的招标控制价中也存在许多问题，如工程量不实、计价定额套错、费用计算不合理等。

问题：审计人员应如何处理？

分析：①该次评标时认定这几家投标单位出现重大偏差是正确的。根据工程量清单计价规范的规定，暂列金额是招标人包含在合同价款中的一项暂定款项，在招投标时是属于不可竞争费用，结算时根据工程实际情况调整。在招标人提供的招标控制价中，说明暂列金额是按分部分项清单费用的2%计取，表明了招标控制价中暂列金额110万元的计算方法，并不意味着让投标人需照此法重新计算暂列金额，更不表明暂列金额也可以变成可竞争费用参与报价。因此，这是各投标人对工程量清单计价理解错误的表现。评标委员会对不可竞争性费用的改变评为重大偏差是对的。②关于招标控制价中的问题，根据工程量清单计价规范的规定，投标人可对招标控制价进行复核，但大多投标人对其中有利于投标的错误一般是不会提出来的。如果是招标投标的跟踪审计，能在发放招标文件前发现这些问题，则审计人员可建议对错误进行及时修正；如果是在开标时发现的，则审计人员应将正确的招标控制价报送评标委员会，供其在评标时参考。而本工程是在招标投标过程结束之后进行审计的，则审计人员无权纠正招标控制价，对工程量计算有误的尚可提醒建设单位结算时注意工程量的计算，其他问题无论对评标结果有无影响都只能揭示相关问题，并向有关部门汇报。

3.5 施工阶段审计

3.5.1 工程项目建设施工阶段的工作内容

施工阶段是项目实施的主要工作内容，是投资活动的高峰期。施工过程是建筑产品形成的主要过程，是把设计图纸和原材料、半成品、设备等变成工程实体的过程。

1. 施工准备阶段

施工单位与建设单位签订了工程承包合同后，便应组建项目经理部，然后以项目经理为主，与单位经营层和管理层、建设单位进行配合，进行施工准备，使工程具备开工和连续施工的基本条件。这一阶段主要进行以下工作：成立项目经理部；根据工程项目管理的需要，建立机构，配备人员；编制施工组织设计主要是施工方案、施工进度计划和施工平面图，用于指导施工准备和施工；制订施工项目管理规划，指导工程项目管理活动；编写开工申请报告，待批开工等。

2. 施工阶段

项目经理部既是决策机构又是责任机构，经营管理层、建设单位、监理单位的作用是支持、监督与协调。这一阶段的工作主要是按施工组织设计的安排进行施工，在施工中保证质量目标、进度目标、造价目标、安全目标、节约目标的实现。实现文明施工，严格履行工程承包合同，处理好内外关系；做好合同变更及索赔，做好记录、协调、检查、分析工作。

3.5.2 工程项目建设施工阶段审计的内容

1. 内部控制制度的审计

内部控制制度是指企业为加强各业务环节和各管理部门之间的相互联系、相互制约而建立的一系列程序、制度、方法、措施的总称。内控制度审计应针对建设、施工、监理、设计、材料采购供应等单位的不同职责分别进行。

建设项目实施阶段是工程建设内控制度跟踪审计的重点阶段。主要审计以下三方面内容：

（1）审计有关单位是否建立了必要的内控制度　审计时应注意检查参与项目建设的各

单位是否建立了如下制度，有无重要的制度遗漏：

1）建设单位一般应当建立：招标投标制度、合同管理制度、质量控制制度、进度控制制度、财务管理制度、资金管理制度、成本控制制度、物资采购制度、信息管理制度等。

2）施工单位一般应当建立：经营管理制度、工程管理制度、合同管理制度、安全管理制度、技术管理制度、档案管理制度等。

3）设计单位一般应当建立：质量目标管理制度、合同管理制度、单位及个人资质管理制度、档案管理制度等。

4）监理、拆迁、评估单位都应当建立岗位职责制度。监理单位还应有质量控制制度等。

（2）审计内控制度的健全性 对一些重要的内控制度，审计人员应审计其内容是否健全、完备、严密、有效。

1）审计内控制度是否符合内部控制原则。一般应审查以下五个方面：①处理每一项经济业务必须有明确的职责分工；②处理每一项经济业务的全过程或其中的几个重要环节，不能由一个人包办，以免失去相互制约作用；③账、钱、物应实行三分管；④应有健全的凭证和传递程序；⑤应有健全的稽查和核对制度等。

2）审计内控制度在内容上有无重大的缺陷。内控制度虽然订立了，但如果制度内容有重大缺陷，仍无法起到制度应有的规范和制约作用。如：有的制度过于笼统难以执行，有的制度只有要求，没有罚则，缺乏刚性，有的制度内容已经过时或与国家政策有悖等。因此，对重要的内控制度，审计人员应注意对其条款的合理性、健全性进行分析研究。对有重大缺陷的应建议修订、补充、完善。

【例3.6】 在对某建设单位进行跟踪审计时发现，该单位存在如下问题：内控制度不健全，对财务管理办法、合同管理办法、工程款结算办法和物资采购、领用等都没有建立制度，造成了该单位在财务管理、材料核算、工程款支付和合同管理等方面的混乱状况。审计发现后及时提出了审计建议。被审单位根据审计意见，制定了相应财务管理办法、建设工程支付管理办法和合同管理办法等制度。为下一阶段项目的实施提供了制度保障。

（3）审计内控制度的遵循性 对内控制度遵循性的审计一般可结合日常审计工作一并进行。即审计中发现违规违纪或损失浪费等问题时，延伸检查被审计单位是否遵循了相关的内控制度。也可就被审计单位是否建立健全了相关内控制度进行延伸检查，促使被审计单位建立健全必要的内控制度。

如：审计中发现某项设计变更不合理。审计人员据此对设计变更是否遵循了内控制度的如下程序进行了验证：承包人书面提出——发包人认可——设计部门更改设计——承包人编制预算，提交施工方案——监理部门确认——审计确认——实际执行。审计发现：该项设计变更基本没有执行设计变更的内控制度，发包人认可、监理部门确认的控制环节均未遵循。

对此，审计不仅应揭露该设计变更的合法性问题，而且要对承包人违反内控制度的行为予以揭示和评价，以促进被审计单位严格执行既定的内控制度。

2. 施工工程量的审计

施工阶段工程量审计是指审计人员根据招标文件、合同、施工图、设计变更、工程签证等资料，结合现场实际情况，对施工单位完成的合格工程数量的审计。工程量审计的前提有三个：一是所计量的分项工程量是按施工进度及时或提前完成的；二是按施工图要求完成；三是施工质量符合要求。对工程量的跟踪审计是施工阶段投资控制的一个重要环节，工程量审核的准确与否。直接影响到工程结算，甚至影响到施工质量和进度。重点应审计以下三个方面：

（1）审计工程量清单范围内的工程量　审计人员应要求施工单位按施工图详细计算各分部分项工程量，列出计算公式。要求监理单位对施工单位申报的工程量清单范围内的工程量进行逐项审核。对出现实际完成工程量比工程量清单中的相应工程量增加或减少的情况，审计人员应结合招标文件及施工合同内容分别做出处理。

1）因施工单位未按施工图要求施工，而导致实际完成工程量大于工程量清单中的相应工程量的，应以工程量清单中的工程量为准，审计人员对超过的部分工程量不予认可。

2）因施工单位未按施工图要求施工，导致实际完成工程量小于工程量清单中的相应工程量（说明施工质量可能存在问题）的，审计人员一定要督促建设、监理单位仔细查找原因，妥善处理。

3）因招标时建设单位提供的工程量清单结果偏大，施工单位按图施工后致使实际完成工程量小于工程量清单中的相应工程量的，审计人员应按建设单位提供的工程量清单的工程量予以认可。

4）因招标时建设单位提供的工程量清单结果偏小，施工单位按图施工后致使实际完成工程量大于工程量清单中的相应工程量的，审计人员应对施工单位按图施工实际完成的工程量予以认可。

（2）审计工程量清单范围以外的工程量　包括设计变更、额外增加工程及工程量清单中的错项漏项。

1）对设计变更工程量的审计。审计人员在审计进点时应明确要求设计单位对工程实施过程中发生的设计变更，以书面形式说明原因；施工单位必须严格按程序提交设计变更部分的施工方案，同时申报预算，经监理单位、建设单位审核后，报审计组审定，做到"先签证，后施工"。审计人员必须根据设计变更图纸对设计变更的工程量进行全面、细致的审核，计算出因设计变更而需要调整的工程量。在设计变更的具体实施过程中，审计人员还要检查施工单位是否按照设计变更图及审定的施工方案施工，如果是，即可按审定的预算结算，如果不是，则需重新编报结算送审。

2）对额外增加的工程量的审计。审计人员在审计进点时应明确要求建设单位必须对工程实施过程中发生的额外增加工程书面说明原因，并委托设计单位进行施工图设计；施工单位要严格按程序提交额外增加工程的施工方案，同时申报预算，经监理单位、建设单位审核后，报审计组审定，做到"先签证，后施工"。在额外增加工程的具体实施过程中，审计人员还要检查施工单位是否按照设计图及审定的施工方案施工。如果是，即可按审定的预算结算，如果不是，则需重新编报结算送审。

3）对工程量清单中错项漏项的审计。对工程量清单中工程量较大的错项漏项，审计人员应要求施工单位按程序进行申报，在提交施工方案的同时申报预算报价，经监理单位、建设单位审核，报审计组审定，实行"先签证，后施工"。审计人员必须对工程量清单中的错项漏项进行全面、细致的审核，还要检查错项、漏项是否按照审定的施工方案施工。对按照审定的施工方案施工的，即可按审定的预算进行结算；对未按照审定的施工方案施工的，则需重新编报结算并进行审计。

审计人员在审核工程量清单范围以外工程量（包括设计变更、额外增加工程及工程量清单中错项漏项）时，还应特别注意以下几点：①在设计变更指令上应由设计单位或监理单位相关人员签字并加盖公章；②在工程变更部分的工作验收记录上应由建设单位、监理单位相关人员签字并加盖公章；③在现场签证过程中，建设单位、监理单位相关签认人员应在授权范围内实事求是地签证，并检查是否与合同规定有冲突，相关人员是否在签证单上签字并加盖公章。

（3）重点审核隐蔽工程的工程量　审计人员应经常深入施工现场，掌握工程进展情况及相关技术问题，做到心中有数；应注意在隐蔽工程隐蔽之前，有针对性地抽查监理签证，并且做好相关记录，对关键部位可用数码相机拍下全貌。在跟踪审计中应根据实际情况灵活运用观察、巡视、检验三种方法。

在施工过程中，对于土方开挖、回填土等分部工程，审计人员应要求监理单位进行实测、实量，分阶段验收。要严格分清不同土质、深度、体积、地下水、放坡、支撑等情况，详细列表填写，做到不重不漏。填写时还要根据不同单价的工程量分别进行填写，不能只填一个总数。

3. 工程合同的审计

（1）工程合同履行的审计　在工程项目施工时，审计人员还必须对工程合同的履行情况进行跟踪审计，主要包括以下六个方面：

1）检查工程合同当事人双方是否按照合同约定全面、真实地履行合同义务。

2）检查合同履行前是否通过合同交底落实合同责任。

3）合同签订情况评价。包括：预定的合同战略和策划是否正确，是否已经顺利实现；招标文件分析和合同风险分析的准确程度；该合同环境调查、实施方案、工程预算以及报价方面的问题及经验教训；合同谈判中的问题及经验教训，以后签订同类合同的注意点；各个相关合同之间的协调问题等。

4）检查合同执行情况。包括：合同执行战略是否正确，是否符合实际，是否达到预想的结果；在本合同执行中出现了哪些特殊情况，应采取什么措施防止、避免或减少损失；合同风险控制的利弊得失；各个相关合同在执行中协调的问题等。

5）合同偏差分析。包括在合同履行中出现了哪些差异，差异的原因是什么，应该谁对此承担责任，采取了哪些措施，执行效果如何。

6）合同管理工作评价。这是对合同管理本身，如工作职能、程序、工作成果的评价，包括：合同管理工作对工程项目的总体贡献或影响；合同分析的准确程度；在投标报价和工程实施中，合同管理子系统与其他职能的协调问题，需要改进的地方；合同控制中的程序改进要求；索赔处理和纠纷处理的经验教训等。

（2）工程合同变更的审计　由于工程合同履行时间长，不确定影响因素多。因此，合同实施状态很容易与合同订立状态产生偏差，从而导致变更。合同变更包括合同条款的变更、合同主体的变更和工程变更。其中最常见、发生最频繁的是工程变更，即根据合同约定对施工程序、工程数量、质量要求及标准等做出的变更。对其审计主要包括以下内容：

1）工程变更的原因分析。包括：发生了哪些变更，变更产生的原因是什么，应该谁对此承担责任。

2) 工程变更的程序执行检查。包括：工程变更是否按照合同约定程序进行，是否有违法违规现象等。

3) 工程变更的影响分析。包括：工程变更对工程合同的履行（进度、质量和投资等）产生何种影响。

4) 变更执行情况检查。包括：变更是否必须，是否设定不同层级负责审批不同金额范围的变更项目的制度，工程变更是否可控等。

5) 检查合同变更后的文件处理工作，有无影响合同继续生效的漏洞。

(3) 工程签证和索赔审计　工程施工中签证内容不清楚、程序不规范、责权不明确往往是造成工程结算扯皮、工程造价不能得到有效控制的重要原因。因此，必须加强工程签证管理制度。工程签证与索赔审计的重点是：

1) 审查合同专用条款中是否明确有效签证的认定原则，工程变更签证的约定条款是否得到有效执行。

2) 审查签证单上是否有业主、监理工程师、承包人等相关方的签字和盖章，签字人是否具备签字权限，签证单是否在规定时间提交。

3) 审查签证事宜是否真实，资料是否完整、准确、客观，签证事宜描述是否将事情发生的原因及事实真相表述清晰，责任划分是否明确、合理。

4) 审查工程变更签证事项是否执行已有的合同单价，新增单价是否符合有关规定，是否符合当期市场价格。

5) 审查索赔的期限和程序是否符合合同约定。

6) 审查索赔事件中对双方当事人责任的划分是否明确、合理，索赔的依据是否充分。

7) 审查索赔证据是否有效、真实、客观、全面。

8) 审查索赔值的计算是否准确、合理。

9) 审查索赔与反索赔事件的处理是否合法、合规与合理。

【例3.7】　某大型展览馆工程，建设单位在招标文件中明确：施工现场原供电线路由建设单位委托供电局改线，废弃的电杆由中标的施工单位拆除，其发生的一切费用，经监理签证，审计组审计后确认。施工现场共有5根高压杆线需迁移拆除，施工单位在结算时，附有经监理单位审核的结算单：①拆除电杆5根，5工日/根，人工单价按市场价100元/工日，计2 500元。②由于杆线拆除而影响施工，造成工人停工计40人，100元/工日，计4 000元。③施工机械停工损失，挖掘机2台，台班费1 800元/台，计3 600元。④计算施工单位综合间接费、劳动保险费1 771元。四项共计11 871元。

审计分析：施工现场的三通一平工作，一般应由建设单位负责实施，由于建设单位没有实施而委托施工单位实施，所增加的费用在结算时应按照实际情况予以审计。

审计情况：审计人员查阅施工单位的施工日志记载发现，该5根电杆均不在展览馆工程的柱基及基槽中；施工单位在拆除电杆的施工中，根本未用机械进行拔除，而是采用人工拆除，5根电杆由5人用4天时间拆除；在拆除电杆的同时，挖掘机在开挖柱基土方，其余人员均在修筑基坑边坡，未造成停工、停机现象。

审计结果：审计认为该项目所增加的费用只能按实际投入的人工按工日计算，工日数量为 5×4 工日 = 20 工日，工日单价 82 元/工日，合计 20 工日×82 元/工日 = 1 640 元。

【例 3.8】 某大楼工程，在建造前，原址上有一栋 2 层砖混结构的办公楼，建筑面积 1 000m²。招标前已委托拆房公司将其拆平，结算方式是以工代料，拆除范围是±0.00 以上部分。招标结束、施工合同签订后，施工单位进场施工。施工单位在基础土方开挖过程中，凿除了原办公楼的混凝土垫层及砖基础，但施工单位未及时办理有关签证手续，而是等原办公楼全部拆除，建筑垃圾外运完后再办理签证。此时，监理人员因缺乏核对依据，只得对施工单位所报的拆除 153m³ 混凝土垫层及 352m³ 砖基础的签证全部予以认可。

审计分析：对凿除原办公楼的混凝土垫层及砖基础，建设单位在招标文件中未予以明确，属于额外增加工程，其费用可以按招标文件、合同规定进行按实结算。

审计情况：根据审计经验，审计人员认为：一栋建筑面积 1 000m²、底面积 500m² 的 2 层砖混结构的办公楼，其±0.00 以下部分混凝土垫层数量不可能达到 153m³，砖基础数量也不可能达到 352m³。初步判断签证中水分很大。为了精确地计算混凝土垫层数量及砖基础数量，审计人员到档案馆查找了该 2 层砖混结构办公楼的竣工图，并将基础图复印回来。

审计结论：审计人员根据从档案馆查到的 2 层砖混结构办公楼的竣工图，进行详细计算，计算结果为：原 2 层砖混结构办公楼的混凝土垫层为 51m³，砖基础 86m³。

针对以上情况，审计人员督促建设单位做好以下工作：

1) 严格控制设计变更和现场签证。设计变更在施工过程中是不可避免的，但变更发生得越早，损失越小，反之越大。因此，建设单位应建立健全有效的设计变更及现场签证管理制度。

2) 现场签证必须有建设单位、监理单位相关人员共同签认。建设单位、监理单位应建立现场签证分级把关制度，明确规定签证权限，实行限额签证。

【例 3.9】 某工程项目，建设单位与施工总承包单位按《建设工程施工合同（示范文本）》签订了施工承包合同，并委托某监理公司承担施工阶段的监理任务。施工合同履行时，出现下列情况：

1) 因建设单位前期拆迁工作未能及时完成，造成施工单位停工 2 周，A 机械 5 台窝工 2 天。

2) 土方开挖时遇到工程地质勘探没有探到的孤石，排除孤石拖延了 2 天时间，增加了施工成本 8 000 元。

3) 在基础工程施工中，施工单位除了按设计图要求施工外，还将基础混凝土的强度等级由 C25 提高到 C30，增加施工费用 1 万元。

4) 根据设计变更要求，在施工过程中对某新型钢筋混凝土屋架进行一次破坏性试验，以验证设计的合理性，共计花费 4 万元。由于该屋架吊装工艺比较复杂，施工单位聘请专家在施工前对工人进行了技术教育培训，培训费用 5 000 元。

5) 该项目施工正值该地区雨季，因雨天导致 K 机械 2 台窝工 5 天。

施工完后，施工单位向监理工程师提出工期和费用索赔，监理工程师针对上述情况，分别做出以下处理意见：

1) 因建设单位前期拆迁工作未能及时完成，造成施工单位停工 2 周，A 机械 5 台窝工

2 天。同意工期延长 14 天，补偿费用 A 机械停置台班费 500 元×5×2=5 000 元。

2) 土方开挖时遇到工程地质勘探没有探到的弧石，排除弧石拖延了 2 天时间，增加了施工费用 8 000 元。同意工期延长 2 天，补偿费用 8 000 元。

3) 在基础施工中，施工单位超出设计图要求施工，还将基础混凝土的标号由 C25 提高到 C30，增加施工费用 1 万元。不同意补偿费用。

4) 根据设计变更要求，在施工过程中对某新型钢筋混凝土屋架进行一次破坏性试验，以验证设计的合理性，共计花费 4 万元。由于该屋架吊装工艺比较复杂，施工单位聘请专家对工人进行了技术教育培训，培训费用 5 000 元。同意补偿费用 45 000 元。

5) 该项目施工正值该地区雨季，因雨天导致 K 机械 2 台窝工 5 天。不同意补偿费用。

综合 1)~5) 项，应予延长工期：14 天+2 天=16 天补偿费用：5 000 元+8 000 元+45 000 元=58 000 元。

审计分析： 审计人员判定施工单位索赔成立的条件：①施工单位受到实际损失或损害；②损失不是施工单位的过错造成的；③损害也不属于施工单位应承担的风险范围；④施工单位在合同规定的索赔时限内提出。

审计情况： 在施工过程中根据设计变更要求，对某新型钢筋混凝土屋架进行一次破坏性试验，以验证设计的合理性，共计花费 4 万元，应属于业主应支付的试验研究费；施工前施工单位聘请专家对工人进行了技术教育培训，培训费用 5 000 元，应属于施工单位自己支付的费用，此费用已纳入工程报价，包含在企业管理费中。审计人员对屋架试验费用 4 万元予以认可，技术教育培训费不予认可。其他 1)、2)、3)、5) 项，审计同意监理的意见。

审计结果： 应予延长工期：14 天+2 天=16 天，补偿费用：5 000 元+8 000 元+40 000 元=53 000 元。

4. 工程质量的审计

审计人员应根据工程项目的特点，对影响工程质量的人、材料、机械、方法四个主要因素予以重点关注。

(1) 对人的因素的审计　对人的因素的审计，应着重对人的资质的审计。审计人员应督促建设单位从以下三个层次对施工人员的资质进行控制：

1) 施工现场项目经理作为工程项目的指挥者和组织管理者，必须具有相应的工作经历和资格、丰富的实践经验和较强的组织管理能力。必须善于协作配合，能够果断、正确地做出决策和采取有效的技术措施，领导项目组完成任务。

2) 施工现场主要技术人员应具有一定的文化素质和职称、相应的专业资格和技术水平、丰富的实践经验和较强的组织管理水平。

3) 施工现场技术工人应具有本专业的上岗资格，有较丰富的专业知识和熟练的操作技能，熟悉操作规程和质量标准。

(2) 对材料因素的审计　材料质量是工程质量的基础，审计人员一方面应审查现场材料是否符合设计文件或标书中所规定的规格、品种、型号和技术性能。另一方面应要求建设单位对材料质量严格把关。做到：①坚持审计人员、建设单位、监理单位、施工单位共同考察，优选供货厂家；②必须是具备正式的出厂合格证和材质化验单的材料方能进场；③对原材料必须按规定严格取样送检，不合格的材料一律不得进场。

（3）对机械因素的审计　施工机械是实施工程项目施工的物质基础，是现代化施工必不可少的设备。施工机械设备的选择是否适用、先进和合理，将直接影响工程项目的施工质量和进度。所以，审计人员应督促监理单位结合工程项目的布置、结构型式、施工现场条件、施工程序、施工方法和施工工艺，审查施工机械型号、主要性能参数的选择以及施工机械的操作，督促施工单位制定相应的操作制度，并严格执行。

（4）对方法因素的审计　这里的方法主要是指工程项目的施工组织设计、施工方案、施工技术措施、施工工艺、检测方法和措施等。

所采取的"方法"是否得当，直接影响到工程项目的质量形成，特别是施工方案是否合理和正确，不仅影响到施工质量，还对施工的进度和费用产生重要影响。因此，审计人员应参与对施工方案的审定，并结合工程项目的实际情况，从技术、组织、管理、经济等方面进行全面分析和论证，确保施工方案在技术上可行、经济上合理、方法先进、操作简便，既能保证工程项目质量，又能加快施工进度、降低成本。

5. 工程物资采购的审计

工程物资采购审计是建设项目施工阶段审计的重要组成部分，审计的目的是检查设备、材料采购经济活动的真实性、合规性和效益性，促进建设单位加强设备的采购管理工作，精打细算，降低建设成本。

审计时重点应检查建设单位的"器材采购""工程物资"明细分类账的记录以及有关器材采购的原始凭证、记账凭证、合同、设备清单等资料。

审计工程物资、设备采购的主要内容：

（1）审计建设单位编制的工程物资供应计划

1）主要检查工程物资供应计划中所编列的各种设备、工具、器具、材料的种类、规格、型号和数量等是否与批准的基本建设计划、设计文件相符，有无编列设计文件和基本建设计划以外的工程物资。

2）对于制造期较长的大型专用设备，应检查是否按照长期计划的要求，已预先在设备供应计划中做了订货安排；计划所列材料的采购数量有无超过设计文件、基本建设计划的规定和正常储备定额。在审计中，若发现异常情况，应查明具体原因，并督促建设单位及时修订计划。

（2）审计建设单位与供应商或生产厂家签订的工程物资采购合同　审计时应注意以下几点：

1）审计建设单位是否按照批准的基本建设计划和工程物资采购供应计划与供货单位签订合同。可抽查工程订货单，查看其订货是否与年度计划一致，有无多购、少购、重购、漏购以及有计划外的工程物资购买合同。在有可能的情况下，审计人员要参与建设单位采购供应计划的编制，参与和供应单位签订合同，以控制工程物资的质量和价格。

2）审计工程物资采购中对供货单位的选择是否合理。重点检查建设单位的工程物资采购是否通过真正意义上的招标竞价，采购价格是否合理，有无舍近求远或利用不正当的交往关系签订订货合同，以及为供应单位推销不合格的材料或吃回扣等问题。

3）审计建设单位的采购人员有无与供应商相互勾结、签订假合同，骗取贷款的情况；有无以中间人介绍为名私自摄取佣金或回扣的情况。

4）审计建设单位有关人员有无利用手中的权力为建设项目指定采购单位，从中捞取好处的情况。

  5) 审计建设单位有关人员有无进行虚假的招标投标，从中捞取好处费。
  (3) 审计建设单位实际采购物资的价格、质量等是否与订货合同相符 审查时，应将建设单位的"器材采购"总账和"设备采购""进口设备采购"等有关明细账户所反映的内容，分别与设备、材料供应计划和订货合同，以及到货设备、材料的账单、发票、运单等各种原始凭证和记账凭证相核对。
  (4) 审计建设单位购入工程物资的核算 审查建设单位设备、材料的核算是否真实、可靠、完整；审计建设单位设备材料采购成本计算是否正确。
  (5) 审计采购物资的付款是否与合同约定相符 重点是审计遵循付款合同约定的情况。特别要注意未到合同约定的付款期限或货物未到而提前支付贷款的情况。关注是否存在以加快项目建设进度为名，用国家建设资金为自己及他人谋取利益的问题。

  【例 3.10】 在对某项目的材料采购审计中，发现项目建设单位签订的铝合金材料合同有问题，不但舍近求远，而且价格也比同规格、同品种的材料要高。审计组通过《跟踪审计意见单》及时将这一问题进行了揭示。后在审计的提议下进行了公开的招标投标，节约资金达数十万元。

  【例 3.11】 在对某条道路的审计中，发现路灯电缆的价格特别高，比市场价高出 25%~30%，但实施路灯工程的某单位形式上确实进行了招标投标，且从程序上看，完全符合有关规定。对此，审计人员走访了电缆供应商、投标的另两家供应单位，但均未获得有效的证据。后来审计人员仔细分析了这家施工单位（包工包料的），得知该单位不但承接了国家投资的项目，同时还从事一些自营项目。经进一步调查证实：自营项目的电缆比国家投资项目的电缆价格要低得多，且批量小的价格比批量大的价格要低很多，表明招标投标流于形式。

  【例 3.12】 在对某项目的跟踪审计中，审计人员在核对花岗岩材料的付款情况时，发现比合同约定的时间提前支付了一个月，金额为 100 万元，对方单位的收条上注明是借款，但没有注明借款利率。在资金严重紧缺，银行贷款非常困难的情况下，该建设单位为何同意免费为供货单位提供借款？审计人员经过仔细的调查和核实，发现是经过个别领导同意的。理由是：该供货单位由于资金紧缺，按时供货可能有困难，为了项目的进度不受影响，同意提前付款给他们。由于审计人员的监督，及时收回了这 100 万元资金，并杜绝了类似问题的发生。

3.6 竣工验收阶段审计

3.6.1 工程项目竣工验收的含义和程序

1. 工程项目竣工验收的含义

  工程项目竣工验收是指由发包人、承包人和项目验收委员会，以项目批准的设计任务书和设计文件，以及国家或部门颁发的施工验收规范和质量检验标准为依据，按照一定的程序和手续，在项目建成并试生产合格后（工业生产性项目），对工程项目的总体进行检验和认证、综合评价和鉴定的活动。按照我国建设程序的规定，竣工验收是建设工程的最后阶段，是全面检验建设项目是否符合设计要求和工程质量检验标准的重要环节。只有经过竣工验收，建设项目才能实现由承包人管理向发包人管理的过渡，它标志着建设投资成果投入生产或使用，对促进建设项目及时投产或交付使用、发挥投资效果、总结建设经验有着重要的作用。

2. 工程项目建设竣工验收的程序

通常所说的建设项目竣工验收，指的是"动用验收"，是指发包人在建设项目按批准的设计文件所规定的内容全部建成后，向使用单位（国有资金建设的工程向国家）交工的过程。其验收程序是：整个建设项目按设计要求全部建成，经过第一阶段的交工验收，符合设计要求，并具备竣工图、竣工结算、竣工决算等必要的文件资料后，由建设项目主管部门或发包人，按照国家有关部门关于《建设项目竣工验收办法》的规定，及时向负责验收的单位提出竣工验收申请报告，按现行验收组规定，接受由银行、物资、环保、劳动、统计、消防及其他有关部门组成的验收委员会或验收组的验收，办理固定资产移交手续。验收委员会或验收组负责建设的各个环节，听取有关单位的工作报告，审阅工程技术档案资料，并实地查验建筑工程和设备安装情况，对工程设计、施工和设备质量等方面提出全面的评价。

3.6.2 工程项目建设竣工验收阶段审计的内容

1. 工程项目竣工决算审计的内容

审计人员对工程项目实施竣工决算审计的主要内容，应当按照委托或授权的具体情况及建筑行业自身的特点来确定，一般包括：

1) 工程项目竣工决算报表编制审计。审计人员应重点审查决算编制工作有无专门组织，审查竣工决算报表编制的依据是否符合国家有关规定，资料是否完整，内容是否真实，应用的数据是否准确。

2) 工程项目投资及概算执行情况审计。审查项目建设是否按批准的概算执行，有无概算外项目和提高建设标准、扩大建设规模的问题，有无重大质量事故和经济损失。

3) 工程项目建设成本的审计。审核建筑安装投资、设备投资、待摊投资、其他投资的内容是否真实，有无挤占成本，有无以高估冒算、多计工程量等手段提高工程造价，虚列建设成本，转移资金的问题。

4) 交付使用资产和在建工程审计。审查交付使用的固定资产、无形资产、递延资产是否真实、完整，是否符合交付条件，移交手续是否齐全、合规。核实在建工程投资完成额，查明未能全部建成、及时交付使用的原因。

5) 未完工程审计。根据修正总概算和工程形象进度，核实未完工程的未完工程量，是否留足投资。防止将新增项目列作未完工项目、增加新的工程内容和自行消化投资包干节余。

6) 结余资金的审计。核实银行存款、现金和其他货币资金，审查实际库存物资，有无积压损失浪费。核实债权债务，有无虚列往来欠款，或私设小金库，隐匿结余资金等问题。

7) 建设收入审计。审查收入是否真实，有无隐瞒、转移收入，是否按有关规定计算分成，留用部分是否合理分配使用。

8）应交款项审计。审查各项税金、质量监督费等是否足额及时缴纳，缓征或减免的款项是否经过审批。

9）投资包干节余审计。审查承包合同及投资包干的建设内容是否符合有关规定，投资包干的建设内容是否按概算要求全部完工，其指标完成情况如何，包干节余分配是否合规。

10）投资效益审计。主要从投资决策、投资回收期、资金使用、建设工期、工程造价、贷款偿还能力以及各项经济技术指标是否达到设计要求等方面综合分析，全面评价工程项目投资建设的社会效益和经济效益。

【例3.13】 某市影视城股份有限公司改扩建工程项目投资效果审计。

（1）改扩建工程项目情况　某市影视城股份有限公司于2015年3月停业，于2016年5月开始进行改扩建。扩建改造中拆除面积2 000m^2，加层新建10 000m^2，装修面积20 000m^2，共分六大板块，基建投入约7 000多万元（借款）。

（2）项目投资效果情况

1）项目效益审计情况。公司改扩建前，2013年度会计报表反映营业收入923万元，当年亏损448万元，公司资产6 525万元（已剔除评估增加的3 849万元），所有者权益2 373万元。改扩建后，2016年度会计报表反映营业收入2 159万元，亏损797万元，2017年度会计报表反映营业收入1 562万元，亏损737万元（审计调整数），2017年年底公司所有者权益-604万元（审计调整数）。

根据影视城改造方案的可行性论证报告，改造后经济效益预测年营业收入4 488万元，净利润724万元，而实际2016年度营业收入2 159万元，只达到预测数的48%，亏损797万元；2017年度营业收入只有1 562万元。

可行性论证报告预测影视广场改造后观众每年可达117.15万人次，而2016年度实际为45万人次，只达到预测数的39%；2017年度为53.06万人次，为预测数的45%。

审计分析发现，该公司实行租赁经营后收取的承包租金低于实际发生的成本费用，根据目前所在市娱乐行业的现状且没有提高的可能，因此，该公司在短时期内扭亏的难度较大。

2）项目实施、经营效果审计。①在工程实施中，该公司在物品和设备（除部分经营商品外）的财务管理上不规范。一直没有建立固定资产、物品和设备的财务明细账，各部门只有实物台账，财务总账、明细账和部门台账无法进行核对；财产的购置、保管、清理等管理制度不健全，特别是将改扩建过程中拆下已不能继续使用的闲置物品及设备长期存放在广电中心等15个场所，没有对部分有价值的物品和设备进行及时处理，相应增加了公司的改扩建成本。②改扩建后经营中财务核算不够真实。2017年年底报表反映资产总额为159 254 501.96元，负债总额为125 191 004.26元，所有者权益为34 063 497.70元，经本次审计后应调减资产40 100 334.92元，调减所有者权益40 100 334.92元，审计调整后的资产总额为119 154 167.04元，负债总额为125 191 004.26元，所有者权益为-6 036 837.22元。

（3）审计评价　影视城股份有限公司改扩建后未实现可行性报告预期的经济效益，不仅未实现利润，而且发生了严重亏损，目前净资产已经赤字600多万元。据分析，影视城娱乐项目在短时期内扭亏的难度较大。

改扩建项目实施中物资、设备和财务管理不够规范，改扩建后经营中财务核算不够真实。

(4) 审计建议

1) 对改扩建工程项目的财产、物资以及工程款进行内部审计和清算，尽量减少损失，降低公司的改扩建成本。

2) 根据当地市民及流动人口的消费特点，结合电影、娱乐行业的发展趋势，进行市场分析、定位，扬长避短，创新理念，整合、优化公司的各种资源，以电影作为休闲娱乐的平台，带动相关产业的发展，尽可能提高公司的经济效益。

3) 公司改扩建后，负债高达 1 亿多元，每年负担的银行利息就达 500 多万元，至 2017 年年底累计亏损达 5 075 万元，根据目前公司的经营状况，靠公司自我经营已无力偿还银行债务。鉴于娱乐行业的市场竞争比较激烈，建议加大招商引资力度，采取多种形式优化资产组合，使国有资本尽快从一般竞争性行业退出，减少国有资产的损失。

【例 3.14】 某分局办公楼装修竣工结算审计案例分析。

某分局办公楼装修工程于 2019 年进行了项目竣工结算审计，发现竣工结算价大大超出原先中标价的现象。该分局办公楼装修工程中标价为 70.28 万元，该工程最高限价为 105.80 万元。招标发包，采用的是最低价中标。施工方报审结算金额为 587.669 万元，另还有施工方工期索赔若干。

该工程经审计人员、甲方代表、施工单位造价人员现场实地检查丈量，依据省、市现行定额及有关文件规定，对该送审结算文件进行了全面审核，审定价 474.20 万元，核减 113.50 万元，总核减率 19.31%。在工程审核过程中，审计人员发现材料价格明显高于市场价，如室外火烧板花岗岩签证为 625 元/m^2，而该档次的花岗岩市场价仅 350 元/m^2 左右；投标时的胶合板门是 360 元/樘，现在的镶板门是 1 860 元/樘等。但材料价格大多数都经过监理方、业主方代表签字，按合同约定这种经三方认可的价格签证不再审核。审计中还发现有些签证中材料价格有后期改动、添加的迹象，且这些材料价格签证也是施工单位仅此一份，甲方、监理方却没有，但签证中的签字却是真实的，所以较难考究其内容的真实性。

后经甲方要求：按市场价再次进行审核（未经施工单位同意）。审计人员按市场调研价再次进行了审核，核减金额达到 197.80 万元。但是施工方不同意按此价格结算，而甲方又不同意按核减 113.50 万元结算，最后施工单位申请仲裁。最终也是按核减 113.50 万元结算。

(1) 审计结果分析 对于这个工程结算大大超出中标价的原因分析，首先是因为甲方对工程的签证不够严谨，只要监理签过字甲方也随之签字了事，不到市场上调查材料的价格，不对所签内容予以把关负责；监理极端不负责任，目前许多项目监理只负有签工程量的权利，一般不签材料价格的，但是该工程中许多材料价格都被签证了。其次，在招标时甲方应该把材料的档次定好，而不至于让投标人在投标时乱报，以几乎买不到的材料价格来投标。如该工程中标价中：地砖（红梅）800mm×800mm 单价为 15 元/块，地砖（红梅）400mm×400mm 单价为 1.5 元/块，地砖踢脚线（红梅）120mm×600mm 单价为 1.2 元/块，单面铝塑投标价 58 元/m^2。评标时只是让投标人确认其价格来源的真实性及保证后期供货的可靠性。最后，合同实施过程中施工单位不断地进行材料变更、设计变更、增加装修内容等。这五方面原因导致结算价大大超出了投标价。

该项目存在的问题是，甲方不应该在工程竣工结算时才要求审计单位进行审核，应该在工程投标时就让审计单位介入，进行全过程跟踪审计，这样才能有效减少投资，提高投资效益。

(2) 审计建议

1) 在工程实施过程中规范招标投标活动，加强合同管理。一般工程项目施工费用占整个工程造价的60%以上，施工阶段对工程造价的影响很大。当前工程项目在招标投标中广泛使用工程量清单计价，由投标人视自身的技术、管理水平和劳动生产率以及市场价格进行自主报价。为了中标，投标人会认真研究招标文件及工程量清单和图纸，根据招标文件精神、抓住招标文件中的漏洞和瑕疵，力争中标。中标后，承包商会想方设法降低工程成本，以至于个别承包商偷工减料。因此在工程实施阶段规范招标投标活动、加强合同管理是工程造价控制的重点之一。实施阶段对项目的管理和工程造价的控制重点可放在招标投标活动的细节与施工合同具体条款的实施和控制上。

2) 建议建设单位在工程实施过程中优化设计，减少后期变更。设计是否合理对控制工程造价具有重要作用和影响。主要是看设计质量和功能是否能满足使用要求，是否采用了先进的、合理的设计，是否能缩短项目建设工期、节省投资，是否能降低今后的生产成本、经营费用。于是，对设计图的先进性、合理性的审核工作很重要。对于一个施工图已经设计好的单项工程，造价已基本确定。作为造价跟踪审计人员应在满足使用功能的前提下，向建设单位提出建议对图纸进行优化，选用适度超前、经济合理、安全可行的设计方案。设计方案优化可采用价值工程理论，在满足功能或者尽量提高功能的前提下降低成本。

3) 加强设计变更的审查。设计变更是施工阶段影响工程造价的一个重要因素。设计变更是工程变更的一部分，因而也关系到进度、质量和投资控制。所以加强设计变更的管理，对确保工程质量、工期和控制造价具有重要意义。设计变更应尽量提前，变更发生得越早则损失越小。若在设计阶段变更，则仅需修改图纸，其他费用尚未发生，只有些许损失；若在实施初期阶段变更，不仅需要修改图纸，而且设备、材料还得重新采购；若在施工阶段变更，除上述费用外，已施工的工程还需拆除，势必造成重大损失。所以要严格控制设计变更，尽可能把变更控制在施工准备前。特别是对工程造价影响大的设计变更，要先算账，后变更。严禁通过设计变更扩大建设规模，增加建设内容，提高建设标准。设计变更发生后，其审查尤为重要。设计变更无论是由哪方提出，均应由监理部门会同建设单位现场调研，设计单位、施工单位协商，经确认后由设计部门发出通知，并由监理工程师办理签发手续后付诸实施。设计变更审查应注意以下几点：①提高功能或者降低造价等优化设计的，应予变更；②新技术日新月异，原设计已落后或者不能满足新要求的，应予变更；③确属原设计不能保证工程质量要求，设计遗漏和确有错误及与现场不符无法施工非改不可的，应予变更；④一般情况下，即使变更可能在技术上是合理的，也应全面考虑变更后所产生的效益与现场变更增加的费用和可能引起的索赔等所产生的损失，加以比较，权衡轻重后再做决定；⑤坚决杜绝未做好开工准备，设计深度不够，招标文件和承包合同不完善，造成边设计、边施工、边更改的变更；⑥坚决杜绝内容不明、没有详图或者其具体使用部位，而只是简单增加材料用量的变更。

4) 严格索赔报告或签证的审查。跟踪审计人员应熟悉和掌握工程技术，对不合理的索赔报告或者签证不应盲目确认；对有疑问的索赔报告或者签证应经建设单位和监理单位再次核实；对由施工单位填写的索赔报告或者签证，一定要认真核查；对施工单位在签证上巧立名目、弄虚作假、以少报多、蒙哄欺骗、遇到问题不及时办理签证，结算时相互扯皮的现象严格审查；有的施工单位为了中标，自动压价。为了保住自己的利润对包干工程偷工减料，对非包干工程进行大量的索赔，这类索赔报告应严格审查；对建设单位故意拖延索赔报告或者签证的确认或者对合理索赔报告亦不予认可的，应站在公正的立场上对建设单位阐明自己的观点，以利工程的顺利实施。

5）监管工程建设过程中施工、设备和大宗材料采购合同的签订和执行情况。让审计人员参加建设单位、监理单位、施工单位有关工程施工中的例会，及时掌握项目的施工进度和变更情况，参与重大变更事项专题会议，并做好翔实记录；让审计人员了解监理签发的设计变更、工程联系单和签证的实施情况。让审计人员协助业主方及时审核设计变更、现场签证等发生的费用，相应调整造价控制目标；并向业主提供造价分析报告；审计人员对设计变更、联系单和签证引起的造价变动应及时向委托方和设计单位报告，并提供书面的造价控制分析报告。

2. 工程项目竣工验收审计的内容

竣工验收审计的主要目的：一是项目是否按国家规定及时进行验收；二是验收是否合规，手续是否齐全。竣工验收审计的内容包括：

（1）完整性审计　审查项目是否按总体设计中的全部内容建设完成。

（2）使用性审计　审查土建工程、设备、水、暖、电、卫等安装工程、现场环境等工程是否达到验收标准，符合生产和使用要求。在审查时，检查是否按施工图、现行建筑安装验收技术规范执行；工程质量特别是隐蔽工程、关键部位工程是否有施工记录和验收资料；设备是否按设备技术说明书进行验收，有无试车合格证书；各项技术资料是否齐全，绘制的竣工图是否符合规定。

（3）合法性审计　对各单项工程的工期、工程规模、建筑标准进行审查。检查工期是否符合承包合同的规定，工程规模和标准是否按最后批准的执行，有无扩大规模和提高标准的现象。

（4）审查遗留问题的解决办法是否落实　一般在主要工程完成以后，必然会遗留下许多零星未完的尾工工程，或者在验收试车时发现的问题，例如，环境工程，个别的"三废"治理工程或遗漏项目等。审查遗留项目的工程量，所需投资及完成期限是否已确定具体的处理办法，并落实有关单位执行。

本章小结及关键概念

本章小结：工程项目建设全过程审计是指由独立机构及其派出人员，依据一定的审计标准，运用特定的审计评价指标体系，对工程项目建设各个阶段的投资结果进行监督评价鉴证的活动。

建设全过程各阶段包括主要投资决策阶段、勘察设计阶段、招标投标阶段、施工阶段、竣工验收阶段审计的工作内容的概述。

本章还列举了对建设全过程各阶段审计内容的重点事项以及案例。

> **关键概念**：投资决策阶段的审计、勘察设计阶段的审计、招标投标阶段的审计、施工阶段的审计、竣工验收阶段的审计。

能力提升

一、选择题

1. 下列（　　）不属于审计主体。
   A. 国家审计机关　　　　　　　　B. 企业内部审计机构
   C. 社会民间审计组织　　　　　　D. 经济责任审计

2. 当招标人采用邀请招标的方式确定投标人时，应向（　　）个以上具备承担招标项目的能力，资质良好的特定的法人或者其他组织发出投标邀请书。
   A. 三　　　　　B. 四　　　　　C. 五　　　　　D. 以上都不对

3. 某工程项目，施工合同履行时出现下列情况：因建设单位前期拆迁工作未能及时完成，造成施工单位停工1周；土方开挖时遇到工程地质勘探没有探到的孤石，排除孤石拖延了2天时间；该项目施工正值该地区雨季，因雨天导致窝工5天。施工单位应给予工期延长（　　）天。
   A. 7　　　　　B. 9　　　　　C. 12　　　　　D. 5

二、填空题

1. 竣工验收审计的内容包括：_____、_____、_____及审查遗留问题的解决办法是否落实。

2. 工程项目建设可行性研究的内容包括：_____、_____、_____。

3. 工程项目建设勘察设计工作包含：_____和_____两个部分的内容。

三、简答题

1. 简述工程项目建设全过程审计的概念及各个阶段工作的主要内容。
2. 简述工程项目建设各个阶段工作审计的实施内容。

四、案例题

1. 某市政府投资的污水处理工程以公开招标方式选择承包人。招标文件规定采用资格后审方式审查投标人资格。

2017年3月25日，招标人在国家指定媒介上发布招标公告，并规定发售招标文件时间自公告之日起至3月30日（星期日）止。2017年3月27日，一家施工单位X前来购买招标文件，该企业以前与招标人曾发生过经济纠纷，招标人以此为由拒绝出售。

2017年4月1日上午10时，招标人点名确定除投标人A外其他投标人均到场，随后进行了现场踏勘。第二天，投标人A提出需要进行现场踏勘，招标人组织该投标人进行了现场踏勘并详细讲解了现场情况。

2017年4月18日上午9时整为投标文件递交截止时间，开标时间定于2017年4月18日下午4时整。截至投标截止时间之前，共有12家单位提交了投标文件。开标前，投标人代表检查投标文件的密封情况，当场宣布密封完好。然后由工作人员当场拆封，唱标人依次唱出了投标人名称、投标价格、工期及投标保证金合格与否等内容。

随后，招标人组建评标委员会，由当地建设局市政处1人、政府专家库中随机抽取4人组成。组成评定过程中，评标委员会成员Y声明，投标人C是其所在单位的全资子公司，本人应当回避，但评标委员会认为，Y专家是该行业的技术权威可以参加评标。最终，包括Y专家在内的评标委员会出具报告推荐投标人 C 为排名第一的中标候选人。

发出中标通知书之前，招标人与投标人 C 开始合同谈判，要求其将合同范围内的水泵改为招标人供货。投标人 C 提出在核减设备费用基础上增加 50 万元。招标人不同意，随后并与排名第二的投标人 D 进行商谈。投标人 D 接受了招标人的条件，最终在核减设备费用基础上增加 10 万元，并以此作为签约合同价。招标人据此向投标人 D 发出中标通知书。

问题：指出上述招标过程的不妥之处，并说明理由。

2. 某建设单位对其办公楼工程项目通过公开招标方式选定了施工单位。建设单位与施工单位在施工合同中对工程预付款、工程质量、工程价款、工期和违约责任等均做出具体约定。施工合同总价为 8 000 万元人民币，合同工期 18 个月。施工合同履行中，出现下列情况：

1）由于建设单位提出对原有设计文件进行修改，使施工单位停工待图 1.5 个月（全场性停工）。

2）在基础施工中碰到地下有大量文物，使整个工程停工 12 天。

3）该办公楼 10 号桩基础施工完毕后，建设单位发现桩位偏移。经检查，造成桩位偏移的原因是桩位施工图尺寸与总平面图尺寸不一致。处理方案为补桩。经计算，整改期间，机械、人员窝工损失 4 万元，补桩增加工程费用 1 万元，工期延误 10 天。

4）在楼面施工时，由于遇到当地罕见的雷雨天气，导致施工单位停工 3 天，造成各种损失费用 3 万元。

5）主体工程施工中由于施工机械出现故障，使进度计划中关键线路上的部分工作停工 18 天。

6）施工单位在投标时确定的垂直运输机械为卷扬机，实际施工过程中，施工单位为加快施工进度，自行采用塔吊施工。在安装塔吊时，施工单位停工 5 天，增加塔吊进出场及塔吊基础费用 8 万元。

施工完毕后，施工单位向监理工程师提出工期和费用索赔，监理工程师针对上述情况，分别做出以下处理意见：

1）由于建设单位提出对原有设计文件进行修改，使施工单位停工待图 1.5 个月（全场性停工）。同意工期延长 45 天，同时补偿施工单位现场管理费：8 000 万元÷18 月×1.5 月×1.2%（现场管理费率）= 8 万元，公司管理费：8 000 万元÷18 月×1.5 月×7%（公司管理费率）= 46.67 万元。合计 54.67 万元。

2）在基础施工中碰到地下有大量文物，使整个工程停工 12 天。同意工期延长 12 天。

3）该综合办公楼 10 号桩基础施工完毕后，建设单位发现桩位偏移。经检查，造成桩位偏移的原因是桩施工图尺寸与总平面图尺寸不一致。处理方案为补桩。经计算，整改期间，机械、人员窝工损失 4 万元，补桩增加工程费用 1 万元，工期延误 10 天。同意工期延长 10 天，补偿费用 5 万元。

4）在楼面施工时，由于遇到当地罕见的雷雨天气，导致施工单位停工 3 天，造成各种损失费用 3 万元。同意工期延长 3 天，但不补偿费用。

5）主体工程施土中由于施工机械出现故障，使进度计划中关键线路上的部分工作停工 18 天。不同意延长工期。

6）施工单位在投标时确定的垂直运输机械为卷扬机，实际施工过程中，施工单位为加快施工进度，自行采用塔吊施工。在安装塔吊时，施工单位停工 5 天，增加塔吊进出场及塔吊基础费用 8 万元。对此，不同意工期延长及补偿费用。

综合 1）~6）项，监理同意延长工期：45 天+12 天+10 天+3 天 = 70 天，补偿费用：54.67 万元+5 万元 = 59.67 万元。

问题：指出上述监理单位处理索赔问题的不妥之处，并说明理由。

第 4 章
工程造价审计

> **学习要点**
>
> **知识点：** 工程造价审计的基本概念、意义、特点及内容，投资估算审计、设计概算审计、施工图预算审计、工程量清单计价审计、工程结算与工程结算审计的具体概念、意义、方法及步骤。
>
> **重点：** 工程造价审计的依据和内容，投资估算审计、设计概算审计、施工图预算审计、工程量清单审计、工程结算与竣工决算审计的概念、意义和主要内容。
>
> **难点：** 施工图预算审计、工程量清单审计、工程结算审计及竣工决算审计的方法及内容。

4.1 概述

4.1.1 工程造价审计的概念及意义

1. 工程造价审计的概念

工程造价审计是指对建设项目全部成本的真实性、合法性进行的审查和评价。工程造价审计的目标主要包括：检查工程价格结算与实际完成的投资额的真实性、合法性；检查是否存在虚列工程、套取资金、弄虚作假、高估冒算的行为等。

工程造价审计具体包括工程项目投资估算审计、设计概算审计、施工图预算审计、工程量清单计价审计、工程结算审计及竣工决算审计六部分内容。

2. 工程造价审计的意义

工程造价审计是建设工程造价管理的重要环节，是合理确定工程造价的必要程序，是控制工程造价的必要手段。通过对工程造价进行全面、系统的检查和复核，及时纠正所存在的错误与问题，使之更加合理的确定工程造价，达到有效控制工程造价的目的，保证项目管理目标的实现。因此，工程造价审计具有如下重要意义：

（1）有利于对投资进行科学的管理和监督，提高投资效益　对投资项目估算的审计可为项目的财务分析和经济评价提供正确的投资估算额，为投资者的科学决策提供重要依据。

（2）有利于建筑市场的合理竞争　在固定资产投资过程中，业主的主要目标是在满足工程项目质量和功能要求的前提下，降低工程造价，而承包商所关注的是其利润最大化，构成了市场经济的价格矛盾。从建立市场经济的约束机制出发,需要通过第三方对其造价进行公正、合法的确认。通过工程造价审计,有利于促进招投标市场的规范化,减少甚至杜绝招投标市场上不规范现象的发生,促进建设项目的合理竞争,为建设项目的招投标奠定了基础。

(3) 有利于企业加强经济核算,提高经营管理水平　通过加强工程造价的审核,可以有效避免企业在预算过程中的如重项、漏项等失误,重视管理水平的再提高,促使企业认真采取降低成本的措施,加强经济核算,提高经营管理水平。

(4) 有利于维护国家财经法律,促进我国现代化建设　工程造价审计是贯彻落实国家在工程建设领域出台的法律、法规及政策、文件,促使技术进步的重要手段。对工程造价的审核,可以为工程建设提供所需要的人、材、物等方面的可靠数据,以便政府和有关部门据此正确地实施项目建设拨款、贷款、计划、统计和成本核算以及制定合理的技术经济考核指标,使我国社会主义现代化建设有序进行。

4.1.2　工程造价审计的特点及方式

1. 工程造价审计的特点

工程造价审计的主要特点表现为依法性、独立性、间接性和客观性。

(1) 依法性　审计工作只能按照委托审计方的意愿和规范进行,即审计工作既要按委托合同的要求进行,也要严格地执行国家相关法律和法规,维护工程造价管理工作健康、有序地发展,提高工程造价管理水平。

(2) 独立性　从事审计工作的人员和机构是专职的,只对委托审计的人或机构负责,不受其他任何行政机构、社会团体和个人的干涉。

(3) 间接性　体现在审计工作与直接管理工作的区别。直接管理工作是在投资主体内部,监督机构对直接从事工程造价管理工作者的再监督以及上级业务领导对下属工作人员在工程造价管理方面的监督和评价工作。而审计工作是指投资主体委托社会中介机构进行的第三方监督,而这种第三方监督具有间接性。

(4) 客观性　工程造价审计的过程与依据要符合被审项目的客观实际,审计的项目也必须客观,不得人为地加以夸大或缩小。

2. 工程造价审计的方式

根据项目建设每一阶段的特点不同、工作难点和要求的深度不同、工程规模的大小不同,工程造价审计有如下几种审计方式:

(1) 单审　由项目主管部门、建设单位、设计单位、施工单位、工程造价咨询机构等分别进行的审计。这种方式比较灵活,不受协作关系复杂的限制,适用于施工图预算阶段,招标投标阶段、工程结算阶段的审计,也可用于一般建设项目的投资估算阶段和设计概算阶段的审计。

(2) 分头审　由项目主管部门组织建设项目所涉及的各部门单位,分头审计建设项目中的部分内容,定期共同确定工程造价的审计。这种方式比较适用于时间紧、要求急的工程项目,并且主要用于中、小型建设项目投资估算阶段、设计概算阶段、竣工决算阶段工程造价的审计。

(3) 会审　由项目主管部门组织建设单位、设计单位、施工单位、工程造价咨询机构等共同组成审计小组，审计中可充分展开讨论。这种方式比较适用于质量要求高、时间紧的重点工程项目，并且主要用于建设项目投资估算阶段和设计概算阶段和竣工决算阶段工程造价的审计。

（4）委托审计　建设单位可以委托造价咨询机构进行造价审计。

4.1.3　工程造价审计的依据、内容及程序

1. 工程造价审计的依据

1) 经工程造价管理部门（或咨询部门）审核过的概算（含修正概算）和预算。
2) 有关设计图和设备清单。
3) 工程招标投标文件。
4) 合同文本。
5) 工程价款支付文件。
6) 工程变更文件。
7) 工程索赔文件等。

2. 工程造价审计的内容

（1）审计工程量　按工程量计算规则，逐项审计施工单位增加的工程量计算的正确与否，尤其对重要工程量，更应重点审计。

（2）审核单位工程造价　按单位工程计价程序，分别予以审定。重点审计计价项目有无多算或漏算；计算式、计算结果是否正确；计算基础和费率计取是否正确。

（3）费用的审核　根据相关资料及依据，在确保工程量和单位工程造价正确的情况下，审核费用是否合理正确。

3. 工程造价审计的程序

1) 施工单位编制建筑工程造价书，交监理单位。
2) 经监理单位审核后，监理单位和施工单位达成一致意见后，交建设单位。
3) 建设单位自审或请造价管理部门予以审核。
4) 由建设单位审批，并予以盖章。

4.2　投资估算审计

投资估算审计是对建设项目在项目建议书和可行性研究阶段所确定的投资估算额进行的审计，投资估算一经批准，即为建设项目投资的最高限额，一般情况下不得随意突破。通过审计投资估算的估算方法、编制依据、投资估算额是否确切，为项目的财务评价和经济分析提供正确的投资依据，从而保证项目决策的科学性及正确性。

4.2.1　工程项目投资估算审计的意义

投资估算是指在整个投资决策过程中，依据现有的资料和一定的估算方法，对工程项目的投资数额进行估计。在项目建议书阶段可以对投资额进行毛估、粗估、初步估算，而在项目可行性研究阶段对投资额进行控制估算。对投资估算进行审计具有以下重要意义：

1. 投资估算审计是确保项目决策正确性的重要前提

投资估算、资金筹措、建设地点、资源利用等都影响项目是否可行,由于投资估算的正确与否关系到项目财务评价和经济分析是否正确,从而影响项目在经济上是否可行。因此,必须对投资估算编制的正确性(误差范围)进行审计。

2. 投资估算审计为工程造价的控制奠定可靠的基础

在项目建设各阶段中,通过工程造价管理的具体工作,依次形成了投资估算、设计概算、施工图预算、招标控制价、投标报价、合同价款、期中结算价及工程结算价。只有采用科学的估算方法和可靠的数据资料,合理地计算投资估算,确保投资估算的正确性,才能保证其他阶段的造价能控制在合理的范围内,使投资控制目标得以最终实现。

4.2.2 投资估算审计的内容

1. 审计投资估算的编制依据

投资估算所采用的依据必须具有合法性、有效性、时效性和准确性。

(1)合法性 投资估算所采用的各种编制依据必须经过国家和主管部门的批准,符合国家有关编制政策规定,未经批准的不能采用。

(2)有效性 各种编制依据都应根据国家有关部门的现行规定进行,不能脱离现行的国家各种财务规定去做投资估算,如有新的管理规定和办法应按新的规定和办法执行,投资估算的编制要满足《建设项目投资估算编审规程》(CECA/GC 1—2015)中的相关规定。

(3)时效性和准确性 项目投资估算所需的数据资料很多,例如,已运行的同类型项目的投资、设备和材料价格、运杂费率、有关的定额、指标、标准以及有关规定等,这些资料都与时间有密切关系,都可能随时间发生不同程度的变化。因此,进行投资估算审计时必须注意数据的时效性和准确性。

2. 审计投资估算的构成内容

审核投资估算构成内容的核心是防止编制投资估算时多项、重项或漏项,保证内容准确合理。需从以下几方面予以重点审核:

1)审核费用项目与规定要求、实际情况是否相符,估算费用划分是否符合国家规定,是否针对具体情况做了适当增减;是否包含建设工程投资估算、安装工程投资估算、设备购置投资的估算及工程建设其他费用的估算。

2)审核投资估算的分项划分是否清晰,内容是否完整,投资估算的计算是否准确,是否达到规定的深度要求。

3)审核是否考虑了物价变化、费率变动等对投资额的影响,所用的调整系数是否合适。

4)审核现行标准和规范与已建设项目当时采用的标准和规范有变化时,是否考虑了上述因素对投资估算额的影响。

5)审核拟建项目是否对主要材料价格的估算进行了相应调整。

6)审核工程项目采用高新技术、材料、设备及新结构、新工艺等,是否考虑了相应费用额的变化。

3. 审计投资估算的方法和计算的正确性

工程项目的投资估算方法分静态估算方法和动态估算方法,并且根据投资项目的特点、行业类别可选用的具体方法很多。要重点分析所选择的投资估算方法是否恰当。一般来说,供决策用的投资估算,不宜使用单一的投资估算方法,而是综合使用集中投资估算方法,相互补充,相互校核。

4. 其他审核内容

投资估算是否经过评审,是否进行了优化,投资估算是否得到批复等。

4.2.3 投资估算审计的方法

投资估算审计方法的选用,应根据估算的精度要求进行,因为投资估算的正确与否对项目财务评价和经济分析有着至关重要的影响,同时又对下一阶段的设计概算起到控制作用。国家规定,投资估算与初步设计阶段概算比较,不应大于10%,否则项目应重新报批。因此,在投资估算审计时应按投资估算的内容要求,进行全面审计,针对每项内容的特点可具体采用对比分析和查询核实等方法,要在分析具体原因之后进行费用的调整。凡需调整投资估算的,应提出《投资估算审计调整对比表》,并逐项说明投资增减的原因,提出调整投资内容,减少初期投入的意见和措施等。

审计时可采用以下方法测算项目投资额,作为判断可行性研究各阶段投资估算精确可靠程度的依据。具体方法如下:

1. 单位生产能力审计法

$$投资估算 = 单位生产能力投资额 \times 项目设计生产能力 \tag{4-1}$$

2. 比例审计法

$$投资估算 = \frac{新投资项目主要设备投资}{同类项目主要设备投资占总投资比} \tag{4-2}$$

3. 指数审计法

$$y_2 = y_1 \left(\frac{x_2}{x_1}\right)^n \tag{4-3}$$

式中 y_1、y_2——投资项目和同类投资项目的投资额;
x_1、x_2——投资项目和同类投资项目的生产能力;
n——指数,视情况而定,通常为0.6。

【例4.1】 某新建化工项目投资估算审计。

背景资料:某新建化工项目采用新工艺,拟生产国内市场急需的某特种材料,计划年产量15万t。此项目属扩建工程,建在原有厂区内,故不需要新征土地,没有大量土方工程,并可利用原厂区公用工程和辅助设施,而厂区已与一条专用铁路、一条高等级公路相通,原材料、燃料和动力供应充足。

根据可行性研究报告,该项目计算期16年,其中建设期3年,投产期3年。项目投资估算17 445.75万元(含外汇708.77万美元),财务内部收益率为14.76%,通过对项目进行财务效益分析和财务不确定分析,得知该项目在经济上可行,但项目具有一定投资风险,项目社会效益较好。

解:采用会审方式组织专家评审,经专家审计对比,核实情况如下:

1. 投资估算编制依据审计

专家审计组对投资估算的编制依据进行了详细鉴定分析,认为该项目选取投资估算定额和税费符合规定,引进设备价格是按类似工程估算;国内设备、材料价格按中国石油化工集团公司相关材料价格规定和《机械产品目录》及产品样本等选用,每年按6%的涨价系数换算到报告编制年份;安装工程根据中国石油化工集团公司文件《石油化工安装工程概算指标》及类似工程的指标对比估算;外汇汇率、关税、增值税和海关费等经核实基本按现行规定和当前情况估算;固定资产方向调节税根据《固定资产投资方向调节税石油化工行业税注释》(计投资〔1996〕312号)规定:特种橡胶和大中型合成橡胶税率按零税率计算等。其投资估算编制依据经审计,认为合法、有效。

2. 投资估算编制内容和方法的审计

专家审计组经过对投资估算编制内容和方法的审计,认为投资估算内容编制比较完整,静态估算选用方法合理,计算正确无误;动态估算选用方法合理,基本预备费和建设期价差预备费均按可行性研究投资估算费用计列基本正确,建设期利息计算正确,税费计算基本正确。因此,不存在有意压价或高估冒算。

现需要调整的主要内容:

(1) 国外引进部分

1) 专家组审计认为软件费用偏高,审减58.77万元。

2) 引进设备的关税和增值税偏低,应增加470.63万元。

(2) 国内部分 原可行性研究报告中投资估算没有考虑污水处理厂改造费用200万元,审计后认为应补充进来。

(3) 预备费 基本预备费可不作考虑,但是价差预备费应做如下调整:

1) 原可行性研究报告中没有考虑外汇汇率的变化,审计调整为1 568.21万元(含外汇85.05万美元),增加156万元。

2) 设备、材料价差相应调整444.06万美元。

(4) 建设期利息 由于固定资产投资调整,增加807.64万元的贷款,建设期利息由原来的1 644.11万元(含外汇98.27万美元),调整为1 745.71万元(含外汇107.13万美元)。

根据上述投资估算调整,审计该项目固定资产投资总额为17 844.71万元(含外汇802.68万美元),比原来可行性研究报告固定资产投资额增加909.24万元(含外汇88.05万美元)。

3. 铺底流动资金审计

可行性研究报告中的流动资金占用额是按2个月工厂成本计算(扩大指标法)。该项目根据调整后的工厂成本重新计算流动资金占用额为1 750.67万元,比可行性研究报告增加49.75万元。由于生产工厂用的原料和辅助材料绝大部分是公司内部供应,审计认为要做好产供销的管理。流动资金估算是正确的,则铺底流动资金由510.28万元,调整至525.20万元。

4. 工程项目投资估算审计

审计后工程项目投资估算总额18 369.91万元(含外汇802.68美元),比项目可行性研究报告总投资增加924.16万元,其中固定资产投资增加909.24万元,铺底流动资金增加14.92万元。投资估算审计调整对比表见表4-1。

表 4-1 投资估算审计调整对比表

工程名称：　　　　建设项目　　　　　　　　　　　　　单位：人民币（万元）；外币（万美元）

序号	主项号	工程或费用名称	原可行性报告估算值		审计后估算值		审计增减值	备注
			人民币合计	含外汇	人民币合计	含外汇		
一		工程费用						
	（一）	国外引进部分	5 664.27	602.00	6 076.13	602.00	411.86	
	1	软件费	2 997.47	318.58	2 938.70	318.58	−58.77	
	2	设备费	2 666.80	283.42	3 137.43	283.42	470.63	
	（二）	国内部分	5 962.36		6 160.96		198.60	
	1	主体工程	5 545.47		5 545.47			
	2	配套工程	285.05		285.01			
	3	污水厂改造			200.00		200.00	
	4	拆除工程	125.00		125.00			
	5	工具生产家具购置	6.84		5.44		−1.40	
		小计	11 626.63	602.00	12 237.09	602.00	610.46	
二		其他费用						
	1	土地征用费						
	2	勘察设计费	300.00		300.00			
	3	其他	485.32	8.50	472.85	8.50		
		小计	785.32	8.50	772.85	8.50	−12.47	
三		预备费						
	（一）	基本预备费						
	（二）	价差预备费						
	1	汇率调整	1 412.21		1 568.21	85.05	156.00	
	2	价差调整	1 467.20		1 520.85		53.65	
四		投资方向调节税						
五		建设期利息	1 644.11	98.27	1 745.71	107.13	101.60	
		固定资产投资总额	16 935.47	708.77	17 844.71	802.68	909.24	
六		辅导流动资金						
	1	流动资金	(1 700.92)		(1 750.67)		(49.75)	
	2	铺底流动资金	510.28		525.20		14.92	
		工程项目投资总额	17 445.75	708.77	18 369.91	802.68	924.16	

4.3 设计概算审计

设计概算审计就是对在初步设计阶段或扩大初步设计阶段所确定的工程造价进行的审计。可行性报告中的投资估算是整个项目投资控制的主要依据，故设计概算应在投资估算的控制范围内进行。

4.3.1 设计概算审计的意义

1. 设计概算审计是工程项目投资管理的一个重要环节

设计单位在编制完成设计概算后，首先在内部进行初步审计，然后再按规定的报批权限，在设计文件报批的同时报批概算文件，批准后的设计概算不能任意修改突破，如必须突破、增加投资，需申请原批准单位重新审批。

2. 设计概算审计有助于提高工程项目的投资效益

经审计的设计概算为工程项目投资的落实和下阶段推行限额设计和编制施工图预算提供了依据，有助于提高工程项目的投资效益。

3. 设计概算审计既是投资估算贯彻执行的手段，也是投资控制的手段

通过对工程项目的投资规模核定，判定设计概算是否符合投资估算的控制原则，使工程项目总投资做到准确、完整，为工程项目投资管理提供技术支持。也可避免故意压低概算投资，搞"钓鱼"项目，最后导致实际造价大幅度突破概算。

4. 设计概算审计能促使设计概算编制更加完善准确

设计概算审计，可以促使概算编制单位或人员提高业务水平，严格执行国家有关工程概算编制的相关规定和政策要求，从而提高概算编制的质量，使其更加完善准确。

5. 设计概算审计有助于合理确定和有效控制工程造价

设计概算与经过审计批准的投资估算相比较，其误差应控制在合理的范围内，其偏高或偏低，不仅会影响工程造价的控制，也会影响项目投资计划管理及资金的合理分配。

6. 设计概算审计有助于促进设计水平的提高

设计概算中的技术经济指标，是设计方案的技术性与经济性的综合反映。通过对这些指标的分析比较，可判定设计方案是否技术先进、经济合理，促进设计人员业务水平的提高。

4.3.2 设计概算审计的内容

1）审计工程造价管理部门向设计单位提供的计价依据的合规性。

2）审计建设项目管理部门组织的初步设计及概算审查情况，包括概算文件、概算的项目与初步设计方案的一致性、项目总概算与单项工程综合概算的费用构成的正确性。

3）审计概算编制依据的合法性等。

4）审计概算具体内容包括设计单位向工程造价管理部门提供的总概算表、综合概算表、单位工程概算表和有关初步设计图的完整性；组织概算会审的情况，重点检查总概算中各项综合指标和单项指标与同类工程技术经济指标对比是否合理。

4.3.3 设计概算审计的方法

设计概算的审计方法有对比分析法、查询核实法和联合会审法。采用适当方法进行审计设计概算是确保审计质量、提高审计效率的关键。设计概算审计方法具体见表 4-2。

表 4-2 设计概算审计方法

方法	内容
对比分析法	对比分析法主要是指通过建设规模、标准与立项批文对比，工程数量与设计图对比，综合范围、内容与编制方法、规定对比，各项取费与规定标准对比，材料、人工单价与统一信息对比，技术经济指标与同类工程对比等
查询核实法	查询核实法是对一些关键设备和设施、重要装置、引进工程图不全、难以核算的较大投资进行多方查询核对，逐项落实的方法
联合会审法	联合会审前，可先采取多种形式分头审计，包括设计单位自审，主管、建设、施工单位初审，工程造价咨询公司评审、邀请同行专家预审、审批部门复审等，经层层审计把关后，由有关单位和专家进行联合会审

4.3.4 设计概算审计的步骤

建设项目设计概算审计程序一般包括设计概算审计准备和设计概算审计实施两个环节，其具体审计步骤如图 4-1 所示。

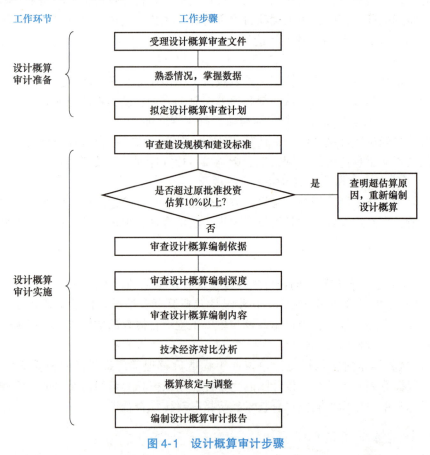

图 4-1 设计概算审计步骤

4.3.5 设计概算审计的成果及其他问题

审计后,审计人应提交一份完整的审计报告,并对审计的组织形式和调整概算进行说明。

1. 审计报告要求

对在审计中发现的问题和偏差,应按照单项工程、单位工程的顺序目录用分类整理的方式提交审计报告。先按设备费、安装费、建筑费和工程建设其他费用分类整理;然后按静态投资、动态投资和铺底流动资金三大类,汇总核增或核减的项目及其投资额;最后将具体审核数据,按照"原编概算""审计结果""增减投资""增减幅度"四栏列表,并按原总概算表汇总顺序,将增减项目逐一列出,相应调整所属项目投资合计,再依次汇总审核后的总投资及增减投资额。

2. 审计组织形式

对于中、小型项目,一般选用单审、分头审的方式进行,这样可以节约大量人力、物力和时间,并能取得满意的效果,但对一些大型项目、特大型项目和全国重点项目一般选用会审的方式,又称联合会审法。联合会审前,可先采用多种形式的单审、分头审和会审,包括设计单位自审,主管部门、建设、承包单位初审,工程造价中介机构评审,邀约同行专家预审,审批部门复审等,经层层把关后,由有关单位和专家进行联合会审。在联合会审上,由设计单位概算编制人员介绍编制情况及有关问题,各有关单位、专家汇报初审和预审意见,然后进行认真分析、讨论,结合对各专业技术方案的审计意见所产生的投资增减,逐一核实原概算存在的问题和偏差。经过与会人员充分协商,认真听取设计单位意见后,实事求是地处理、纠正、调整这些问题和偏差。对于差错较多、问题较大或不能满足要求的,责成编制单位按联合会审意见修改返工后,重新报批;而对于无重大原则问题,深度基本满足要求,投资增减不多的,应当场核实概算投资额,并提交审批部门复核后,正式下达审批概算。

3. 调整概算的审计

调整是对原概算中不符合项目建设实际需要部分的修改和补充,故在进行调整概算审计时,应注意审计调整概算的合法性、合理性。一要审计调整概算的审批手续是否完整;二要审计调整概算范围的合理性,应对照投资包干协议和承发包合同及有关政策规定进行;三要结合建设期建设内容的增减变动,设备、材料的上下调整以及概算定额和取费标准的变化审计调整的准确性。

【例 4.2】 某国家重点项目设计概算审计。

背景资料:20 世纪 90 年代国家某重点建设项目,经审计小组专家评审、核实,发现项目建设投资管理不严,设计概算多列,问题十分严重。特别是设计概算高估冒算情况突出,共涉及违纪金额 21 452.7 万元人民币。审计情况如下:

1)概算多计引进设备外汇兑换差 19 668.9 万元。项目引进设备应计概算投资 75 600 万元。按 20 世纪 90 年代我国政府规定:中国银行仍按 1 外币折合 1.2 元人民币的固定比价与用户结算,差额按实际亏损由财政部补贴给经贸部计算而得,但是建设项目上级有关部门却批准按 1 外币折合 1.277 元人民币计算进口投资,如此则计为 76 904.1 万元,多计取 1 304.1 万元。除此之外,还在概算中另列外汇兑换差 18 364.8 万元,两项共计概算

19 668.9 万元。

2）多计预备费 648 万元。根据当时《某工业项目基本建设引进设备概预算编制办法》应列预备费 6 382.8 万元，但该项目实际却列 7 030.8 万元，多计列 648 万元。

3）在概算总投资中，漏列应冲减的设备包装费残值回收金，形成多列设计概算 120 万元。

4）在概算中重复计算利润，故多计取利润 1 015.8 万元。

4.4 施工图预算审计

施工图预算是设计概算的进一步具体化，它既受设计概算的控制，又是下阶段造价控制的依据。施工图预算审计是对施工图设计阶段所确定的工程造价进行的审计，主要检查施工图预算的量、价、费计算是否正确，计算依据是否合理。

4.4.1 施工图预算审计的意义

1. 施工图预算审计有利于正确贯彻执行国家工程建设投资管理制度

加强施工图预算的审计，有助于提高预算造价的准确性，以利于国家或业主对工程项目建设投资规模的控制和管理，是正确贯彻执行国家有关方针政策的重要环节。

2. 施工图预算审计有利于工程造价的控制

施工图预算造价是项目造价控制中的重要环节，它既要受设计概算的控制，是设计概算进一步具体化和深入化，又要起到控制下一阶段工程项目实施的施工承包合同价的作用，另外，加强施工图预算审计可以促使建设单位树立经济观念，降低工程成本、节约建设资金。

3. 施工图预算审计有利于施工承包合同价的合理确定和控制

经审计的施工图预算，对于招标工程，它是编制招标控制价的依据；对不宜招标工程，它是合同价款结算的基础，因此，对施工承包企业编制的施工图预算的审计，是合理确定合同价的有效措施。施工图预算既要受设计概算的控制，又要起到控制下一阶段工程项目实施的施工承包合同价的作用，因此，施工图预算造价一方面要防止超越设计概算，另一方面又必须控制得住施工承包合同价。

4. 施工图预算审计有利于积累和分析各项技术经济投标，促使设计人员树立经济观念，不断提高设计水平

通过审计施工图预算，为积累和分析技术经济指标提供了准确依据，通过有关技术经济指标的比较分析，找出设计中的薄弱环节，以便及时改进设计，不断提高设计水平。

4.4.2 施工图预算审计的内容

施工图预算审计的重点，应放在工程量的计算与设备材料价格取定是否正确，各项应计取费用标准是否符合现行有关规定等方面。其次，应按施工图预算构成费用，审计是否有增项或漏项情况，汇总计算是否正确等。

1. 审计工程量

工程量的审计是施工图预算审计中工作量最大且烦琐的工作，需要审计人员熟悉掌握工程量的计算规则和设计施工图，熟悉各分部分项工程的施工技术和施工组织，耐心细致地核

对工程量的计算方法和结果。有时为减轻审计工作量，可先行对一些容易出现问题的分项工程进行抽查，如没有发现较大的问题，则可认为工程量的计算基本正确；如出现较大的问题或出问题的数量较多，则应一一列项进行审计。采用工程量清单报价的，要检查其符合性。在设计变更，发生新增工程量时，应检查工程造价管理部门与工程管理部门的确认情况。

容易出现问题的分项工程一般有：工程量计算规则容易混淆的分项工程；定额项目综合工程内容较多的分项工程；使用范围有限制的分项工程；需要现场核实的分项工程；结构复杂和价值大的分项工程。具体审计应注意的内容有：

（1）建筑面积　对建筑面积工程量的审计，必须以现行的《建筑工程建筑面积计算规范》（GB/T 50353）为准；建筑面积计算方法的审计应注意其计算是否正确，是否符合建筑工程建筑面积计算规范的规定和要求；建筑面积审计中应区分计算建筑面积的范围与不计算建筑面积的范围有无混淆。

（2）土方工程　平整场地、挖基槽、挖基坑、挖土方工程量的计算是否符合现行定额计算规定；其土体类别、土方边坡、土壁支护是否与勘察、设计要求一致，土方开挖方式及运输方式是否与施工组织设计一致，有无重算和漏算；回填土方应注意基槽、基坑回填土的体积是否扣除了基础所占体积，地面和室内填土的有效厚度和土料选用是否符合设计要求，回填施工方法是否符合施工方案的要求；运送土方的审计除了注意运土距离外，还要注意运土数量是否扣除了就地回填的土方，外购土方是否符合施工组织设计要求。

（3）桩基础工程　各种不同的桩料必须分别计算，施工方法必须符合设计的要求；桩料长度必须符合设计要求；对接桩审计时，注意审计接头数是否正确；对打试桩、送桩等现场实际是否已有考虑。

（4）砌筑工程　墙基和墙身的划分、柱基和柱身的划分，是否符合定额规定；不同厚度的内、外墙是否按规定划分计算，墙高度的计算是否符合规定要求，门窗洞口及埋入墙体的各种钢筋混凝土梁、柱等是否已扣除；不同强度等级砂浆的墙体和定额规定按立方米或平方米计算的墙，有无混淆、错算或漏算。

（5）混凝土与钢筋混凝土工程　现浇与预制混凝土及预应力混凝土构件是否分别计算，有无混淆；现浇柱与梁、主梁与次梁、有梁板与无梁板的柱高及各种构件长度计算是否符合定额规定，有无重算或漏算；有筋与无筋构件是否按设计规定分别计算，有无混淆；钢筋工程量计算中，构造筋、分布筋、弯钩增加长度等有无漏算、重算；钢筋混凝土的含钢量与预算定额的含钢量发生差异时，是否按规定予以增减调整；模板工程量中定额规定按平方米或立方米计算的，有无混淆、错算。

（6）门窗及木结构工程量　门窗是否分不同种类及框断面，按门窗洞口面积计算或樘数计算；卷闸门的计算是否符合规定；木装修的工程量是否按规定分别以延长米或平方米计算木结构的工程量计算是否符合规定。

（7）楼地面工程　楼梯、台阶的面层是否按水平投影面积计算；垫层、找平层、整体面层、块料面层计算是否符合规定；散水坡、防滑坡道、防滑条、明沟、踢脚板、栏杆、扶手的计算单位是否符合规定；细石混凝土，水泥砂浆的设计强度等级和厚度与定额强度等级和厚度不相同时，是否按定额规定进行换算。

（8）屋面及防水工程　卷材屋面工程是否与屋面找平层工程量相等，是否考虑翻边面积的计算；屋面保温层的工程量是否按屋面层的建筑面积乘以保温层平均厚度计算，不做保温层的挑檐部分是否按规定不做计算；平面与立面相接处防水层是否按规定划分平面防水与立面防水；防水层中"二布三涂"或"三布六涂"中的"三涂""六涂"是指涂料构成防水层的层数，而非指涂料的遍数，审计中应注意；分清刚性防水及柔性防水，刚性防水层中钢筋是否漏算。

（9）构筑物工程　当烟囱和水塔定额是以座编制时，地下部分已包括在定额内，按规定不能再行计算。审计是否符合要求、有无重算；当烟囱和水塔定额基础和筒身分开编制时，基础和筒身的划分是否符合定额规定。

（10）装饰工程　内墙面抹灰工程量是否按墙面的净高度和净宽计算，有无重算或漏算；外墙面、顶棚抹灰及油漆、涂料、裱糊工程量计算是否符合定额规定，注意其计算单位是否与定额规定单位相符。

（11）金属构件制作工程　金属构件制作工程量多数按图示尺寸以吨为单位计算。审计时注意切边的重量、焊条、铆钉、螺栓等重量均已包括在定额内，不得另行计算；金属构件在计算时，型钢按图示尺寸求出长度，再乘以每延长米的重量；钢板要求算出面积再乘以每平方米的重量，审计是否符合规定；审计不规则或多边形钢板面积时，均按最大对角线与最大宽度的乘积所得矩形面积计算，审计是否符合规定。

（12）构件运输及安装工程量　预制构件、各类砌块、钢结构构件、各类门窗的运输工程量计算单位及构件运输类别的划分是否符合定额规定；各类构件运输定额已综合考虑道路情况，不得因道路条件不同而修改定额，除非发生道路加固、拓宽等原因需另行处理；各类构件安装应按已审批的施工方案进行定额调整，一般采用原定额乘以调整系数的方法计算，审计是否符合定额规定。

（13）脚手架及垂直运输工程量　砌筑脚手架、现浇钢筋混凝土脚手架、装饰脚手架、其他用途脚手架的工程量计算是否符合定额规定，有无混淆、重算或漏算。审计时应注意满堂脚手架、围墙脚手架、独立柱脚手架的计算及脚手架材质的选择；垂直运输是按费用形式计入，应区分不同建筑物结构类型及高度，按建筑面积以平方米计算，审计是否符合定额规定；建筑物超高降效费用审计。建筑物超高一般引起人工、机械效率降低，从而增加人工费和施工机具使用费以及施工用水加压费，定额中一般采用降效率指数计算增加的费用，审计是否符合定额规定。

2. 审计设备、材料的价格

设备、材料价格在施工图预算造价中占比重最大，并且价格弹性也最大，因此必须重点审计，逐一核实。

1）审计设备、材料的价格是否符合工程项目所在地的真实价格水平。如果采用市场价，应核实其合法性、真实性、可靠性；若是采用主管部门公布的信息价时，要注意其公布时间、地点、适应范围是否符合要求，且判定是否需要按规定进行调整。

2）审计设备、材料的原价确定方法是否正确，进口设备、材料更应注意其原价的确定与有关规定是否相符。非标准设备的原价确定时应注意其计价依据、方法是否合理，计算是否正确。

3）审计设备运杂费的计算是否正确，材料价格的各项费用的计算是否正确。

3. 审计预算单价的套用

审计预算单价套用是否正确，也是施工图预算审计工作的主要内容之一。应审计是否套用规定的预算定额、有无高套和重套现象；审计定额换算的合法性和准确性；审计新技术、新材料、新工艺出现后的材料和设备价格的调整情况，审计市场价的采用情况。具体应注意以下几个方面：

（1）预算中所列各分项工程预算单价是否与现行定额的预算单价相符　其名称、规格、计量单位和所包括的工程内容是否一致。可以直接套用定额预算单价的分项工程应满足如下条件：

一个单位工程的分项或子项工程根据施工图的要求在定额中查到后，如果与定额中的相应分项或子项的名称、工程内容、工作内容完全相同，或者虽然有些不同，但定额不允许换算时，都可以直接套用定额中的预算单价，作为计算每一相应分项或子项工程合价的依据。在定额中，绝大多数分项或子项工程的定额单价可以直接套用。其审计方法和内容如下：

1）定额的相应目录中，找出相应的分部分项工程的名称和所在的页数。

2）在定额的相应页数找出相应分项或子项工程名称，并按照施工图的要求与定额规定的工程内容、工作内容、计量单位及规格相比较，当完全或基本一致时，则可直接套用这个分项或子项的定额单价。

3）确定所套用的定额单价、定额编号、计量单位以及人工费、材料费、施工机具使用费是否完整地、正确地反映在预算表的相应栏目中。

（2）审计换算单价　首先要审计换算的分项或子项工程量是否是定额中允许换算的，其次审计换算方法和计算是否正确。

定额单价换算是指把定额中规定的内容与施工图要求的内容不一致的部分，进行调整，取得相一致的过程。通常允许换算的内容多为砂浆、混凝土、木门窗框断面等，审计时应按定额规定执行。其审计方法和内容为：

1）砂浆、混凝土强度等级价差换算：

$$换算后的定额单价 = 原定额单价 \pm (应换出半成品单价 - 应换入半成品单价) \times 该半成品定额数量 \tag{4-4}$$

2）砂浆、混凝土厚度价差换算：

$$换算后的预算单价 = 定额单价 \pm \left[\left(\frac{相应材料定额用量}{相应材料定额厚度} \right) \times 增减厚度 \right] \times 相应材料单价 \tag{4-5}$$

（3）审计补充定额和单位估价表的编制是否符合编制原则、是否正确　补充定额和单位估价表，是确定工程预算造价时，对预算定额中缺少的项目进行补充。其编制必须与现有定额编制原则，所用基础资料相一致。补充定额单价的审计，应着重于补充单价计算过程、工程内容和计量单位的审计，特别是工程内容方面的审计。

4. 审计有关费用项目及其计取

直接工程费可由分项或子项工程量乘以相应分项或子项定额单价再汇总求得。措施费、规费及企业管理费等与施工任务相联系，不易计算其绝对数值，所以只能以百分比，即采用确定计取费率的办法来解决，而且材料价差、利润及税金也是如此，故审计有关费用项目及其计取也是施工图预算审计的主要内容之一。

有关费用项目的计取审计，要注意以下几个方面：

1）规费、措施费及企业管理费的计取基础是否符合现行规定。计取基础所包括内容是否完整，数值是否正确；计取费用的工程类别、费率标准的选择是否恰当，有无选错；计算过程及结果是否正确。

2）材料差价审计中应注意区别主要材料差价与地方材料差价的计算方法是否正确。

3）利润是根据工程项目的不同投资来源或工程类别，实行差别利率。目前各地的计取基础和计取利率不同，审计时应按当地有关规定执行。

4）税金计取基础、税率是否正确，审计时应按现行"营改增"规定执行。城市维护建设税和教育费附加有否遗漏。

5. 审计有无巧立名目，乱计费、乱摊派现象

除了重点审计工程量、预算单价及费用计取外，审计人员还应注意各项目的列举是否属实、计费是否符合现行规定、是否有将发生的和工程造价无关的费用摊派到该工程项目上的现象，即有无巧立名目，乱计费、乱摊派。在我国工程造价改革，推行工程量清单计价的背景下，审计人员应审查该工程项目所列项目是否符合《建设工程工程量清单计价规范》（GB 50500—2013）、工程量清单项目编制是否符合《房屋建筑与装饰工程工程量计算规范》（GB 50854—2013）及项目所在地相关规定，如是否有超出分部分项工程费、措施项目费、其他项目费、规费和税金以外的项目，各项取费的标准是否正确，工程量清单中所列名称和相应数量等是否符合规定等。该类审计往往在上述量、价审计中同时进行，审计人员在审计报告中可将其列举在量价不合规项目中，也可单独列举所发现的巧立名目现象。该类型的审计目的在于规范工程造价确定行为，实现对工程造价的合理化监管。

6. 审计有些按实计算的费用项目是否成立，计算是否正确等

按实计算的费用，顾名思义，是指工程建设中实际发生的项目所产生的费用，这些按实项目主要产生于措施项目费和安全文明施工费中。审计人员应首先确定该工程项目的计价方式，如项目为总价包干模式，则该施工图预算中出现了按实计算的费用项目属于上述所述巧立名目，应在审计报告中明确列出。若确有按实计算的费用项目，如措施项目费中的脚手架费、垂直运输机械费、大型机械进出场费，安全文明措施费中的土石方支护、施工现场噪声控制等费用，审计人员应首先通过实地走访、询问、合同查询等方式确定此类项目发生的事实，再确定其费用是否合理。在《工程造价改革工作方案》（建办标〔2020〕38号）明确不再发布预算定额的背景下，该类取费常通过市场询价、自主报价或竞争定价的方式形成，审计人员应相应确定并比对该类造价。需要注意的是，规费和税金应按国家或省级、行业建设主管部门的规定计算，即该类定价不具有竞争性。

4.4.3 施工图预算审计的方法

审计施工图预算的方法主要有：全面审计法、标准预算审计法、重点审计法、分解对比审计法、分组计算审计法、筛选审计法等。其具体内容见表4-3。

表4-3 施工图预算审计方法

审计方法	具体内容
全面审计法	全面审计法又称逐项审计法，就是按预算定额顺序或施工顺序，对施工图预算中的项目逐一地全部进行审计的方法。此方法的优点是全面、细致，经过审计的预算差错少，质量高；缺点是工作量大。 此方法适用于一些工程量较小、工艺较简单的工程

(续)

审计方法	具体内容
标准预算审计法	对于利用标准图或通用图施工的工程，先集中力量，编制标准预算，并以此为标准审计预算的方法。这种方法的优点是时间短、效果好、好定案；缺点是适用范围较小。此方法只适用于对按标准图施工的工程
重点审计法	抓住预算中的重点进行审计的方法，称重点审计法。通常对选择数量大或价值高的工程量、补充单价、各项取费（计费基础、取费标准）等进行重点审计。该方法具有重点突出、审计时间短、效果好的特点
分解对比审计法	在一个地区或一个城市内施工，如果采用标准施工图或复用施工图的单位工程，其预算造价应当是相同的。虽然因建设地点、施工条件、运输条件等不同，使工程造价有所不同，但可以利用对比方法，先把拟审的同类型工程预算造价与已审定的工程预算造价进行对比。如果出入不大，就可以认为该工程预算问题不大，可以不再审计；如果出入较大，需要找出原因，可把拟审的预算造价按直接工程费及措施费、规费及企业管理费等进行分解，然后再把直接工程费及措施费按分部分项工程进行分解，边分解边对比，哪里出入较大，就进一步审计哪一部分工程项目与价格，直到把问题查出来为止
分组计算审计法	分组计算审计法是一种加快审计速度的方法。它把预算中的工程项目划分为若干组，并把相邻的在工程量计算上有一定内在联系的项目编为一组，审计或计算同一组中某个分项工程的实物数量，利用它们工程量之间具有相同或相似计算基础的关系，判断同组中其他几个分项工程量计算的准确性
筛选审计法	筛选审计法也是一种对比方法，建筑工程中各个分部分项工程的工程量、造价、用工量在每个单位面积上的数值变化不大，把这些数据加以汇集、优选，找出这些分部分项工程在每单位建筑面积上的工程量、价格、用工的基本数值，归纳为工程量、造价、用工量三个单方基本值表，并注明其适用的建筑标准。这些基本值如"筛子孔"，用来筛分各分部分项工程，筛下去的就不审了，没有筛下去的就意味着此分部分项工程的单位建筑面积数值不在基本值范围内，应对该分部分项工程详细审计。筛选法的优点是简单易懂、便于掌握、审计速度快、发现问题快

【例 4.3】 某六层矩形住宅，底层为 370 墙，楼层为 240 墙，建筑面积 1 800m²，砖墙工程量的单位建筑面积用砖指标为 0.47，而该地区同类型的一般住宅工程（240 墙）测算的砖墙用砖耗用量综合指标为 0.42。试分析砖墙工程量计算是否正确。

解：该住宅底层是 370mm 厚墙，而综合指标是按 240mm 厚墙考虑，故砖砌体量大是必然的，但用砖指标 0.47 是否正确。

可按以下方法测算：

底层建筑面积：

$$S_{底} = (1\,800/6)\,m^2 = 300m^2$$

设底层也为 240 墙，则底层砖体积为：

$$V_{底} = (300 \times 0.42)\,m^3 = 126m^3$$

当底层为 370 墙，则底层砖体积为：

$$V'_{底} = 126m^3 \times 370/240 = 194.25m^3$$

该建筑砖体积 V 为：

$$V = [(1\,800 - 300) \times 0.42 + 194.25]\,m^3 = 824.25m^3$$

该建筑砖体积比综合指标（240 墙）多用砖体积为：
$$V_D = (824.25 - 1\,800 \times 0.42)\,\mathrm{m}^3 = 68.25\,\mathrm{m}^3$$
每单位建筑面积多用砖体积为：
$$(68.25/1\,800)\,\mathrm{m}^3 = 0.04\,\mathrm{m}^3$$
与 0.47−0.42＝0.05 不一致，说明工程量计算存在问题。

4.4.4 施工图预算审计的步骤

1. 做好审计前的准备工作

1) 熟悉施工图和所采用的标准图集。施工图是编制预算分项数量的重要依据，必须全面熟悉了解、核对所有图纸（含采用的标准图集），清点无误后，依次读图。

2) 搜集并了解经审批的施工组织设计和合法有效的地勘资料。施工方案与所采用的定额规定内容不一致的分项工程内容，审计时予以注意。

3) 了解预算包括的内容、范围。根据预算编制说明，了解预算包括的工程内容，如配套设施、室外管线、道路以及图纸会审后的设计变更等，弄清预算各表之间以及表与文字说明之间的关系，分析其经济指标，为进一步审计工作做好准备。

4) 弄清预算所采用的单位估价表。任何单位估价表或定额都有一定的适用范围，应根据工程性质、所在地区，搜集相应的单价和定额资料。

2. 选择审计方法，审计相应内容

由于工程所处地区不同，规模不同，复杂程度不同，施工技术不同，编制人员水平不同等，所编制的工程预算质量好坏不一样，因此，需选择适当的方法进行审计。

3. 整理审计资料并调整定案

经审计的施工图预算资料，先应与编制单位交换意见，协商统一后，双方签字确认，再综合整理编制调整预算，审减（增）表及审计情况说明。故需提交委托方下列审计资料：

1) 施工图预算审计报告。
2) 按委托要求数量提交经审计后的施工图预算书。
3) 审计结果汇总表。

4.5 工程量清单计价审计

工程量清单计价是市场经济的产物，主要适用于建设工程发承包结算及实施阶段的计价活动，它是我国现行的招标投标计价活动中的一种与国际接轨的计价方式。

4.5.1 工程量清单计价审计的意义

（1）有利于工程投资控制，维护各方的利益　工程量清单计价审计中，首先必须对业主提出的工程量清单进行审计，避免出现工程量错算、重算或漏算，以免给项目管理带来困难，造成投资控制失控，从而维护各方利益。

（2）有利于促使承包商提高自身管理能力和竞争力　承包商的自主报价，包括了许多因素，一方面是企业定额的完善，另一方面是其施工技术和管理水平的提高。通过工程量清单计价审计，可以帮助企业找出差距，以利于其改进、发展，提高其认识水平和管理能力。

（3）有利于工程造价管理人员、从业人员水平的提高　工程造价管理人员、从业人员通过工程量清单计价的学习、编制、审计，转变自身观念，在积累了大量工作经验后，其自身素质和业务水平会逐渐提高。

4.5.2　工程量清单计价审计的内容

工程量清单计价审计应从市场经济角度及工程量清单计价特点出发，维护市场主体双方的根本利益，确保其在我国社会主义市场经济的建设中发挥出应有的作用。其审计可从以下几个方面进行：

1. 审计合法性和有效性

工程量清单与工程量清单计价表要求签字、盖章的地方，必须由规定的单位和人员签字、盖章，以使其合法有效，删除和涂改之处必须签章。

2. 审计工程量清单

（1）审计总说明　总说明的内容是否符合现行《建设工程工程量清单计价规范》要求，是否完整、真实。用词是否准确，会不会引起误解。

（2）审计分部分项工程量清单　项目编码、项目名称、项目特征、计量单位和工程数量是否符合现行《建设工程工程量清单计价规范》的规定，有无错项、漏项，工程量计算是否正确。审计补充项目的编制是否符合规范要求，是否附上了补充项目的名称、项目特征、计量单位、工程量计算规则和工作内容。

（3）审计措施项目清单　审计保障性措施项目和技术性措施项目是否分别按各自规定的编制方式进行编制；是否依据招标文件、图纸及现场情况、工程特点和施工方法计列完整、有无错漏，是否符合现行《建设工程工程量清单计价规范》要求；技术性措施项目清单工程量是否计算准确、项目特征描述是否完整，规范中没有的项目是否做了补充。

（4）审计其他项目清单　暂列金额、暂估价、计日工、总承包服务费是否根据工程特点，招标文件要求计列，有无错漏，是否符合现行《建设工程工程量清单计价规范》的要求。审计暂列金额设定是否合理，有无超出规范中规定的计取比例；审计暂估价设立的项目是否合理，暂估价格是否符合市场行情，暂估价格的类型是否正确，有无出现与分部分项工程量清单重复的现象；审计计日工设立的类型是否全面，给定的暂定数量是否合理；审计总承包服务费中包含的工作内容是否齐全。

（5）审计主要材料价格表　材料编码、材料名称、规格型号和计量单位是否填写齐全，材料种类是否符合招标文件要求，有无遗漏，是否合法有效，是否满足评标要求。

（6）审计规费、税金项目清单　规费和税金的相应项目有无错漏，是否符合现行《建设工程工程量清单计价规范》的要求。

3. 审计工程量清单计价

工程量清单所有需填报的单价和合价均应填报，否则，未填报的单价和合价，已被视为此项费用包含在工程量清单的其他项目单价和合价中，审计时应予以注意。

（1）审计工程项目总价表　审计汇总计算是否正确，是否合法有效。

（2）审计单项工程费汇总表　审计建筑工程、装饰装修工程、安装工程是否符合招标文件规定范围要求，有无错漏，汇总计算是否正确。

（3）审计单位工程费汇总表　审计分部分项工程量清单计价合计，措施项目清单计价合计，其他项目清单计价合计、规费和税金项目清单计价合计的计算是否正确，汇总计算是否正确。

（4）审计分部分项工程量清单计价表　审计分部分项工程量清单计价表填写是否齐全，有无遗漏，数字是否正确。

（5）审计措施项目清单计价表　审计措施项目清单计价表有无补充内容，补充内容是否符合工程特点及施工组织要求，所有数字填写是否正确。审计其综合单价构成内容及计算方法是否正确。

（6）审计其他项目清单计价表　审计暂列金额、专业工程暂估价和计日工时，对其估算的数量进一步评价是否合理，并注意此三项费用不应视为投标人所有，工程结算时，应按承包人实际完成的工作内容结算，剩余部分归招标人所有。审计总承包服务费时应根据分包和材料采购工作量大小确定，审计其费用组成是否符合规定。

（7）审计计日工计价表　审计该表的填写是否齐全，有无遗漏、数字是否正确。

（8）审计规费、税金项目清单计价表　审计该表的填写是否齐全，有无遗漏，数字是否正确。

（9）审计分部分项工程量清单综合单价分析表　审计综合单价的组成项目是否按人工费、材料费、施工机具使用费、管理费、利润组成，投标人还可适当考虑一定范围内的风险因素。审计其人工费、材料费、施工机具使用费、管理费、利润的计算是否符合企业定额要求，与企业的施工技术、管理能力是否吻合。特别应注意审计下面重要部分：

1）工程量的计算审计。工程量清单中工程量应按现行《建设工程工程量清单计价规范》中的工程量计算规则计算，一般按图示尺寸确定。而在分部分项工程量清单综合单价分析表中却应按施工图所示尺寸，并结合施工组织设计规定的施工方法来确定。

2）人工费、材料费、施工机具使用费、一定范围内的风险费用、管理费、利润等计取审计。此六项费用是组成综合单价的主要费用，审计时应判定其是否合理。

4. 审计工程量清单计价招标控制价

（1）审计招标控制价编制依据　该项工作是招标控制价审计环节的基础性工作，招标控制价编制依据选择的合法、合理直接关系到招标控制价编制的合理性和准确性。

1）审计编制依据的合法性。是否经过国家和行业主管部门批准，符合国家的编制规定，未经批准的不能采用。

2）审计编制依据的时效性。各种编制依据均应严格遵守国家及行业主管部门的现行规定，注意有无调整和新的规定，审计招标控制价的编制依据是否仍具有法律效力。

3）审计编制依据的适用范围。对各种编制依据的范围进行适用性审计，如不同投资规模、不同工程性质、专业工程是否具有相应的依据。

（2）分部分项工程费审计　审计综合单价是否参照现行消耗量定额进行组价，计费是否完整，取费费率是否按国家或省级、行业建设主管部门对工程造价计价中费用或费用标准执行。综合单价中是否考虑了投标人承担的风险费用。审计定额工程量计算是否准确，审计人工费、材料费、施工机具使用费是否按工程造价管理机构发布的工程造价信息及市场信息价格进入综合单价，对于造价信息价格严重偏离市场价格的材料、设备，是否进行了价格处理。招标文件中提供了暂估单价的材料，是否按暂估的单价进入综合单价。

（3）措施项目费审计　该费用应根据相关计价规定、工程具体情况及企业实力进行计算，如通用措施项目清单未列的但实际会发生的措施项目应进行补充；保障性措施项目清单中相关的措施项目应齐全，计算基础、费率应清晰。技术性措施项目清单费用综合单价的组价原则按分部分项工程量清单费用的组价原则进行计算，并提供措施项目清单综合单价分析表，其格式、内容与分部分项工程量清单一致。

（4）其他项目费审计　审计暂列金额、专业工程暂估价、计日工是否按照工程量清单给定的金额或数量进行计价。计日工单价是否为综合单价，总承包服务费是否按照招标文件及工程量清单的要求，结合自身实力对发包人发包专业工程和发包人供应材料计取总承包服务费，计取的基数是否准确，费率有无突破相关规定。

（5）规费、税金的审计　是否严格按政府规定费率计算，计算基数是否准确。

（6）其他需要审计的相关内容　审计时应注意招标文件中的工程量清单与编制招标控制价的工程量清单在格式、内容、描述、单位、数量等方面保持一致。

5. 审计工程量清单计价投标报价

对投标报价的审计包括报价的符合性审计和合理性审计以及对投标报价技巧的审计。

（1）投标报价的符合性审计　审计投标报价是否在招标控制价范围内；投标报价的格式是否符合招标文件及相关规范的要求；投标报价中是否按招标文件给定的工程量清单进行报价；对工程量清单修改的投标报价根据招标文件规定应为无效报价。投标报价中的暂估价、暂列金额是否按招标文件给定的价格进行报价；规费、税金、安全文明施工费是否按规定的费率进行报价，计算的基数是否准确，此部分不应进行竞争。不符合上述相关规定者，根据招标文件规定应为无效报价。

（2）投标报价的合理性审计

1）审计投标报价中大写金额与小写金额是否一致，否则以大写金额为准；审计总价金额与依据单价计算出的结果是否一致，否则应按单价金额进行修正总价，但单价金额小数点有明显错误的应除外。

2）分部分项工程费的审计。审计分部分项工程量清单项目中所套用的定额子目是否得当，定额子目的消耗量是否进行了调整。清单项目中的人工、材料、设备价格是否严重偏离当地的市场公允价格及工程造价管理机构发布的工程造价信息，综合单价中的管理费费率和利润率是否严重偏离企业承受的能力及当地造价管理机构颁布的《计价费率》标准，综合单价中的风险费用计取得是否合理。对比其他投标单位的投标报价，对造价权重比例比较大的清单项目综合单价进行对比，分析综合单价的合理性。

3）措施项目费的审计。审计措施项目费的计取方法是否与投标时的施工组织设计和施工方案一致，有无必要的措施项目而没有列项报价的情况。审计措施项目计取的比例、综合单价的价格是否合理，有无偏离市场价格。审计措施项目费占总价的比例，并对比各投标单位的措施项目费，看措施项目费是否偏低或偏高。

4）其他项目费的审计。审计计日工价格是否严重偏离市场价格。根据招标文件规定的总承包服务内容，核实投标报价中计取的服务费用是否合理，对投标报价中承诺的服务内容是否与招标文件、合同条件要求的一致。

5）其他需要审计的内容。审计总说明中的报价范围是否与招标文件约定的内容一致；材料设备的选用是否满足招标文件的要求；总说明中特别说明的事项应认真分析，看是否与招标文件要求一致，避免中标后投标文件的效力大于招标文件而产生纠纷。审计投标书的内容是否齐全，综合单价分析表是否满足招标文件及规范的要求，综合单价分析表提供的是否齐全。

（3）投标报价技巧的审计　审计报价中先期项目单价与后期项目单价的关系；审计后期工作量留有活口的项目单价；审计工程量大的单价；审计单价构成与施工方案的关系，尽可能避免工程造价在实际执行过程中的难度，对承包商合理的不均衡报价行为尽可能在招标文件中消除。

4.6　工程结算审计

4.6.1　工程结算审计概述

1. 工程结算审计的概念

建设项目工程结算审计是指在一个单位工程或单项工程的建筑、安装完毕后，由建筑安装单位对施工中与原设计图规定所发生的变化和调整后的施工预算造价进行审计，反映工程项目的实际价格。单位工程工程结算或建设项目竣工总结算由承包人编制，监理和发包人审计，也可委托具有相应资质的工程造价咨询机构进行审计。政府投资项目，由同级财政部门审计。

建设项目工程结算审计是工程结算阶段的一项重要技术经济工作。经审计的工程，工程结算是核定工程造价的依据，也是建设项目验收后编制工程结算和核定新固定资产价值的依据。因此，业主、承包商、监理人员、造价人员非常重视此阶段工程造价的审计。

2. 工程结算审计的依据

1）建设期内影响合同价格的法律、法规和规范性文件。
2）工程结算审计委托合同。
3）完整、有效的工程结算书。
4）施工发承包合同、专业分包合同及补充合同，有关材料、设备采购合同。
5）与工程结算编制相关的国务院建设行政主管部门及各省、自治区、直辖市和有关部门发布的建设工程造价计价标准、计价方法、计价定额、价格信息、相关规定等计价依据。
6）招标投标文件。
7）工程竣工图或施工图、经批准的施工组织设计、设计变更、工程洽商、索赔与现场签证，以及相关的会议纪要。
8）隐蔽工程检查验收记录。
9）工程材料及设备中标价、认价单。
10）双方确认追加（减）的工程价款。
11）经批准的开、竣工报告或停、复工报告。
12）工程结算审计的其他专项规定。
13）影响工程造价的其他相关资料。

3. 工程结算的审计期限

单项工程竣工后，承包人应在提交竣工验收报告的同时，向发包人递交工程结算报告及完整的结算资料，发包人应按以下规定时限进行核对（审计）并提出审计意见。

工程结算报告审计时间：

1） 500 万元以下，从接到工程结算报告和完整的工程结算资料之日起 20 天。

2） 500 万元~2 000 万元，从接到工程结算报告和完整的工程结算资料之日起 30 天。

3） 2 000 万元~5 000 万元，从接到工程结算报告和完整的工程结算资料之日起 45 天。

4） 5 000 万元以上，从接到工程结算报告和完整的工程结算资料之日起 60 天。

4. 工程结算审计内容

（1） 核对合同条款

1） 审计工程内容是否完成合同要求，审计人员应该根据合同所约定的施工内容及范围，现场查验是否施工到位，对合同范围内明确定价的材料，查看其购置程序是否符合规定，手续是否完备，价格是否合理，只有按合同要求完成全部工程并验收合格的工程才能办理工程结算，否则只能按工程价款结算方式办理工程价款结算。

2） 审计预付款、进度款、保修金等是否按合同约定的结算要求办理。结算中采用的结算方法、计价定额、取费标准、主材价格和优惠价格条款等是否与合同约定相符。对工程结算进行审计时，若发现合同开口或有漏洞，应请业主与承包商认真研究，明确结算要求。

（2） 检查隐蔽验收记录 所有隐蔽工程均需进行验收，必须有两人以上签证。实行工程监理的项目应由监理工程师签证确认。审计工程结算时，对隐蔽工程其施工记录和验收签证、手续必须完整，工程量与竣工图一致方可列入结算。

（3） 设计变更、洽商及现场签证的审计 根据合同约定审计设计变更、洽商及现场签证是否涉及费用调整，如不涉及费用调整应作为技术变更，结算时只对经济变更进行费用调整。

审计经济变更项目综合单价计算的准确性，看是否按合同约定的原则套用综合单价，新增加项目的综合单价其组价的原则是否按合同约定并按投标费率进行组价，变更超出合同约定范围是否对原综合单价进行了调整。

审计由于变更导致措施项目费用增加，根据合同约定是否进行调整，进行调整的原则是否符合合同要求。

设计修改变更应由原设计单位出具设计变更通知单和修改图纸，由设计、校审人员签字并加盖公章，经建设单位和监理工程师审计同意，签证才能列入结算；重大设计变更还应经原设计审批部门审批，否则变更签证不能列入结算。

（4） 暂估价格调整的审计 审计暂估价项目确认后的价格内容是否与原来暂估价包含的内容一致；如确认的内容大于原暂估价所包含内容，重复的部分应扣除。

审计是否对非暂估价进行了调价，根据合同约定，非暂估价不应调整。审计暂估价部分调整的数量是否超出了原投标时的数量，超出原清单数量范围外的部分不应调整费用。审计暂估价项目调整的费用是否只计取了规费和税金。

（5） 按图纸核实工程量 工程结算的工程量应依据竣工图、设计变更单和现场签证等进行核算。

1） 按施工图预算报价签订的合同，工程量计算应按国家规定的施工图预算计算规则进行审计。

2） 按工程量清单报价签订的合同，工程量应按国家规定的工程量清单项目及计算规则计算，对工程量清单项目或清单项目工程数量按实调整。

（6）按合同约定核实单价　结算单价应按合同约定的计价方式，按现行的计价原则和计价方法确定，不得违背。

1）按定额计价法报价签订的合同，按各地现行定额执行。

① 结算单价应按合同约定或招标投标规定的计价定额与计价原则执行。

② 注意各项费用计取。建筑安装工程的取费标准应按合同要求或项目建设期间与计价定额配套使用的建筑安装工程费用定额及有关规定执行。首先审计各项费率、价格指数或换算系数是否正确，价差调整的计算符是否合定额规定；其次核实特殊费用和计算程序是否正确；最后审计各项费用的计取基数是否正确。

2）按工程量清单报价签订的合同，其综合单价应按下列办法确定。

① 因分部分项工程量清单漏项或非承包人原因的工程变更，造成增加新的工程量清单项目，其对应的综合单价按下列方法确定：合同中已有适用的综合单价，按合同中已有的综合单价确定；合同中有类似的综合单价，参照类似的综合单价确定；合同中没有适用或类似的综合单价，由承包人提出综合单价，发包人确认。

② 因非承包人原因引起的工程量的增减，发、承包双方应在合同中约定调整综合单价的工程量增减幅度。在合同约定幅度以内的，应执行原有的综合单价；在合同约定幅度以外的，其综合单价由承包人提出、发包人确认。

审计完毕后，应提交工程结算审计报告，审减（增）项目及原因分析。

4.6.2　工程结算具体内容的审计

工程结算的审计按工程造价控制与管理要求，可分为预付工程备料款审计、工程进度款审计、工程结算款审计、预留工程质量保证金审计等。

1. 预付工程备料款审计

预付工程备料款一般是根据工程承包合同的规定进行审计。包工包料工程承包合同，都应按当年建筑工作量的一定比例由建设单位在开工前拨付给施工单位一定限额的预付款；而对于只包工不包料的工程承包合同，一般不预付工程备料款。审计时应注意：

（1）合同规定的预付工程备料款限额　预付款支付比例应符合合同、文件的要求，预付款支付金额应按合同约定金额支付，一般建筑工程不应超过当年建筑工作量价值的30%；安装工程则按当年安装工作量价值的10%限定；材料占比重较多的安装工程按当年计划产值的15%左右限定。合同约定扣除暂列金额、暂估项目金额的，在计算时应扣除。

（2）备料款的扣回　在工程实施后，随着工程所需主要材料储备的逐步减少，应以抵充工程价款的方式陆续扣回，其扣款方法应在招标文件或工程承包合同中做出明确规定。一般有两种常用方法，审计时按合同规定执行。

1）可以从未施工工程尚需的主要材料及构件的价值相当于备料款数额时起扣，从每次结算工程价款中，按材料比重扣抵工程款，竣工前全部扣清。

2）在乙方完成金额累计达到合同总价的10%后，由乙方开始向甲方还款，甲方从每次应付给乙方的金额中扣回工程备料款，甲方至少在合同规定的完工期前三个月将工程预付款的总计金额按逐次分摊的办法扣回。

（3）预付备料款计算　具体应审计其计算方法、过程、结果是否正确。

（4）预付款保函　审计发包人付款时，是否要求承包人提供了预付款保函，预付款保函的担保金额应与预付款金额一致。

（5）预付款扣取情况　审计有无出现工程款已支付完而预付款尚未扣清的情况，尚未扣清的预付款金额应作为承包人的到期应付款。

2. 工程进度款审计

工程进度款的支付一般也是根据工程承包合同的规定方法进行的，如按月结算、分阶段结算、竣工后一次结算等，审计时应按承包合同规定的方法执行。

（1）审计工程量　达到了承包合同规定的进度款结算要求时，应对工程量的计量进行审计，工程量计算是否符合定额规定要求或《建设工程工程量清单计价规范》的要求。

（2）审计结算单价　结算单价应按合同约定的计价方式进行。审计其采用的计价原则和方法是否符合合同约定的要求，是否符合国家有关的规定，计算过程和结果是否正确等。

（3）审计符合规定范围的合同价款的调整　如合同变更、索赔、奖励、惩罚等是否符合承包合同规定要求；是否符合现行工程造价管理的相关政策、法规；计算方法、过程、结果是否正确等。

3. 工程结算款审计

工程结算分为单位工程结算、单项工程结算和工程项目结算。主要审计工程结算款是否符合工程价款结算程序、合同中工程结算条款、工程结算款计算（工程量、定额套用、取费、材料差价、签证等）。其中，需注意单位工程结算应由承包人编制，发包人审查；实行总承包的工程，由具体承包人编制，在总包人审查的基础上，发包人审查。单项工程结算或工程项目结算由总（承）包人编制，发包人可直接进行审查，也可以委托具有相应资质的工程造价咨询机构进行审查。政府投资项目，由同级财政部门审查。单项工程结算或工程项目结算经发、承包人签字盖章后有效。发包人或其委托的审计单位对工程结算款的审查期限如表4-4所示。审计人员还应注意，如审计的是政府和国有投资工程，则该审计机关的审计结论不作为工程结算依据。

表4-4　工程结算款的审查期限

工程竣工结算报告金额	审查时间
500万元以下	从接到竣工结算报告和完整的竣工结算资料之日起20天
500万~2 000万元	从接到竣工结算报告和完整的竣工结算资料之日起30天
2 000万~5 000万元	从接到竣工结算报告和完整的竣工结算资料之日起45天
5 000万以上	从接到竣工结算报告和完整的竣工结算资料之日起60天

4. 预留工程质量保证金审计

根据《建设工程质量保证金管理办法》，项目建设单位可以与施工单位在合同中约定按照不超过工程价款结算总额的3%预留工程质量保证金，待工程交付使用缺陷责任期满后清算。资信好的施工单位可以用银行保函替代工程质量保证金。预留工程质量保证金一般有两种方法，审计时按承包合同规定的比例和方法进行。

1）当工程进度款拨付累计额达到该建筑安装工程造价的95%~97%左右时，停止支付，预留造价部分作为保修金。

2）保修金的扣除，也可以从甲方向乙方第一次支付的工程进度款开始，在每次乙方应得的工程款中按合同要求的比例扣留，直至保修金总额达到合同要求的总额为止。

4.7 竣工决算审计

4.7.1 竣工决算审计的意义

1）竣工决算审计可反映竣工项目计划、实际的建设规模、建设工期以及设计和实际的生产能力。

2）竣工决算审计可反映概算总投资和实际的建设成本以及所达到的主要技术经济指标。它是建设单位办理交付使用资产的依据，一般由国家审计部门或其委托机构进行。

3）竣工决算审计可以考核建设项目投资效果，为今后制订基建计划，降低建设成本，提高投资效益提供必要的资料。

4.7.2 建设项目竣工决算审计的依据

1）工程竣工报告和工程验收单。
2）工程施工合同和有关规定。
3）经审批的施工图预算。
4）经审批的补充修正预算。
5）有关定额、费用调整的补充项目。
6）预算外费用现场签证。
7）材料、设备和其他各项费用的调整依据。
8）建设、设计单位修改或变更设计的通知单。
9）建设单位、施工单位会签的图纸会审记录。
10）隐蔽工程检查验收记录。

4.7.3 竣工决算审计的内容

1）检查所编制的竣工决算是否符合建设项目实施程序。即有无将未经审批立项、可行性研究、初步设计等环节而自行建设的项目编制竣工工程决算的问题。

2）检查竣工决算编制方法的可靠性。即有无造成交付使用的固定资产价值不实的问题。

3）检查有无将不具备竣工决算编制条件的建设项目提前或强行编制竣工决算的情况。

4）检查"竣工工程概况表"中的各项投资支出，并分别与设计概算数相比较，分析节约或超支情况。

5）检查"交付使用资产明细表"，将各项资产的实际支出与设计概算数进行比较，以确定各项资产的节约或超支数额。

6）分析投资支出偏离设计概算的主要原因。

7）检查建设项目结余资金及剩余设备材料等物资的真实性和处置情况。包括：检查建设项目"工程物资盘存表"，核实库存设备、专用材料账实是否相符；检查建设项目现金结余的真实性；检查应收、应付款项的真实性，关注是否按合同规定预留了承包商在工程质量保证期间的保证金。

 案例分析

该案例为某城区老旧小区整治改造工程工程结算审计，由当地审计局依法独立实施审计并出具审计报告。

1. 工程项目概况

该小区整治改造工程占地面积约 2 万 m^2，工程概算投资 710 万元，涉及的施工内容有道路工程、排水工程、照明及监控工程、绿化工程等，具体包括：①沥青道路，施工内容为结构面层为（4+6）cm 沥青混凝土，基层为 36cm5% 水泥稳定碎石+20cm 级配碎石垫层；②水泥道路，施工内容为结构为 20cmC30 混凝土，基层为 20cm5% 水泥稳定碎石+20cm 级配碎石垫层；③人行道，施工内容为结构为 10cm 荷兰砖、3cm 水泥砂浆、15cmC15 混凝土、30cm 级配碎石垫层；④停车位，施工内容为结构为 10cm 植草砖、3cm 水泥砂浆、15cmC15 混凝土、20cm 级配碎石垫层；⑤雨水管道，施工内容为 HDPE 双壁波纹管，管径 DN300~800，共 1 363m，检查井 53 座，雨水口 90 座；⑥污水管道，施工内容为 HDPE 双壁波纹管，管径 DN300~500，共 1 363m，检查井 77 座，玻璃钢化粪池 7 座；⑦小区绿化，施工内容为面积约 1 795m^2，乔木栽植 40 株，灌木栽植 2 株，片栽植物 1 795m^2；树穴 41 个，花坛 433m。

该工程于 2016 年 12 月在该市公共资源交易中心开标，招标单位（建设单位）为小区属地城乡建设局，招标控制价为 617.85 万元；中标单位（施工单位）为某建设投资有限公司，中标价 493.54 万元。经法定程序确定的项目监理单位为某建设监理咨询有限公司，设计单位为某集团股份有限公司。

承发包双方于 2017 年 1 月 25 日签订施工合同，即合同价款为 493.54 万元的固定总价合同。该工程于 2017 年 3 月 10 日开工，并于 2017 年 7 月 10 日竣工且已完成相关验收工作。

审计提交的资料中注明项目实施过程中，根据小区改造功能需求，对小区雨水、污水排水设计方案重新调整，局部增设污水出户井，更换污水 PVC 管道 330m，对管道进行混凝土包管处理，增加燃气、电力、给水现状管道保护 172.60m，花坛修复并栽植灌木约 600m^2 等。另外，为满足民生工程考核要求，在小区内修建 210m^2 休闲健身场地，并增设 3 套健身器材等。所有工程变更根据当地"投资项目工程变更暂行规定"办理了相关审批手续，变更增加费用据实结算。

2. 工程价款审核情况

为核实工程造价的真实性、合法性，审计局聘请某工程造价事务所的工程造价人员，经现场勘测，与建设单位、施工单位核对，对该工程进行了翔实的审核，并对初核结果异议部分于 2019 年 1 月 23 日召开由项目各方参加的审价协调会，最终结果为：

①招标控制价为617.85万元；②工程合同价为493.54万元；③工程送审价为644.92万元；④经审计认定工程款为540.63万元，核减104.29万元（送审价减去审计认定价），核减率16.17%（核减价除以送审价）。

该审定价较合同价增加47.09万元（送审价减去合同价），主要原因如表4-5和表4-6所示。

表4-5 合同内调整核减

序号	核减内容	核减金额（元）
1	合同内预留金扣除	294 150.00
2	绿化苗木：50m² 毛鹃未种植、金边黄杨减少108m²、红花继木变更为红叶石楠、乔木调整为高杆红叶石楠、麦冬调整为草坪	49 534.26
3	混凝土三通井、四通井调整为砖砌井	33 562.76
4	现状管道保护-钢塑格栅未做	26 349.35
5	人行道大荷兰砖铺设设计为 400mm×200mm×100mm 现场实际变为 300mm×150mm×80mm	15 229.91
6	减少900污水检查井1座，少做3个雨水进水井及加固、雨水管道型号调整	14 004.87
7	花坛侧墙厚度调减及石材变更	11 214.81
8	×××宿舍及主干道入口处花岗岩侧石少做197m	9 226.70
9	绿化用地整理工程量减少284.42m²	6 747.95
10	路灯照明电缆型号调整、电气配管型号调整、7座接线井未施工	5 068.75
11	路面面积核减20.98m² 等	4 511.41
12	原设计的模拟摄像机变更为数字摄像机	3 086.24
13	暂定价调整非机动车棚确认价减少20元/m²，暂定价调整垃圾桶确认价增加20元/个	2 708.40
	合计	475 395.41

表4-6 合同外变更增加共计

序号	增加内容	增加金额（元）
1	HDPE 管混凝土包管 1 378.11m	321 684.82
2	原破损混凝土平台改为人行道铺装968m²	166 235.75
3	增加172m现状管道保护	85 732.63
4	增加11座交汇井	56 977.98
5	雨污水塑料检查井变更为模块井	43 608.46
6	增加23座污水出户井	38 643.55

(续)

序号	增加内容	增加金额（元）
7	弹软土基换填及地基清淤换填	37 583.92
8	原有苗木移栽	36 688.74
9	增加健身场地台阶、石材、花坛、桂花、健身器材、花岗岩石凳	27 881.57
10	增加800污水检查井15座	25 202.32
11	玻璃钢化粪池加固4座	23 502.56
12	二层平台栽植、休闲广场树池内栽植、花坛修补	19 105.59
13	增加临时排水台班费	12 144.52
14	增加污水出户管道至出户井段塑料管道铺设	10 596.67
15	DN600雨水管采用1100检查井，DN800雨水管用1500检查井	9 828.71
16	原设计500、400污水管变更为300污水管及变更增加300污水管	9 511.99
17	水泥花坛、砖砌围墙、老围墙零星补砌修复及墙面抹灰、零星修复铺贴地砖	9 340.32
18	增加健身场地荷兰砖铺装160.16m²	7 809.00
19	拆除砖砌树池6.278m³及拆除砖砌花坛38.68m³	4 210.49
	合计	946 289.59

以上审计结果是对工程成本真实性判断的重要依据[一]。

3. 审计存在的问题和建议

(1) 审计存在的问题

1) 办理变更审批手续滞后。

该工程于2017年7月10日竣工，有两次变更审批手续于2017年8月2日、2018年4月10日补办，不符合该市"投资项目工程变更签证管理暂行办法规定"的"先申请、再审批、后实施"原则。

2) 前期勘察设计不到位。

勘察、设计时未能深度了解地质及相关现场实际情况，以致造成在后期施工中变更增加。如小区周边某道路基存在淤泥质土采用换填碎石、管顶覆土不能满足碾压要求的管段进行混凝土包管等。

(2) 审计建议　要加强工程建设管理。首先，严格执行变更规定，"先申请、再审批、后实施"，及时办理并完善变更手续。其次，工程设计时应进行详细地质勘查、科学论证、合理设计，避免施工中的频繁变更。

4. 其他事项说明

1) 该项目是市建委、区政府确定的2017年老旧小区整治节能改造工程申报项目，受省级资金补助。

2) 该工程招标控制价中个别项目造价偏差较大。由该市公共资源交易中心委托第

[一] 根据住房和城乡建设部办公厅建办市[2020]5号文的规定："政府和国有投资工程不得以审计机关的审计结论作为工程结算依据，建设单位不得以未完成决算审计为由，拒绝或拖延办理工程结算和工程款支付"。

三方编制该项目清单控制价及地方定额站复核时，出现明显失误；安装工程中的 18 个路灯基础综合单价，在清单控制价中为 15 540.49 元/个，而在中标单位合同报价中仅需 320.52 元/个，控制价偏离正常造价较大。该公共资源交易中心复函答复：编标确实存在失误，并表示会在今后加强管理，严格清单控制价编制管控；该项目招标时评标办法采用的是符合性评审的有效最低价总价中位值评标办法，招标控制价仅限投标人的最高投标价，不会影响中标结果的真实性，也不会造成国有资金的流失。

3）建议建设单位今后应加强与市公共资源交易中心的无缝对接，适时做好提醒纠正偏差工作，以保证控制价编制质量，并杜绝此类现象再次发生。

工程价款结算时应按合同约定预留质保金。

本章小结及关键概念

本章小结： 工程造价审计作为建设工程造价管理的重要环节，是合理确定工程造价的必要程序，是控制工程造价的必要手段。工程造价审计具有依法性、独立性、间接性和客观性的特点。其审计内容主要包括审计工程量、单位工程造价及各项费用。工程造价审计具体包括工程项目投资估算审计、设计概算审计、施工图预算审计、工程量清单计价审计、工程结算审计及竣工决算审计六部分内容。

投资估算审计作为后续工程造价合理控制的基础，通常对投资估算的编制依据、构成内容、计算方法、计算内容等方面进行审计。投资估算审计的方法主要有单位生产能力审计法、比例审计法及指数审计法。

设计概算审计就是对在初步设计阶段或扩大初步设计阶段所确定的工程造价进行的审计。在对其进行审计时，主要审计设计概算的编制依据、编制深度及编制内容。通常采用的审计方法有对比分析法、查询核实法和联合会审法。其审计程序一般包括设计概算审计准备和设计概算审计实施两个环节。

施工图预算审计是对施工图设计阶段所确定的工程造价进行的审计。施工图预算审计主要包括审计工程量、设备及材料的价格、预算单价的套用、有关费用项目及其计取等内容。常用全面审计法、用标准预算审计法、重点审计法、分解对比审计法、分组计算审计法、筛选审计法等方法进行审计。在审计时首先应做好审计前的准备工作，然后选择审计方法并审计相应内容，最后整理审计资料并调整定案。

工程量清单计价审计内容着重从审计合法性和有效性、工程量清单、工程量清单计价、工程量清单计价招标控制价和投标报价等方面入手。对工程量清单计价的合理审计有利于工程投资的有效控制、提高承包商自身管理能力和竞争力、提高工程造价管理人员和从业人员的业务水平。

工程结算的审计按工程造价控制与管理要求，可分为预付工程备料款审计、工程进度款审计、工程结算款审计、预留保修金审计等。建设项目工程结算审计是指在一个单位工程或单项工程的建筑、安装完毕后，由建筑安装单位对施工中与原设计图规定所发生的变化和调整后的施工预算造价进行审计，其审计内容主要有核对合同条款、检查隐蔽验收记录、设计变更洽商及现场签证的审计、暂估价格调整的审计、核实工程量、核实单价等。作为可反映竣工项目计划、实际的建设规模、建设工期以及设计和实际的生产能力的竣工决算审计，通常包括审计竣工决算报告情况说明书、竣工财务决算报表、建设工程竣工图和造价比较指标等内容。

关键概念：工程造价审计、投资估算审计、设计概算审计、施工图预算审计、工程量清单计价审计、工程结算与竣工决算审计。

能力提升

一、选择题

1. 工程造价审计不包括（　　）。
   A. 投资估算审计和设计概算审计　　B. 施工图预算审计和工程量清单计价审计
   C. 资金使用效率审计　　　　　　　D. 工程结算审计和竣工决算审计

2. （　　）不是投资估算审计的方法。
   A. 单位生产能力审计法　　B. 单位投资能力审计法
   C. 比例审计法　　　　　　D. 指数审计法

3. 审计施工图预算的方法中的对比方法是用分部分项工程的单方基本价值作为参照，该方法适用于（　　）。
   A. 住宅工程　　　　　　　　B. 工程量的工程
   C. 工艺比较简单的工程　　　D. 标准图设计的工程

4. 某工程采用实物法编制施工图预算，对该施工图预算审计的重点内容之一是（　　）。
   A. 补充单位计价表是否正确　　　B. 定额消耗量标准是否合理
   C. 分项工程单价是否与预算单价相符　　D. 有关取费标准是否符合规定

5. 施工图预算审计方法中，审计质量高、效果好，但工作量大的是（　　）。
   A. 标准预算审计法　　B. 重点审计法
   C. 逐项审计法　　　　D. 对比审计法
   E. 全面审计法

二、填空题

1. 工程造价审计的主要特点表现为_____、_____、_____和_____。

2. 建设项目每一阶段的特点不同、工作难点和要求的深度不同、工程规模的大小不同，工程造价审计的审计方式分为_____、_____、_____和_____。

3. 设计概算的审计方法有_____、_____和_____。

4. 施工图预算审计的步骤主要为_____、_____和_____。

5. 按照有关规定，项目建设单位可以与施工单位在合同中约定按照不超过工程价款结算总额的_____预留工程质量保证金，待工程交付使用缺陷责任期满后清算。

三、简答题

1. 为什么要进行工程造价审计？
2. 简述投资估算审计的内容。
3. 简述设计概算审计的步骤。
4. 如何理解工程量清单计价审计的意义？

5. 简述工程结算审计的依据。
6. 简述竣工决算审计的内容。

四、计算题

某五层矩形住宅,底层为 370 墙,楼层为 240 墙,建筑面积 2 000m^2,砖墙工程量的单位建筑面积用砖指标为 0.46,而该地区同类型的一般住宅工程(240 墙)测算的砖墙用砖耗用量综合指标为 0.42。试分析砖墙工程量计算是否正确。

第 5 章
建设项目投资效益审计

> **学习要点**
>
> **知识点**：建设项目投资效益审计的概念及目的，投资决策程序，投资效益审计体系、审计主体、审计内容、技术方法及应注意的问题，财务效益审计的程序及内容，宏观效益审计与财务效益审计的区别及联系，宏观效益审计的作用，国民经济效益审计的基本原理及指标，国民经济效益审计中费用与效益的识别及度量，社会效益审计的概念、特点及内容。
>
> **重点**：投资效益审计体系及审计内容，财务效益审计的程序及内容，宏观效益审计与财务效益审计的区别与联系，国民经济效益审计的基本原理及指标，国民经济效益审计中费用与效益的识别及度量，社会效益审计的内容。
>
> **难点**：国民经济效益审计的指标计算，国民经济效益审计中费用与效益的识别及度量，社会效益审计的内容。

5.1 概述

我国目前基础设施建设及公共服务设施建设如火如荼，为了提高资金的使用效率，投资效益审计的重要性日益凸显。但由于投资决策失误导致的巨大损失在某些地区某些项目上是不争的事实，各类造价指标、工期指标、预期效益指标等形同虚设，有时不得不采取增加投资、税收减免等内部转移支付手段来再决策。面对投资效益低下，资源浪费等情况，提升建设项目投资效益的途径之一就是进行建设项目投资效益审计。本章主要介绍建设项目财务效益审计和宏观效益审计[一]。安全、环境等审计在前章已介绍，不再赘述。

5.1.1 建设项目投资效益审计的概念及目的

建设项目投资效益审计是指在审计理论的指导下，遵循审计程序，并采取一定的审计方法对建设项目财务效益、宏观效益、安全、环境、绩效等方面的审计。其中，财务效益审计属于项目微观层面的审计，宏观效益审计、安全、环境及绩效审计属于宏观层面的审计。

[一] 此处的宏观效益审计是指国民经济效益和社会效益审计，在《建设项目经济评价方法与参数》第3版中将"国民经济评价"也称为"费用效益分析"。

建设项目投资效益审计的目的是为了实现建设项目预期的经济效益与社会效益。为了实现这一目的，要进行客观公正的审计工作，揭示建设项目全过程（前期+建设+运营）存在的问题，分析原因从而得出审计意见，并提出审计建议。

5.1.2 建设项目投资效益审计的基础

1. 建设项目的投资决策程序

建设项目的投资决策程序一般为：

1）投资构想。
2）立项，即由项目法人或建设单位提出项目建议书。
3）可行性研究报告，即由项目法人或建设单位委托或自行编制可行性研究报告以确立该建设项目的可行性。
4）融资贷款，即项目法人或建设单位持经批准的可行性研究报告等相关资料向金融机构融资贷款。

国家审计部门传统的投资决策审计内容就是审计该决策程序的合法性和合规性，但由于建设项目工程造价大额性及涉及社会效益等原因，必须加强投资效益内容的审计，建立完整的投资效益审计体系。

2. 投资效益审计体系

投资效益审计体系主要由以下几方面组成：

1）建设项目财务效益审计体系。财务效益侧重建设项目自身的财务盈利能力、偿债能力和外汇的平衡能力。
2）建设项目宏观效益审计体系。宏观效益侧重建设项目对整个国民经济的净贡献能力。
3）建设项目安全审计体系。
4）建设项目环境审计体系等。

投资效益审计可以和投资审计同时进行，即进行事前审计，也可以是在项目建设期的某个时点上进行中间评价，即进行事中审计，也可以是在项目运营期的某个时点上进行后评价，即进行事后审计。

5.1.3 建设项目投资效益审计的几个方面

1. 建设项目投资效益审计主体

我国建设项目投资效益审计主体的组织体系是"三位一体"，即国家审计、社会审计和内部审计。根据《审计法》《注册会计师法》《审计署关于内部审计工作的规定》等法律法规，政府投资或以政府投资为主的国家建设项目投资效益审计应进行国家审计和内部审计，而股份制和私人投资的建设项目应进行社会审计。

2. 建设项目投资效益审计内容

（1）建设项目财务效益审计　建设项目财务效益审计是指审计人员从项目角度出发，根据现行的财务制度与价款来考察建设项目财务效益状况即如何提高建设项目财务效益的评审过程，是建设项目经济效益审计的重要构成部分和首要环节。

建设项目财务效益审计的主要依据有《建设项目经济评价方法与参数》（简称《评价方法与参数》）、现行的财务制度等，审计的内容包括：

1) 财务数据确定的准确性和科学性。财务数据真实性审计是建设项目财务效益审计的基础，直接影响财务效益审计的质量，要按照《评价方法与参数》的规定来确定财务数据费用项目的构成及其确定方法。

2) 财务报表编制的正确性。首先，对照《评价方法与参数》中规范的财务报表，审计基本报表与辅助报表格式的合规性；然后，再进一步审计报表内容的正确性。报表涉及的内容较多，应熟练掌握以提高建设项目财务效益审计的质量。

3) 财务指标。应在熟悉《评价方法与参数》中相关指数的基础上，审计静态指标和动态指标的正确性，并进一步审计判断结论的准确性。

(2) 建设项目宏观效益审计　建设项目宏观效益审计是指按照资源合理配置的原则，从国家宏观角度出发，用一整套国家参数计算，以提高建设项目对整个国民经济的净贡献为目标，对建设项目经济合理性的再审计。

宏观效益审计用调整过的价格，即一套影子价格计算项目的效益和费用。首先计算影子价格、影子汇率即项目未来的经济效益和费用，再计算净效益⊖，最后对计算出的一系列技术经济指标进行分析和判断。基本指标是经济净现值（ENPV）和经济内部收益率（EIRR）。当 ENPV 大于等于零时，项目可行；当 EIRR 大于等于社会折现率时，项目可行。在此基础上进一步考察建设项目对国民经济的净贡献。

(3) 建设项目安全、环境等审计　随着科学技术的进步和经济社会的发展，尤其是提出可持续发展目标（SGDs）之后，全社会越来越关注经济的可持续发展，注重建设项目与安全、环境等的关系，加强该方面的审计也是社会发展的必然要求。

关于审计具体应审计哪些内容，主要有三种：①仅进行内容（1）的审计；②需同时进行内容（1）和（2）的审计；③应进行包含内容（1）、(2)、(3) 等的全部审计。

3. 建设项目投资效益审计技术方法

目前，建设项目投资效益审计需要大量的数据计算且技术方法多样，主要包括手工计算审计和计算机辅助计算审计。随着信息化技术的发展，常采用中国国际工程咨询公司、国家开发银行、国家审计署投资审计司委托省审计厅、设计单位等政企事业单位开发的软件进行审计。

建设项目投资效益审计技术方法的发展趋势是利用计算机软件辅助计算审计并结合分析性复核，这要求审计人员掌握建设项目投资效益审计的一整套技术方法和计算机辅助计算审计技术。具体介绍见第 8 章。

4. 建设项目投资效益审计应注意的问题

审计人员在审计报告中表达的审计意见时应注意两方面的问题：

(1) 财务效益与宏观效益矛盾的处理　通常，若财务效益可行，宏观效益可行，则建设项目经济效益可行；若财务效益不可行，宏观效益不可行，则建设项目经济效益不可行；当财务效益与宏观效益产生矛盾时，原则上，财务效益应服从宏观效益。

(2) 建设项目投资效益审计风险的控制　建设项目投资效益审计的风险产生的原因主要来源于确定性分析中假设条件和审计人员业务水平及工作责任心带来的风险。这是客观存在的，关键是如何将审计风险控制在可容范围内。对于前者，要准确地估算和确定基本财务数

⊖ 净效益为每年的经济效益与费用之差。

据，如总投资额、总成本、增值税及附加、利润及利润的分配等。对于后者，要求审计小组合理地配备财务、工程、计算机等专业的审计人员，并且严格按照审计规范或审计准则执业。

5.2 建设项目财务效益审计

5.2.1 建设项目财务效益审计的程序

建设项目财务效益审计可以是对被审计单位提供的相关财务报表的复核和检验，也可以是对该建设项目财务效益相关数据的再计算，一般遵循以下程序：

（1）估算财务数据　主要包括总投资额、总成本、销售收入或营业收入、税金及附加、利润及利润的分配等。

（2）编制财务报表　主要包括资产负债表、现金流量表、损益表等基本报表和固定资产投资估算表、投资计划与资金筹措表、总成本费用估算表等辅助表。

（3）计算财务指标　主要财务指标如图5-1所示。

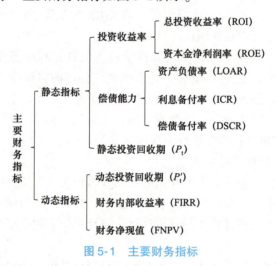

图 5-1　主要财务指标

（4）提出财务评价结论　即审计意见。

下面将围绕这四个程序展开说明，主要阐述审计相关的实务，详细的指标计算不赘述，可参见本课程之前的"工程经济学""财务管理学"等课程教材。

5.2.2 建设项目财务效益审计的内容

1. 估算财务数据

（1）总投资额估算　总投资额的审计方法见式（5-1）和式（5-2）。

$$拟建项目总投资额 = 固定资产投资额 + 流动资产投资额（流动资金） \qquad (5-1)$$

$$固定资产投资额 = 建筑工程费 + 安装工程费 + 设备及工器具购置费 + 预备费 +$$
$$工程建设其他费 + 建设期贷款利息 \qquad (5-2)$$

（2）总成本估算　总成本是指在一定时期内（一般为一年）为生产和销售产品而花费的全部成本费用，其审计方法见式（5-3）和式（5-4）。

$$\text{总成本} = \text{生产成本} + \text{销售费用} + \text{管理费用} + \text{财务费用} \tag{5-3}$$

或

$$\text{总成本} = \text{原材料成本} + \text{燃料、动力成本} + \text{工资及福利费} + \text{修理费} + \text{折旧费} +$$
$$\text{维简费} + \text{摊销费} + \text{利息支出} + \text{其他费用} \tag{5-4}$$

(3) 销售收入或营业收入的估算

1) 销售收入,它是指企业因出售产品,提供劳务而获得的货币收入,也叫营业收入,其审计方法见式 (5-5)。

$$\text{销售收入} = \text{年销售量} \times \text{销售单价} \tag{5-5}$$

2) 税金及附加,税金及附加主要包括增值税、城市维护建设税、教育费附加及地方教育附加等,应根据现行的税法体系的规定进行估算。

3) 利润及利润分配,其审计方法见式 (5-6)。

$$\text{利润总额} = \text{销售(营业)收入} - \text{总成本} - \text{税金及附加} \tag{5-6}$$

根据利润总额可计算企业所得税和净利润,税后利润一般按照下列顺序分配:①弥补被没收的财务损失,支付各项税收的滞纳金和罚款。②弥补以前年度亏损。③提取法定盈余公积金。④提取公益金。⑤向投资者分配利润,即应付利润。

2. 编制财务报表

财务报表的编制在建设项目财务效益审计中起承前启后的作用:一方面,总结前面审计的财务数据;另一方面,为后续财务指标准备基础资料。所有的基本报表和辅助报表在《评价方法与参数》中均有规范的格式,其中现金流量表最为重要,它反映项目计算期内各年的现金流入(CI)和现金流出(CO),用以计算静态指标和动态指标,按计算基础的不同分为全部投资现金流量表和自有投资现金流量表,见表5-1。

表5-1 现金流量表(全部投资) (单位:万元)

序号	项目	建设期		投产期		达到设计能力生产期				合计
		1	2	3	4	5	6	……	n	
1	现金流入									
1.1	销售(营业)收入									
1.2	回收流动资金									
1.3	回收固定资产余值									
2	现金流出									
2.1	固定资产投资									
2.2	流动资金									
2.3	经营成本									
2.4	税金及附加									
2.5	所得税									
3	净现金流量(1-2)									
4	累计净现金流量									

计算指标: FIRR:
FNPV:
P_t':

3. 计算财务指标

财务指标是投资项目财务评价的核心和从财务角度判断项目是否可行的依据。从资金时间价值角度来分析，财务指标包含静态指标和动态指标。进行审计工作时，复核各指标的计算方法见下式：

(1) $$ROI = \frac{EBIT}{TI} \times 100\% \qquad (5\text{-}7)$$

式中　ROI——总投资收益率；
　　　EBIT——项目达到设计生产能力后正常年份的年息税前利润或运营期内年平均息税前利润；
　　　TI——项目总投资。

经审计后得到的 ROI 值高于同行业的收益率参考值，表明用总投资收益率表示的项目盈利能力满足要求。

(2) $$ROE = \frac{NP}{EC} \times 100\% \qquad (5\text{-}8)$$

式中　ROE——资本金净利润率；
　　　NP——项目达到设计生产能力后正常年份的年净利润或运营期内年平均净利润；
　　　EC——项目资本金。

经审计后得到的 ROE 值高于同行业的净利润率参考值，表明用项目资本金净利润率表示的项目盈利能力满足要求。

(3) $$LOAR = \frac{TL}{TA} \times 100\% \qquad (5\text{-}9)$$

式中　LOAR——资产负债率；
　　　TL——期末负债总额；
　　　TA——期末资产总额。

适度的资产负债率，表明企业经营安全、稳健，具有较强的筹资能力，也表明企业和债权人的风险较小。对该指标的审计，应结合国家宏观经济状况、行业发展前景、企业所处的竞争环境状况等具体条件确定。

(4) $$ICR = \frac{EBIT}{PI} \times 100\% \qquad (5\text{-}10)$$

式中　ICR——利息备付率；
　　　EBIT——息税前利润；
　　　PI——计入总成本费用的应付利息。

利息备付率应分年计算，其值越高，表明利息偿付的保障程度越高。经审计的利息备付率应大于1，并结合债权人的要求确定。

(5) $$DSCR = \frac{EBITDA - T_{AX}}{PD} \qquad (5\text{-}11)$$

式中　DSCR——偿债备付率；
　　　EBITDA——息税前利润加折旧和摊销；
　　　T_{AX}——企业所得税；

PD——应还本付息金额。包括还本金额和计入总成本费用的全部利息。融资租赁费用可视同借款偿还。运期内的短期借款本息也应纳入计算。

偿债备付率应分年计算，其值越高，表明可用于还本付息的资金保障越高。经审计的偿债备付率应大于1，并结合债权人的要求确定。

(6)
$$P_t = （累计净现金流量出现正值的年份数-1）+ \frac{上一年累计净现金流量的绝对值}{出现正值年份的净现金流量} \tag{5-12}$$

经审计后的 P_t 与所确定的基准投资回收期（P_e）进行比较：

1) 若 $P_t \leq P_e$，则项目投资能在规定的时间内收回，即项目（或方案）在经济上可以考虑接受。

2) 若 $P_t > P_e$，则项目（或方案）在经济上不可接受。

(7)
$$P_t' = （累计净现金流量现值出现正值的年份数-1）+ \frac{上一年累计净现金流量现值的绝对值}{出现正值年份的净现金流量的现值} \tag{5-13}$$

按静态分析计算的投资回收期较短，决策者可能认为经济效果尚可以接受。但若考虑资金时间价值，用折现法计算出的动态投资回收期，要比用传统方法计算出的静态投资回收期长些，该方案未必能被接受。

(8) 财务内部收益率 它是指项目计算期内各年财务净现金流量现值之和等于0时的折现率，用于反映建设项目的财务盈利能力，即

$$\sum_{t=0}^{n}(CI-CO)_t(1+FIRR)^{-t}=0$$

审计时可采用试算法进行计算，见式（5-14）：

$$FIRR = i_1 + \frac{FNPV_1}{FNPV_1 + |FNPV_2|}(i_2 - i_1) \tag{5-14}$$

式中 FIRR——财务内部收益率；

i_1——当 $FNPV_1$ 大于0时的折现率，为了保证 FIRR 审计的精度，i_1 与 i_2 之间的差距以不超过2%为宜，最大不超过5%；

i_2——当 $FNPV_2$ 小于0时的折现率；

$FNPV_1$——当采用 i_1 试算时，大于0的财务净现值；

$FNPV_2$——当采用 i_2 试算时，小于0的财务净现值。

(9) 财务净现值 它是指用一个预定的基准收益率（或设定的折现率）i_c 分别将整个计算期内各年所发生的净现金流量都折现到投资方案开始实施时的现值之和，是评价项目盈利能力的绝对指标，计算方法见式（5-15）：

$$FNPV = \sum_{t=0}^{n}(CI-CO)_t(1+i_c)^{-t} \tag{5-15}$$

式中 FNPV——财务净现值；

$(CI-CO)_t$——第 t 年的净现金流量（应注意"+""-"号）；

i_c——基准收益率；

n——投资方案计算期。

经审计后的 FNPV≥0 时，说明该方案能满足基准收益率要求的盈利水平，故在经济上是可行的；反之，当 FNPV<0 时，说明该方案不能满足基准收益率要求的盈利水平，故在经济上是不可行的。

4. 提出财务评价结论（审计意见）

应根据项目的具体情况及各财务指标的适用范围选择合适的财务指标进行审计计算，用经审计后的财务指标值提出审计意见，具体的评价准则在各指标的计算公式后已给出。

5.3 建设项目宏观效益审计

涉及建设项目的投资活动，仅从财务效益角度审计是不够的，还必须站在国家立场从资源配置角度，站在项目利益相关者立场从和谐发展和以人为本的角度进行考量，这就需要对建设项目进行宏观效益（国民经济效益和社会效益）审计。

5.3.1 宏观效益审计与财务效益审计的联系与区别

1. 与财务效益审计的联系

（1）最终目的一致　两者均谋求以最小的投入获得最大的产出。

（2）审计方法类似　两者均采用效益与费用比较的相关理论方法。

（3）审计基础相同　两者均是在完成产品需求预测、工程技术方案、投资估算、资金筹措等前期工作的基础上进行审计。

2. 与财务效益审计的区别

（1）评价角度不同　财务效益审计是从项目角度或企业财务角度考察收支和盈利能力及偿债能力，以确定建设项目可行性的正确；宏观效益审计是从国民经济角度考察项目需要国家付出的费用和对国家产生的效益，以审计建设项目的经济合理性。

（2）费用与效益的划分不同　财务效益审计是根据建设项目直接发生的实际收入确定项目的效益和费用；宏观效益审计则着重于建设项目所耗费的全社会有用资源来考察项目的效益。

（3）采用的价格体系不同　财务效益审计要确定建设项目在财务上的现实可行性，因而对投入物和产出物均采用财务价格即现行市场价格；宏观效益审计采用根据机会成本和供求关系确定的影子价格。

（4）主要评价参数不同　财务效益审计采用的汇率一般选用当时的官方汇率，折现率是因行业而异的基准收益率；宏观效益审计则采用国家统一测量和颁布的影子汇率及社会折现率。

（5）审计内容不同　财务效益审计主要包括对盈利能力、偿债能力及财务生存能力的审计；宏观效益审计一般进行经济效率方面的审计。

5.3.2 宏观效益审计的作用

1）促进国家合理配置有限资源，更好地发挥政府作用，在宏观上对资源流动进行动态跟踪，引导资源配置合理化，结合产业政策和地区政策，鼓励和促进有前景的产业及项目的发展，相应控制不适宜产业及项目的上马和建设。

2）提高建设项目投资决策科学化水平，避免财务效益审计的片面性，克服市场价格不能完全反映其价值的弊端，为决策提供科学和公平的比较基础。

3）真实反映项目对社会经济的净贡献，无论是直接或间接的均进行整体衡量。

4）使建设项目投资目标与社会整体利益协调统一，避免重复建设，减少负面影响。

5.3.3 国民经济效益审计

1. 基本原理

（1）费用—效益分析　它是国民经济效益审计的基本理论，源于西方发达国家，是从国家和整个社会的角度出发，全面综合地分析和评价建设项目的一种科学方法，主要用于项目的评价和决策。我国在进行建设项目投资的国民经济评价时也采用该基本理论和方法。

费用—效益分析的基本问题：计算影子价格、影子汇率及项目未来的经济效益和费用，估算对未来效益和费用折现的社会折现率，并对净效益进行折现，最后对计算出的一系列技术经济指标进行分析和判断。

费用与效益的划分：费用是指因项目建设而使国民经济所付出的代价，包括项目自身和国民经济其他部门所付出的代价。费用包括内部费用和外部费用。内部费用是指用影子价格计算的项目投入物的经济价值，外部费用是指社会为了项目付出了代价，而项目本身并不需要支付的那部分费用。效益是指项目对国民经济所做的贡献，包括内部效益和外部效益。内部效益是指项目产出物用影子价格计算的经济价值，外部效益是指项目为社会做出贡献，而项目本身并未得益的那部分效益。

（2）外部效果　外部效果也称为外部效应，即项目带来的外部费用与效益。这部分效果在项目本身反映不出来，而是反映在国民经济的其他部门。在国民经济效益审计中，要充分考虑项目所产生的外部效果，这也是其特点所在。项目的外部效果可以是有形的，也可以是无形的；有的可以计量，有的则不易计量。

项目的外部费用是指由于项目存在而使项目以外的主体所造成的全部损失。例如，建设项目的"三废"对空气或水的污染，其排放的废物会给社会生产和生活带来损失，特别是给周围的农业生产和居民造成净损失。

项目的外部效益是指由于项目存在而使项目以外的主体所享有的利益。例如，为了配合某工厂的建设需配套修建一条厂外铁路运输线，该线路除为工厂服务外，还可以服务当地的生产和生活，降低了该地区的运输费用，使当地工业、农业和居民得益。又如，有一部分企业由于原材料供应不足而不能充分发挥生产能力，而某拟建项目的产出品刚好属于该原材料，这样拟建项目投产以后可以缓解市场原材料供不应求的紧张局面，从而充分发挥这部分企业的生产能力，给这部分企业带来的效益也称之为该拟建项目所带来的外部效益。

（3）国家参数　它是指在项目经济评价中为计算费用和效益，衡量技术经济指标而使用的一些参数。常用的国家参数有以下几种：

1）货物影子价格。合理的价格应该反映市场的供求关系、资源的稀缺程度和国际市场价格等因素，而我国有一部分产品现行价格不反映这些因素，如因政策原因形成的某些工业产品价格、某些生活必需品等。如果用这样的失真价格来审计项目，往往会得出不正确的结论。因此，在国民经济效益审计中，要用合理的价格对投入物和产出物的现行价格进行调整，这种合理的价格成为影子价格。影子价格也称为最优计划价格，它是经济资源最佳利用时的边际值。根据国外的一些做法和我国的实际情况，一般以口岸价格（国际市场价格）

为基础估算投入物和产出物影子价格。

2）影子工资。影子工资是指国家和社会因拟建项目使用劳动力而付出的代价，用来度量劳动力费用，并计入经营成本。理论上，影子工资包括劳动力的机会成本和社会为劳动力的就业或转移所消耗的资源价值。实际上，劳动力的机会成本难以计算，在就业结构不合理，存在隐蔽性失业的情况下更难计算。通常，一般以财务评价中的现行工资（也叫名义工资）为基础，乘一个换算系数，即变换为影子工资。选用换算系数应坚持以下原则：一般的项目，可选用1；对于某些特殊项目，在有充分依据的前提下，可根据项目所在地的劳动力充裕程度以及项目技术等特点，适当提高或降低工资换算系数；若是所在地区就业压力大，所用的劳动力大部分是非熟练劳动力的项目，可取小于1的工资换算系数；若是占用大量短缺的专业技术人员的项目，可取大于1的工资换算系数。上述只是给出一个范围，在确定一个具体数值时，还要由审计人员根据项目及环境的特点，按照上述原则进行分析和判断。

3）影子汇率。影子汇率是在项目的国民经济效益审计中用以将外汇折算为人民币的参数。对于非美元的其他国家货币，可先按当时国家外汇管理局公布的汇价折算为美元，再用影子汇率折算为人民币。影子汇率影响建设项目投资决策中的进出口抉择，间接影响项目的经济合理性。一般认为，在国家实行外汇管制和没有形成外汇市场的条件下，官方汇率往往低估了外汇的价值。外汇的机会成本是在一定的经济政策和经济状况下，由于项目投入或产出而减少或增加的外汇收入给国民经济带来的净损失或净效益。对投入物来说，是指因为投入一个美元的外汇，国家实际要支付或消耗多少人民币；对产出物来说，是指因为增加一个美元的外汇，国家实际所得到的人民币收入。

4）社会折现率。社会折现率是国民经济效益审计和投资决策的重要工具。合理的社会折现率能促进资源的合理分配，引导资金投向对国民经济净贡献大的项目。原则上，选取的社会折现率应能使投资资金的供需基本平衡。如果社会折现率定得过高，投资资金供过于求，将导致资金积压，也会高估货币的实践价值，使投资者偏爱短期项目；如果定得过低，将有过多的项目通过检验，会导致投资资金不足，同时也会过低地估计货币的实践价值，使投资者偏爱长期项目。

社会折现率的确定体现国家的政策、目标和宏观调控意图，并且既要符合基本理论，又要符合我国实际情况，应该考虑我国近期的投资收益水平、社会资金的机会成本、国际金融市场上的长期贷款利率、通货膨胀以及资金供求状况等因素。

2. 费用与效益的识别及度量

（1）费用的识别及度量　其主要包括以下情况：

1）因项目建设而增加项目所需投入物的社会供应量，即因项目大量使用投入物导致国民经济增加生产来满足该需求。实际上，社会为满足增加的需求消耗了有限的资源，而项目所需投入物带来的费用是为增加社会供给量所消耗的这些有限资源的真实成本，也就是作为项目投入物的资源的机会成本。

2）因项目建设而减少对其他相同或类似企业的供给，即项目的投入物是由减少对其他企业的供应而转移过来的。在这种情况下，这些其他企业因供应减少而少生产的产出物用影子价格计算的边际效益就是项目的费用。

3）减少出口或增加进口带来的费用。减少出口是指因项目的投入物是国家准备用来出口的产品，从而减少了国家的出口量，可用国家因减少出口而损失的外汇收入来度量；增加进口是指项目的建设需国家增加进口来满足该项目对投入物的需要，可用国家为增加进口而多支付的外汇来度量。

4) 外部费用。该类费用主要是工业项目废弃物产生的环境污染给社会造成的损失，包括废气、废水、固体废弃物及噪声等产生的污染。可用社会为清除或减少污染所消耗的资源的价值或项目为其产生的污染所支付的赔偿金和罚金来度量，对于确实难以量化的，可做定性分析。

(2) 效益的识别及度量　其主要包括以下情况：

1) 因项目投产而增加的社会总供给，即增加了国内的最终消费品或中间产品，其效益用使用者的支付意愿⊖价格或依据调价方法调整后的价格来度量。

2) 因项目投产而减少其他相同或类似企业的产量，此时，全社会产品数量没有增加，只是项目投产后的产出物代替了其他相同或类似企业的等量产品。可用被代替企业因为停产或减少产量而节省的资源价值来度量。

3) 增加出口或减少进口带来的效益。增加出口是指因项目投产增加国家出口产品的数量，可用因此增加的外汇收入来度量；减少进口是指因项目投产其产出物可代替进口产品，减少国家等量产品的进口，可用因此减少进口而节省的外汇来度量。

4) 外部效益。该类效益主要是由于项目培养的人才及其技术的流动给地区乃至整个社会经济发展带来好处，容易识别，但难以度量，可做定性分析。另一方面是项目给"上、下游"企业带来的效益，主要表现在：①项目投产后，使"上、下游"企业闲置的生产能力得以充分利用而增加的净效益；②项目投产后，使"上、下游"企业的生产规模达到了规模经济，特别是"上游"企业，为了给项目提供足够的原料或半成品，不得不扩大生产规模以达到规模经济。

对于前者的识别，需满足：①企业未被利用的生产能力是国内需求不足或供给不足所致，除采取拟建项目投资措施外，无其他方法可以提高需求或增加供给；②只考虑整个项目生产期内闲置生产能力被利用所增加的净效益。可用企业增加的效益来度量。

对于后者的识别，需满足：①"上游"或"下游"企业的生产规模处于规模不经济状态；②"上、下游"企业达到规模经济除采取拟建项目投资措施外，无其他方法可以使其达到规模经济状态。其产生的影响，用数量表示不是很明显。

(3) 转移支付　在费用与效益的识别及度量过程中，应剔除转移支付。转移支付是指那些既不需要消耗国民经济资源，又不增加国民经济收入，只是一种归属权转让的款项，包括税金、补贴和国内借款利息等。

3. 审计指标

国民经济评价报表包括基本报表，如全部投资的国民经济效益费用流量表（见表5-2）和辅助报表，如出口产品国内资源流量表、国民经济评价投资调整计算表、国民经济评价销售收入调整计算表及国民经济评价经营费用调整计算表等。在国民经济评价报表审计的基础上，需进一步对国民经济评价指标进行审计。

⊖ 支付意愿（Willingness to Pay，WTP）是指消费者接受一定数量的消费物品或劳务所愿意支付的金额，是消费者对待特定物品或劳务的个人估价，带有强烈的主观评价成分。

表 5-2 国民经济效益费用流量表（全部投资）　　　　（单位：万元）

序号	项目	建设期		投产期		达到设计能力生产期				合计
		1	2	3	4	5	6	……	n	
	生产负荷（100%）									
1	效益流量									
1.1	产品销售（营业）收入									
1.2	回收固定资产余值									
1.3	回收流动资金									
1.4	项目间接效益									
2	费用流量									
2.1	固定资产投资									
2.2	流动资金									
2.3	经营费用									
2.4	项目间接费用									
3	净效益流量（1-2）									

计算指标：　　EIRR：
　　　　　　　ENPV（$i_s =$　%）：

注：投产期发生的更新改造投资作为费用流量单独列项或列入固定资产投资项中。

（1）经济净现值　它是指项目按照社会折现率将计算期内各年的经济净效益流量折现到建设期之初的现值之和，是反映项目对国民经济净贡献的绝对指标。计算方法见式（5-16）：

$$\text{ENPV} = \sum_{t=0}^{n}(B-C)_t(1+i_s)^{-t} \qquad (5\text{-}16)$$

式中　ENPV——经济净现值；
　　　B——经济效益流量；
　　　C——经济费用流量；
　　　$(B-C)_t$——第 t 期的经济净效益流量；
　　　n——项目计算期；
　　　i_s——社会折现率。

若经审计的经济净现值等于或大于0，表明国家为拟建项目付出代价后，可以得到符合社会折现率的社会盈余，甚至得到以现值计算的超额社会盈余，则从经济资源配置的角度认为项目可接受。

（2）经济内部收益率　它是指项目在计算期内经济净效益流量的现值累计等于0时的折现率，是反映项目对国民经济净贡献的相对指标。计算方法见式（5-17）：

$$0 = \sum_{t=0}^{n}(B-C)_t(1+\text{EIRR})^{-t} \qquad (5\text{-}17)$$

式中　EIRR——经济内部收益率；
　　　其他含义同式（5-16）。

若经审计的经济内部收益率大于或等于社会折现率，表明项目资源配置的经济效率达到或超过可被接受的水平。

5.3.4 社会效益审计简述

1. 社会效益审计的概念

建设项目社会效益审计是指运用社会学、人类学、经济学及管理学等学科的理论和方法,对项目实施过程和投产使用中出现的各种社会问题进行分析,对产生的各种社会影响进行评估,以审计结果为依据,从而有效规避项目投资的社会风险,是项目方案与社会的适应性和利益相关者的认可度增强,使项目运行的综合效益得以提升。

2. 社会效益审计的特点

(1) 以人为本 社会发展的核心在于人,社会效益的承受者是人,社会影响的感受者也是人。建设项目实施后,其社会影响所反映的现象,来自于人的思想和行为变化。其产生的社会效益波动,如人口就业分布、文化教育、健康卫生等,与人的因素息息相关。对项目进行社会效益审计的最终目的就是以人为中心来协调项目与人和社会的关系。

(2) 目标多元 项目产生的影响波及多个层次,如项目本身㊀、项目周边、所在地、社会等,社会效益审计应以各个不同层次的发展目标和政策为基础,制定多个层次的审计目标。

(3) 以定性评价为主 由于项目社会效益本身的多样性及涉及社会影响因素的复杂性,项目对人口就业分布、文化教育、健康卫生等的影响难以定量计算,其目标的多元化也使得审计中难以使用统一的量纲或指标来衡量。

(4) 关注长期效益 项目对社会的影响是长期和深远的,其对人口就业分布、文化教育、健康卫生等的影响可能长达几十年甚至数百年。因此,不能仅以某一时点或某一时段的表现为审计对象,而应着眼于较长时间跨度及对未来的预期。

3. 社会效益审计的重点内容

建设项目对社会的影响会因项目的性质、规模、所处地区不同而有区别,在审计中应关注具有共性的影响,重点包括以下几方面:

(1) 审计社会效益影响 社会效益影响审计主要以社会政策为基础,针对社会发展目标实施,主要包括以下几方面:

1) 对社会环境影响的审计。①审计对当地基础设施、社会服务容量及城镇化进程等的影响,主要分析评估项目在建设和运营期间是否增加或者占用了现有的基础设施,包括道路、桥梁、供电、给排水、供气、服务网点及其产生的影响;②审计项目对所在地区少数民族风俗习惯和宗教的影响,主要分析项目建设和运营是否符合相关民族和宗教政策,是否充分考虑当地民族的风俗习惯、生活方式或当地居民的宗教信仰,是否会引发民族矛盾、宗教纷争,影响当地社会稳定;③审计项目对所在地区弱势群体利益的影响,分析预测项目的建设运营对当地妇女、儿童及残疾人利益的正负面影响。

2) 对当地经济和区域发展影响的审计。①审计对项目所在地居民收入的影响,分析其可能造成当地居民收入增加或减少的范围、程度及其原因;②审计收入分配是否公平,分析其是否扩大了贫富收入差距,是否提出促进收入公平分配的措施建议等;③审计项目所在地

㊀ 项目的性质、规模及地域等不同时,审计实施的内容也有所不同,形式和目标也会有所区别。

区居民生活水平和生活质量的影响,分析预测项目实施后居民居住水平、消费水平、消费结构和人均寿命等方面的变化及其原因;④审计对项目所在地不同利益相关者的影响,分析项目的建设和运营使哪些人受益或受损,以及对受损群体的补偿措施和途径。

3) 对当地科教文卫事业发展影响的审计。主要分析项目的建设和运营期间对当地科技发展、技术装备状况、高科技产业技术开发与投产情况的影响,如有负面影响,审计其是否提出减少不利影响的措施建议。

(2) 审计项目与社会发展的适应性 其目的在于分析项目与社会发展的适应性程度,为项目投资决策修正、运营策略调整等提出建议,主要包括以下几方面:

1) 项目与当地需求的相互适应性审计。①主要分析当地人对项目的需求程度,以及能否为发展地方经济、改善当地居民生产和生活条件带来显著效益;②分析当地人对项目的承受能力和适应能力,所在地区的行业和组织能否适应项目要求的技术条件,如需要由当地提供的交通、水电等基础设施条件是否具备,医疗教育等社会福利条件是否满足项目需求;③分析当地人对项目建设和运营的态度,对项目予以支持和配合的程度,能否提供充分保障以实现项目建设和运营的既定目标等。

2) 项目参与度审计。审计项目利益相关者对项目建设和运营的态度及参与程度,如:①项目在实施过程中是否让社会利益各方参与到社会经济调查、补偿措施方案的制订和实施及项目的实施管理等活动中;②是否在项目的沟通协调、意见反馈、申诉及纠偏机制和措施方案的建立时充分考虑各方的意愿并采纳其建议等;③是否尽可能优选促使项目顺利实施的参与方式,对可能阻碍项目建设和运营的因素提出了良好的防范措施等。

3) 利益相关者审计。审计项目利益相关者的构成状况,主要的利益相关者是否确立得当,对各利益相关者的重要性和影响力评判是否合理等,特别是对于弱势群体是否在项目建设和运营中给予了关注。

(3) 审计社会风险 建设项目的社会风险是指项目建设和运营中可能产生导致社会不公和冲突加剧,或关键利益相关者的态度和行为阻碍项目效益实现、阻碍社会发展的情况。社会风险不仅与项目性质、规模和地域等自身特征有关,还与整个国家的社会文化、政治体制、运行机制或制度背景有关。

审计内容主要有:①审计风险调查真实性程度,通过与甲乙方、地方政府、非政府组织、设计、监理、可能受到项目影响的其他人群及其代表进行充分的交流和磋商,判断项目风险预估是否确切真实;②审计项目建设中出现的社会风险因素,确定风险持续的时间和性质,从而确定风险的强度及其产生的后果。

案例分析

以下案例以部分国有投融资企业效益审计为背景,资料来源于国家审计署网站。对部分内容做了调整,主要包括以下几部分:

案例1:审计融资数量的保证性、融资附加条件的可接受性与投资的经济性结合。

1. 案例背景

某建设项目于2017年7月23日正式开工,2019年10月建成。2018年3月在项目建设过程中为积极采用市场化筹融资模式，向社会资本开放，引进社会资本金 5.94 亿元。

2. 审计意见

1) 审计融资数量的保证性与投资经济性发现：该项目资本金 2018 年 5 月开始流入，至 2018 年年底全部到账。而项目 2017 年年末银行借款为 7.91 亿元，2018 年年末为 2.16 亿元。在项目的建设期中向社会资本开放，以原始股价格转让权益，不仅政府资源不能在项目转让收益中得到最大体现，而且使出资额不能在项目开始就投入使用，企业仍需向银行贷款，导致企业多负担利息，直接增加工程建设成本。

2) 审计融资附加条件的可接受性与投资经济性发现：2019 年 12 月股东各方按其出资比例抽回资金 4.9 亿元，2020 年 1 月股东各方又按其出资比例抽回资金 3.2 亿元，如用此资金还贷，该项目两年要少支付利息 336.96 万元。

3. 审计建议

1) 建立有效的反馈机制，复盘该项目市场化运作方式。考虑多种经营方式的可能性，如转让股权合资经营，争取部、省、市资金独资经营，项目建设期转让股权，及建成后评估增值再转让等。通过该反馈机制为其他项目的建设和运营提供借鉴。

2) 应以企业可持续发展和项目的优质运营和维护为目标，并建立与此目标相一致的会计政策，杜绝在亏损的情况下为股东预支股利，争取项目利益最大化从而平衡股东利益。

案例 2：审计融资渠道合法性、融资方式有效性与投资的效益性结合。

1. 案例背景

某集团下属某子公司 2019 年采用合资方式，从一民营企业引入资金 790 万元。合资公司成立当月以进货为由，向该民营企业的关联企业付货款 500 万元。5 个月后，该民营企业又以借款方式借回 330 万元。

2. 审计意见

1) 审计融资渠道合法性与投资的效益性发现：合资公司成立后，以订立虚假合同支付货款和借款方式，抽回出资，不仅使子公司融资失败，而且违反了《公司法》第三十六条的规定，并导致合资公司资金运转困难，业务难以开展。

2) 审计融资方式有效性审计与投资的效益性发现：合资公司成立后，原定的合资公司重要业务一直未开展，却于 2019 年年末，与该子公司签订协议，将子公司所拥有的部分优质资源授予该合资公司独家经营。合资公司用子公司的无偿给予的资源尚不能维持日常运转，完全背离了成立合资公司的初衷，即做强做大和投资回报。

3. 审计建议

1) 该子公司拥有垄断性优质资源，应充分应用优质资源，使其效益最大化，以此形成明显的投入产出能力和强劲的还本付息机制，突破资金瓶颈。

2) 在长期投资项目的选择上要关注项目的发展前景，在投资人的选择上要立足有业务的投资人，关注投资效益。建立科学、规范、有效的内控制度和完善的监督体系，加强对外投资的事前、事中、事后的全过程控制。

案例 3：审计融资偿还能力真实性、债务风险防范有效性与投资的效率性结合。

1. 案例背景

某子公司投资三条公路项目 4.895 亿元，全部为银行贷款。2016 年至 2019 年年末，投资收益为 -4 336.34 万元。三条公路为非市场化的公路管理模式，企业对其无实质性的经营、管理和处置权。

2. 审计意见

1) 审计融资的偿还能力真实性与投资的效率性发现：前两条公路 2019 年年末本息债务比率分别为 41.91% 和 34.90%，第三条公路尚未确定还本付息来源。三条公路本息偿还完全依赖债务收入，而通行费结余返还不足以付息，偿还能力不足。

2) 审计债务风险防范有效性审计与投资的效率性发现：该子公司 2019 年年末对外担保总额为 26.53 亿元（其中为三条路担保 13.1 亿元），是公司净资产的 9 倍。债务风险较大，后期项目举债空间狭小。

3. 审计建议

1) 市政府进一步与省政府协调，尽快将公路纳入其衔接高速公路改扩建工程，实行联网收费，提高公路收费标准，使企业尽快走出经营困境。

2) 企业应重视债务风险的防范，降低对外担保数量，使其与净资产保持安全的比例。

3) 企业应将债务的期限结构与通行费收入相匹配，在当前我国存贷款利率多次变动情况下，注意确定合适的债务利率结构，同时要改变目前单一的银行借款债务类型，寻找新的融资方式以降低债务成本。

案例 4：审计项目建设规模、管理情况与投融资的效果性结合。

1. 案例背景

某项目为争取国家批准，有关部门要求在 100 天内建成。项目涉及多个管理部门，各主管部门对监管、办公等设施要求意见不统一。项目建成后，运营能力达不到建设项目可行性报告估算水平。

2. 审计意见

1) 仓促开工导致许多项目未履行公开招标手续，违反招标投标法规定，且工程质量无保证。

2) 多部门管理使项目建设规模不断变化，导致工程量计算出入较大，且合同管理上不够规范，补充协议缺少施工合同和工程量清单。项目建成后，运营能力不足可行性报告估算水平的 70%，实际可出租仓库面积为 3.84 万 m^2，是工程可行性报告确定面积 8.73 万 m^2 的 43.99%。

3. 审计建议

1) 积极推动多部门联动方案的实施，最大限度减低项目仓促上马带来的政策支持滞后、建设规模和运营需求脱节对项目效益的影响，降低运作成本。

2) 加强资源整合和利用，充分挖掘该项目的资本化运作能力，使其成为企业新的利润增长点。

案例 5：审计项目运营中管理、运营后财务收支与投融资效益性结合。

1. 案例背景

某高速公路项目提前竣工后，当年日均收费收入 47.3 万元，当年亏损 6 527.44 万元。根据项目可行性研究报告可知，该项目运行第一年 2018 年的预测交通量为 19 687 辆/日，而实际根据 2018 年 10 月 7 日至 2019 年 8 月 31 日的通行量为 11 311 辆/日，仅为预测数的 57%。

2. 审计意见

审计分析发现，该项目当年亏损原因在于周边的设施未能同步有效衔接。因此，审计组在该项目 2019 年财务收支审计的基础上，按照 2019 年实际成本和费用发生数，采用盈亏平衡点分析法，测算若要保本运营，2020 年日均收费收入要达 56 万元。又通过对业务数据的趋势分析，在配套设施完善的基础上，得到该项目 2020 年日均收费收入可达 65 万元。

3. 审计建议

1）应加快周边的配套设施建设，努力以完备的路网带动车流量大幅增加，以规模经济促进该项目快速扭亏，取得经济效益和社会效益双赢。

2）公共产品具有外部效应，公共基础设施完善会导致周边的地价上升，周边的企业也融入经济圈得到发展。政府应建立有效的回馈机制，这样政府调控宏观经济的职能得以发挥，公共基础设施建设也有较稳定的来源。

本章小结及关键概念

本章小结：建设项目投资效益审计是指在审计理论的指导下，遵循审计程序，并采取一定的审计方法对建设项目财务效益、宏观效益、安全、环境、绩效等方面的审计，其目的是为了实现建设项目预期的经济效益与社会效益。从国家审计、社会审计和内部审计三个审计主体出发，通常进行建设项目财务效益、宏观效益、安全和环境等方面的审计，各审计内容分别形成了各自的审计体系，除了手工计算审计和计算机辅助计算审计外，各主体也逐步形成自己的审计方法。在审计的过程中，应注意财务效益与宏观效益矛盾的处理和建设项目投资效益审计风险的控制。

建设项目财务效益审计的程序是：①估算财务数据；②编制财务报表；③计算财务指标，包含静态指标和动态指标两类；④提出财务评价结论，即审计意见。

建设项目宏观效益审计与财务效益审计的联系体现在：①最终目的一致；②审计方法类似；③审计基础相同。区别体现在：①评价角度不同；②费用与效益的划分不同；③采用的价格体系不同；④主要评价参数不同；⑤审计内容不同。宏观效益审计主要有国民经济效益审计和社会效益审计，其中国民经济效益审计基于费用—效益分析、外部效益、国家参数（货物影子价格、影子工资、影子汇率、社会折现率等）等原理进项费用和效益的识别与度量，并计算经济净现值和经济内部收益率两个审计指标，最后审计国民经济评价报表。

建设项目社会效益审计是指运用社会学、人类学、经济学及管理学等学科的理论和方法，对项目实施过程和投产使用中出现的各种社会问题进行分析，对产生的各种社会影响进行评估，以审计结果为依据，从而有效规避项目投资的社会风险，是项目方案与社会的适应性和利益相关者的认可度增强，使项目运行的综合效益得以提升。其具有以人为本、目标多元、以定性评价为主、关注长期效益等特点，重点进行社会效益影响、项目与社会发展的适应性及社会风险等方面的审计。

关键概念： 建设项目投资效益审计、财务指标、费用与效益、财务效益审计、国民经济效益审计、社会效益审计。

能力提升

一、选择题

1. （　　）不是投资效益的审计方式。
   A. 事前审计　　B. 后置审计　　C. 事后审计　　D. 事中审计
2. 审计主体不包括（　　）。
   A. 专业审计　　B. 内部审计　　C. 社会审计　　D. 国家审计
3. （　　）不是动态财务指标。
   A. 动态投资回收期　B. 财务内部收益率　C. 经济净现值　D. 财务净现值
4. 宏观效益审计是从（　　）考察项目需要国家付出的费用和对国家产生的效益。
   A. 财务角度　　B. 建设项目角度　C. 国民经济角度　D. 企业角度
5. 转移支付不包括（　　）。
   A. 税金　　B. 国家参数　　C. 补贴　　D. 国内借款利息
6. （　　）是建设项目经济效益审计的重要构成部分和首要环节。
   A. 财务效益审计　　　　　B. 国民经济效益审计
   C. 社会效益审计　　　　　D. 安全审计

二、填空题

1. 建设项目的投资决策程序主要包括投资构想、_____、_____和_____等。
2. 投资效益审计体系由_____、_____、安全审计体系和环境审计体系等组成。
3. 政府投资或以政府投资为主的国家建设项目投资效益审计应进行____和____审计。
4. 静态财务指标包括_____、_____和_____三类。
5. _____和_____国民经济效益审计的指标。

三、简答题

1. 简述建设项目投资效益审计的概念、目的及内容。
2. 简述建设项目财务效益审计的内容。
3. 简述建设项目宏观效益审计与财务效益审计的联系与区别。
4. 如何进行费用与效益的识别及度量？
5. 简述社会效益审计的内容。

第 6 章
建设项目财务报表审计

> **学习要点**
>
> **知识点：** 资金筹措审计的依据及内容，预算内基建拨款、自筹基建资金拨款及其他基建资金拨款审计，基建投资借款审计，企业债券资金审计，周转借款及国内储备借款审计，项目资本审计，建筑安装工程投资审计，设备投资审计，待摊投资审计，其他投资审计，转出投资审计，待核销基建支出审计，设备和材料采购支出审计，基建收入审计，交付使用资产和资金冲转核算审计，竣工结余资金审计，建设项目会计报表审计，建设项目财务决算审计。
>
> **重点：** 建设项目资金筹措审计及建设项目资金使用审计的内容，建设项目会计报表审计，建设项目财务决算审计。
>
> **难点：** 建设项目会计报表审计，建设项目财务决算审计。

6.1 建设项目资金筹措审计

建设项目的资金筹措是项目前期的核心工作，也是项目能否实施的关键，由建设单位牵头确定项目建设所需资金总额度及项目各阶段所需额度，编制资金筹措计划，确定筹集方式。建设项目资金筹措审计是审计人员针对建设单位资金不同来源渠道（基建拨款、基建投资借款、企业债券资金、其他借款及项目资本等）分别进行会计核算和账务处理的基础审计，采用查阅法、比较法、计算和分析法等方法审计资金筹措过程中的合法性和合规性及筹措成本和筹措费用的经济性。

6.1.1 资金筹措审计的依据及内容

1. 资金筹措审计的依据

1）经批准的建设单位投资计划。
2）建设单位编制的筹措计划和年度建设预算。
3）使用国家财政资金项目的上级有关部门关于划拨资金的批文。
4）使用银行贷款项目的贷款协议或合同。
5）使用自有资金项目的银行存款证明材料。
6）使用外资项目的可行性研究报告、合同及协议书等。

7）筹措成本和筹措费用测算资料。

8）其他相关资料。

2. 资金筹措审计的内容

资金筹措审计主要包括检查筹资备选方案论证的充分性、决策方案选择的可靠性、合理性及审批程序的合法性、合规性；检查筹资方式的合法性、合理性、效益性；检查筹资数额的合理性，分析所筹资金的偿还能力；评价筹资环节的内部控制等。与审计依据相对应，审计的内容具体包括以下几个方面：

（1）建设项目的资金来源是否合规，资本金及年度建设预算是否落实　根据立项审批资料，确定项目资金来源渠道。对于使用国家财政资金的项目，要注意实际投入资金是否与批准的投资额一致，如果超过了批准的额度，审计超过部分的来源渠道是否合法、合规，是否有有关主管部门允许调整金额的批文。

（2）是否具有银行贷款协议或合同　使用银行贷款的项目，审计其银行贷款协议或合同，并计算贷款利息，分析其对投资效益的影响。

（3）自筹资金是否经财务部门批准，并存入银行　审计银行存款证明，并关注是否有财务部门的审批意见。

（4）是否有经主管部门批准的外资项目可行性研究报告、合同及协议书等，预算内资金是否落实　审计材料是否齐全、合法合规，并分析筹措成本。

（5）筹措成本和筹措费用是否合理、经济　针对不同的筹措方式分别审计筹措成本和筹措费用，具体包括：

1）贷款的资金成本。贷款是项目投资资金的重要来源之一，其资金成本的表现形式是贷款利息。

2）债券的资金成本。其计算式为

$$C = \left(r + \frac{TQ}{CQ} \times n\right)^{1-i} \tag{6-1}$$

式中　C——一次还本单利计算债券的资金成本；

r——债券年利率（票面利率）；

TQ——债券发行费用总额；

CQ——债券筹资总额；

n——债券偿还期限；

i——所得税税率。

3）自有资金的成本。其表现形式为自有资金的机会成本。

4）最低期望收益率。一般来说，以使用各种不同来源的资金成本的加权平均值作为建设项目的最低期望收益率。

6.1.2　基建拨款审计

基建拨款是由国家财政、主管部门和企事业单位拨入建设单位无偿使用的基本建设资金。按其来源渠道不同，分为预算内基建资金拨款、自筹基建资金拨款和其他基建资金拨款。

审计基建拨款科目设置是核算建设单位各项基本建设拨款的基础，包括中央和地方财政的预算拨款、地方主管部门和企业自筹资金拨款、进口设备转账拨款和器材转账拨款等。其他单位、团体或个人无偿捐赠用于基本建设的资金和物资也在本科目核算。

【例6.1】 某建设单位2018年年初收到地方财政预算的当年基建拨款通知，告知已拨入人民币5 000 000元存入银行结算户。试问审计时如何做会计分录？

解：借：银行存款　　　　　　　　　　　　　　　　　　　　　　5 000 000
　　　贷：基建拨款——本年基建资金拨款　　　　　　　　　　　　　　5 000 000

1. 审计预算内基建资金拨款

预算内基建资金拨款包括中央基建资金拨款、地方财政预算拨款、进口设备转账拨款、器材转账拨款等。

（1）审计建设单位是否符合预算拨款的范围　按照国家规定，只有行政事业单位、没有还款能力的企业和经过特殊批准的建设单位才能获得预算拨款。中央基建资金拨款属于非经营性资金，按照国家规定，非经营性资金主要用于中央各部门直接举办的无经济收入的文化、教育、卫生、科研等建设和大江大河的治理项目。

审计人员可以通过审计基建拨款通知书和会计账簿记录的一致性，查证基建拨款使用范围。在审计中，如果发现建设单位不属于国家规定的范围，应追究拨款单位的责任并建议国家有关部门收回拨款；如果发现建设单位有采取不正当手段骗取预算拨款的行为，审计人员应及时建议银行停止拨付或收回预算拨款，并对建设单位追究相关经济和法律责任。

（2）审计建设项目是否已纳入批准的年度基本建设计划　审计人员应注意有无计划外项目挤入计划内的情况；有无年度基本建设计划未经报批或审批手续不完整的情况；建设单位是否用预算拨款擅自扩大建设规模，增加建设内容和提高建设标准，审计建设计划外项目等情况。若有上述情况，审计人员应坚持原则予以制止，并建议银行不予拨款。

（3）审计建设单位取得预算拨款的依据是否完备、合法　国家规定，建设单位必须向银行报送经有关部门批准的文件（包括可行性研究报告、初步设计文件和设计概算、年度基本建设计划和年度基本建设工程项目表、施工图预算、年度基本建设财务计划和施工合同等）作为取得预算拨款的依据。重点审计上述文件的完备性及审批程序的合法、合规性。

（4）审计进口设备转账拨款　进口设备转账拨款是指上级主管部门转账拨入的进口的成套设备的价款和有关费用。主要审计建设单位通过主管部门引进的成套设备是否符合国家规定；引进的成套设备项目（包括国内配套工程）是否已纳入国家的基本建设计划；引进成套设备项目的国内配套工作是否已安排妥当。

（5）审计器材转账拨款　主要审计建设单位取得的设备及材料是否按规定用于计划内工作；是否存在利用转账拨入设备和材料擅自扩大建设规模、挪用于计划外项目等情况。如若存在，审计人员应坚决制止，并督促建设单位限期改正。

2. 审计自筹基建资金拨款

（1）审计自筹基建资金拨款计划　按照国家规定，凡是自筹资金基本建设项目必须纳入国家基本建设计划。审计人员应审计项目计划的批准文件，并将批准的建设内容和实际建设内容进行比较，注意发现未纳入国家基本建设计划项目的建设内容。

（2）审计建设单位的自筹基建资金来源　按照国家规定，银行贷款、各种行政事业经费、各种租赁资金、企业应上缴税金和利润、流动资金、更新改造基金和大修理基金不能用于自筹投资建设项目;不得通过向企业摊派的方式自筹资金;不得挤占成本;不得采取提价或变相提价的方式筹集资金。

(3) 审计建设单位自筹基建资金的落实情况 审计人员应仔细审计建设单位自筹资金来源的各明细账户,采取账、表、证相互核对的方法,落实期末结余资金与申报是否一致;审计建设单位的各专项资金的取得是否按规定缴纳税金;在保证正常开支、设备更新和技术改造的前提下是否能保证投资计划的实现;审计建设单位的"基建拨款——待转自筹资金拨款"和"银行存款——待转自筹资金户"账户的记录是否真实可靠。

3. 审计其他基建资金拨款

其他基建资金拨款主要包括其他单位、团体或个人无偿捐赠用于基本建设的资金或物资,其他单位无偿移交的未完工程,由于与其他单位共同兴建工程而由其他单位拨入的基本建设资金等。

该类拨款主要审计建设单位所取得的拨款来源渠道是否正当;是否向企、事业单位和机关、团体等乱摊派、乱集资;资金的使用是否符合规定,有无乱上计划外项目、冲击计划项目等。

6.1.3 基建投资借款审计

该基建投资借款是指建设单位按规定条件向有关方面借入的有偿使用的基本建设资金。包括国家开发银行投资借款、国家专业投资公司委托借款、商业银行投资借款、国外借款和其他投资借款。

审计中,应就建设单位设置的"基建投资借款""拨付所属投资""上级拨入投资借款""待冲基建支出""应收生产单位投资借款"等科目进行核算。而建设单位按规定从银行借入的国内储备借款和周转借款,在"其他借款"科目核算。

【例 6.2】 某建设单位收到某商业银行通知:已将基建投资借款 3 000 000 元转入银行存款户。试问审计时如何做会计分录?

解:借:银行存款   3 000 000
    贷:基建投资借款   3 000 000

除确认科目设置和会计核算正确外,主要审计以下几方面:

(1) 审计借款对象、范围和条件 首先,应审计建设单位在行政上是否具有独立的组织形式,在经济上是否实行独立核算和自负盈亏,是否确实具有还款能力,可靠程度如何;其次,应按照建设单位所借款项的种类,根据国家对该种借款范围的规定,审计建设单位是否符合规定的借款范围。

(2) 审计借款的依据是否真实、齐全 主要包括:①审计建设单位向银行提送的经过有关部门批准的项目建议书、可行性研究报告、设计和设计概预算文件、合同以及年度基本建设计划等申请借款的依据是否齐全;②审计其是否经过财政部门批准、审批手续是否完备;③审计建设项目是否列入年度基本建设计划、计划文件是否经审核机关批准、有无虚假计划,如将计划外项目列入计划内等。

审计中，如果发现审批手续不完备的，应督促建设单位及时补办手续。对于未报批的项目，应督促建设单位按规定报批。对于计划外项目，要坚决制止。

(3) 审计借款合同的签订　借款合同是建设单位与银行或其他金融机构就确立货币借贷权利和义务关系所签订的合同。审计借款合同，主要包括：①审计借款合同所规定的项目名称、借款金额、借款利率及借款期限等是否按照批准的基本建设计划及概预算金额签订；②审计借款合同的签订是否符合《合同法》《借款合同条例》以及国家规定借款利率等法律法规文件的要求；③审计建设单位所确定的分年用款计划是否与工程进度相衔接，有无资金不足或超过工程实际需要的情况；④审计建设单位所确定的分年还款计划是否切合实际，有无为争取贷款故意夸大投资效益、缩短还款期限等不良行为。

如果发现问题，应及时采取措施，督促贷款方与建设单位及时修订或重签借款合同。

(4) 审计基建投资借款的使用情况　主要包括：①审计建设单位是否在基建投资借款指标额度内按照概预算金额和借款合同规定的用途合理使用基建投资借款，应分别将基建投资借款指标备查登记簿的核定数、分年用款计划、一定时期的支用数以及银行或者其他计算利息清单等与"基建投资借款"账户的记录相核对；②审计"基建投资借款"的经济内容是否符合国家规定，是否符合借款合同限定的用途，有无将基建借款投资挪作他用或进行计划外工程等情况。

基建投资借款支出内容通过有关的原始凭证、记账凭证和设置"基建投资借款"账户来反映。因此，应审计有关基建投资借款的会计资料，确定其反映的经济内容的真实性和可靠程度。主要包括：①审计原始凭证的填制是否符合要求，各项内容的记载是否完整、正确，所反映的经济业务是否合法；②审计记账凭证时，着重审计"基建投资借款"科目的使用及其对应关系是否正确；③审计"基建投资借款"核算科目的经济内容是否与原始凭证相符，填列的金额是否相等；④审计"基建投资借款"科目的登记是否正确，有无多记、少记、重记、漏记等错误，并将基建投资借款支出的原始凭证、记账凭证和"基建投资借款"账户相互核对，检查其是否相符。

(5) 审计基建投资借款的偿还情况　主要包括：①审计建设单位是否按期还本付息；②审计建设单位是否完成年度还款计划，审计人员应认真核对银行的对账单、利息清单和建设单位的"基建投资借款"账户，检查其还本付息的情况；③审计建设单位偿还借款本息的资金来源⊖是否正当，是否按规定的资金来源偿还借款，是否先用自有资金偿还借款，有无挪用生产资金、其他专项资金和挤占生产成本等情况；④审计超过计划规定建设期和还款期的借款，建设单位是否按规定用自有资金偿还，有无随意占用应缴税款和应缴利润的情况。

如果发现建设单位未按期还本付息，审计人员应进一步查明原因，并及时建议银行对逾期部分按规定加收罚息，同时督促建设单位按时还本付息。如果发现建设单位还款资金来源不符合规定，审计人员应追查原因，督促建设单位及时改正；对于非法占用税款和利润的情况，应督促建设单位及时、足额地补缴以维护国家利益。

⊖ 基建投资借款的还款来源一般包括项目建成投产后新增纳税前的利润、新增固定资产的基本折旧资金、建设期间按规定应上缴财政的基本建设收入、投资结余及其他自有资金等。

6.1.4 企业债券资金审计

债券是一种债权债务的证券化凭证。随着我国资本市场的建立和发展，通过证券市场发行股票和债券进行融资的建设项目越来越多，也是新的经济增长方式。例如，我国目前为更好地提供公共服务和基础设施而推行的政府和社会资本合作模式（PPP模式），其发展方向之一就是资产证券化。

企业债券资金是指将生产企业通过发行企业债券筹集的资金拨付给建设单位用于项目建设的投资。建设单位往往只是债券资金的使用者而不是发行者，建设项目法人除外。

审计企业债券资金主要从以下几方面进行：

（1）审计科目设置和会计核算是否正确　主要包括：①建设单位收到生产企业拨入的用于基本建设的企业债券资金及应付的债券利息时，应借记"银行存款"科目，贷记"企业债券资金"科目；②支用企业债券资金时，借记"建筑安装工程投资""设备及工器具投资""其他投资""待摊投资"等科目，贷记"银行存款"科目；③建设单位将企业债券资金存入银行所取得的存款利息收入，按规定应冲减成本，借记"银行存款"科目，贷记"待摊投资——企业债券利息"科目。

（2）审计建设项目所使用的企业债券资金来源是否合法和落实　主要包括：①审计债券发行是否符合《证券法》和《企业债券管理暂行条例》等的规定；②发行的企业债券是否经中国人民银行同意；③发行所得的债券资金是否足额用于项目建设，有无因资金不能及时到位造成工期延误或资金成本增加的情况。

（3）审计企业债券资金的使用是否合规　应着重审计有无转移、侵占、挪用该债券资金的情况。利用企业债券资金建设的项目应单独核算和管理，建设期利息可视同基建投资借款利息计入工程成本，计入交付使用资产价值。各项债券发行的手续费和印刷费应计入交付使用资产价值。

6.1.5 其他借款审计

其他借款是指建设单位向银行借入的除基建投资借款以外的其他各种借款，包括周转借款和国内储备借款等。除审计科目设置和会计核算外，还应分别审计周转借款和国内储备借款。

1. 审计科目设置和会计核算

主要审计建设单位是否按规定设置"银行存款"和"其他借款"科目，科目明细设置是否正确；根据借款合同和有关规定制度，结合"其他借款"明细账进行检查，有无将其未按规定用途使用，有无不按期归还长期占用的其他借款情况。

2. 审计周转借款

周转借款是指实行投资包干责任制的建设单位为解决投资包干项目的资金短缺，按规定向银行借入的临时性周转借款。审计周转借款应从以下几方面进行：

（1）审计建设单位是否具备借款条件　其条件主要包括：①建设项目是否纳入批准的年度基本建设计划；②建设项目实行投资包干制，且建设单位与其主管部门已无法解决资金问题。

（2）审计建设单位是否按规定用途使用借款　周转借款只能用于解决投资包干项目的

资金短缺，不能用于其他项目和开支。审计人员必须逐笔审计"其他借款——周转借款"账户的借贷记录，并与有关支出的原始凭证和记账凭证进行核对，看其所反映的支出内容是否一致，金额是否相符，有无错记和漏记等情况。在此基础上，检查各项支出是否合法和合规。

（3）审计建设单位是否按期归还借款本息 在下年度的基建投资借款指标核定下达后，建设单位必须用下年度的基建投资借款及时归还周转借款本息。审计人员应审计"其他借款——周转借款"账户的借方记录，检查建设单位归还周转借款本息情况。

3. 审计国内储备借款

国内储备借款是指建设单位为下年度项目储备设备或材料，而向银行借入的一种专项借款。审计国内储备借款应从以下几方面进行：

（1）审计建设单位是否具备借款条件 其条件主要包括：①建设项目已列入批准的年度基本建设计划；②设备必须列入批准的设计文件所附设备清单内；③签订设备订货合同，而且是当年到货付款，下年度才能安装的设备。

（2）审计建设单位是否按规定用途使用借款 国内储备借款只能用于当年到货并列入设备清单的需要安装设备储备。审计人员应将"其他借款——国内储备借款"账户所反映的经济内容与有关支出的原始凭证等进行认真核对，看其是否相符，有无错记和漏记等情况，并检查建设单位实际支用的国内储备借款是否合法和合规。

（3）审计建设单位是否按期归还借款本息 国内储备借款是一种临时性借款，建设单位应在下年度的基建投资借款指标核定下达后，用其及时归还。审计人员应认真审计建设单位"其他借款——国内储备借款"账户的借方记录，检查其归还借款本息的情况。

6.1.6 项目资本审计

项目资本的审计包括对项目资本金的审计和项目资本公积金的审计，主要审计以下几方面内容：

1）审计项目资本的账务处理是否正确，是否符合《国有建设单位会计制度》的规定。
2）审计项目资本的来源途径，是否按国家规定的比例认缴法人资本。
3）审计项目的资本金，是否有经过具有相应资质的社会审计组织的验资报告，资金是否安全完整。
4）审计项目资本公积资金来源的会计处理是否正确，资金是否安全完整。

6.2 建设项目资金使用审计

建设项目资金使用是指建设项目资金由来源形态转化为占用形态，即货币资金→储备、结算资金→在建资金→建成资金。对应地，建设项目资金使用审计包括对建筑安装工程投资、设备投资、待摊投资、其他投资、转出投资、待核销基建支出、设备和材料采购。基建收入、交付使用资产和资金冲转核算及竣工结余资金等的审计。

6.2.1 建筑安装工程投资审计

建筑安装工程投资支出是指建设单位按照批准的建设内容发生的建筑工程和安装工程的

实际成本，其中不包括被安装设备本身的价值，以及按照合同规定支付给施工单位的预付备料款和预付工程款。建筑安装工程投资是基本建设投资的重要组成部分，其工作量大，工作内容复杂，其组成可按费用构成要素或造价形成进行划分。审计建筑安装工程投资可从以下几方面进行：

1）审计建筑安装工程投资明细表，并与总账、明细账和会计报表进行核对，检查是否相符。

2）审计建筑安装工程投资的会计科目设置是否正确，是否设置"建筑工程投资"和"安装工程投资"两个明细科目，并按单项工程和单位工程进行明细分类核算。

3）审计项目概预算说明书、工程施工合同和年度投资计划内容，审计工程价款结算办法、材料供应方式、合同价、预付备料款及质保金等内容，检查各项支出是否属于项目预期造价范围，会计记录的支出是否实际发生，与工程价款结算单是否一致，结算程序是否合规。

4）审计转入交付使用资产科目的转出数是否取得交付使用资产明细表，检查其是否经过批准，手续是否完备，转出数额是否正确。

5）审计建筑安装工程投资是否在财务表中进行了恰当分类和充分表现。

6.2.2 设备投资审计

设备投资是指建设单位按照批准的建设内容发生的各种设备的实际成本（不包括工程抵扣的增值税进项税额），包括需要安装设备[一]、不需要安装设备[二]和为生产准备的不够固定资产标准的工器具的实际成本。审计设备及工器具投资可从以下几方面进行：

1）审计设备投资明细表，并与设备投资总账、明细表、财务报表进行核对，检查是否相符。

2）根据基建会计核算制度，检查设备投资科目设置是否恰当、合理，是否按照规定要求设置明细科目，并按单项工程和设备、工器具的类别、品名、规格等进行明细核算。

3）审计工程造价文件，确定发生的设备及工器具投资是否属于项目工程造价范围，有无造价外投资或挤占本项目投资等情况。

4）审计不需要安装设备及工器具的记账凭证所附发票、银行结算单等单据是否齐全，数额是否正确，内容是否与明细科目项目相符。

5）审计需要安装设备是否依据设备出库单入账，设备作为投资完成额入账需同时满足：①设备的基础和支架已经完成；②安装设备所必需的图纸资料已经具备；③设备已经运到安装现场，开箱检查完毕，吊装到位，并继续进行安装。

6）审计建设单位是否将应计入建筑安装工程投资完成额的附属设备，如暖通、通信、卫生、天然气、照明及通信等设备，计入设备投资完成额。

7）审计建设单位是否将应计入建筑安装工程投资完成额的基础、支柱支出计入设备投资完成额。

8）检查当年转出计入交付使用资产的设备投资批准情况，手续是否完备，核对与交付使用资产验收交接清单的一致性。

[一] 需要安装设备是指必须将其整体或几个部位装配起来，安装在基础上或建筑物支架上才能使用的设备。

[二] 不需要安装设备是指不必固定在一定位置或支架上就可以使用的设备。

9) 抽查部分设备及工器具并进行现场考察,确认设备与账面记录相符。

10) 审计设备及工器具投资是否在财务报表中进行了恰当分类和充分表现。

6.2.3 待摊投资审计

待摊投资是指建设单位按批准的建设内容发生的,应当分摊计入相关资产价值的各项费用和税金支出,应重点审计其中的项目建设管理费(见表6-1)、可行性研究费、负荷联合试车费、借款利息、土地征用及拆迁补偿费及报废工程损失等。这些费用本身不直接构成交付使用资产,但有助于交付资产的形成,是与基本建设有密切联系的支出,应分摊计入交付使用资产的成本。审计待摊投资可从以下几方面进行:

1) 审计待摊投资明细表,并与总账、明细账和财务报表进行核对,检查是否相符。

2) 审计待摊投资的科目设置是否恰当和合理,是否按照费用发生的类别进行明细分类核算。

3) 审计建设单位待摊投资的支出是否真实,有无与项目无关的费用。

4) 审计建设单位待摊投资的实际发生额是否与待摊投资的设计概算相符,有无超过概算的情况。

5) 审计待摊投资的分摊方法是否正确,有无将待摊投资分摊给不应分摊的交付使用资产的情况。例如,在各项交付使用资产中,除了不需要安装设备及工器具以及购置的现成房屋等一般不分摊待摊投资外,建筑安装工程及需要安装设备均应分摊。对于能够确定应由某项交付使用资产单独负担的待摊投资,应直接计入该项交付使用资产成本;对于不能确定负担对象的待摊投资,则应采用科学合理的方法分摊计入受益的各项交付使用资产成本。

6) 审计待摊投资是否在财务报表中进行了恰当的分类和充分表现。

表6-1 项目建设管理费总额控制数费率表　　　　　　(单位:万元)

工程总概算	费率(%)	算例	
		工程总概算	项目建设管理费
1 000以下	2	1 000	1 000×2% = 20
1 001~5 000	1.5	5 000	20+ (5 000−1 000) ×1.5% = 80
5 001~10 000	1.2	10 000	80+ (10 000−5 000) ×1.2% = 140
10 001~50 000	1	50 000	140+ (50 000−10 000) ×1% = 540
50 001~100 000	0.8	100 000	540+ (100 000−50 000) ×0.8% = 940
100 000以上	0.4	200 000	940+ (200 000−100 000) ×0.4% = 1 340

6.2.4 其他投资审计

其他投资是指建设单位按照批准的项目建设内容发生的房屋购置支出,基本畜禽、林木等的购置、饲养、培育支出,办公生活家具、器具购置支出,软件研发及不能计入设备投资的软件购置等支出。审计其他投资可从以下几方面进行:

1) 审计其他投资明细表,并与总账、明细账和财务报表进行核对,检查是否相符。

2) 审计其他投资的科目设置是否正确和合理,并按基建会计制度的规定进行明细分类核算。

3）审计有关合同及相关协议，明确双方的权利、义务内容，合同标的物的价格、付款方式及付款时间等是否按照合同约定进行，抽查有关记账凭证及所附银行支付单、收款单位开具的发票、收据等原始凭证，检查有关其他投资支出是否真实发生，是否符合项目的事实计划，各项进展程序是否完备和合法，会计处理是否符合会计制度规定。

4）审计其他投资记录是否完整，有无少记和漏记情况发生，可抽取若干原始凭证并追查到其他投资明细账以检查少记和漏记情况。

5）审计其他投资贷方转出数额，检查是否经过有关部门批准，并与有关部门办理交接验收手续，检查是否与交付使用资产表中记录一致。

6）审计其他投资是否在财务报表中进行了恰当的分类和充分表现。

6.2.5 转出投资审计

转出投资是指建设单位为项目配套而建成的、产权不归属本单位的专用设施的投资支出。包括专用铁路线、专用公路、专用通信设施、送变电站、地下管廊及专用码头等项目配套的专用设施投资中的经营或非经营项目。审计转出投资可从以下几方面进行：

1）审计转出投资明细表，并与总账、明细账和财务报表进行核对，检查是否相符。

2）审计转出投资的科目设置是否正确，是否按转出投资的类别设置明细账，进行明细分类核算。

3）审计转出投资的发生是否真实，有无将产权归属建设单位的投资完成额计入转出投资的情况。

4）审计转出投资的记录是否完整，有无少记和漏记情况。

5）审计转出投资记录的会计期间是否正确，有无将上期或下期的转出投资延后或提前在本期确认的情况。

6）审计转出投资计算的准确性，金额有无计算上的错误。

7）审计转出投资是否在财务报表中进行了恰当的分类和充分表现。

6.2.6 待核销基建支出审计

待核销基建支出是指基本建设非经营项目发生的不能形成交付使用资产而等待核销的特殊支出。主要包括江河清障、航道清淤、飞播造林、补助群众造林、退耕还林（草）、封山（沙）育林（草）、水土保持、城市绿化、取消项目可行性研究费、项目整体报废及其他经财政部门认可的不能形成资产部分的投资支出。这些不能形成资产部分的投资支出，作待核销处理，在财政部门批复竣工决算后，冲销相应的资金来源。审计待核销基建支出可从以下几方面进行：

1）审计待核销基建支出明细表，并与总账、明细账和财务报表进行核对，检查是否相符。

2）审计待核销基建支出的科目设置是否合理。是否按待核销基建支出的类别设置明细账，进行明细分类核算。

3）审计待核销基建支出是否真实发生，待核销基建支出的范围是否符合规定。

4）审计待核销基建支出的计价是否准确，会计处理是否正确。

5）审计待核销基建支出的记录是否完整，从待核销基建支出发生的原始凭证中抽查部分原始凭证，追查记账凭证和明细账，检查是否存在少记或漏记情况。

6）审计待核销基建支出在财务报表中的分类是否恰当，披露是否正确。

7）审计待核销基建支出的转销是否经过同级财政部门批转，手续是否齐全。

8）审计待核销基建支出中是否有部分支出能够形成资产，若能形成部分资产则仍要计入交付使用资产，在项目完工后移交生产使用单位，防止有人利用待核销基建支出的名义转移隐匿交付使用资产。

6.2.7 设备和材料采购支出审计

1. 设备采购支出的审计

建设单位的设备是指根据批准的初步设计和基本建设投资计划的规定，为基本建设购置的各种设备，包括列入基本建设计划的属于固定资产性质的各种机器设备，以及新建或扩建项目建成投产后所需的不够固定资产标准的第一套工器具等低值易耗品。审计设备采购支出可从以下几方面进行：

1）审计设备采购的科目设置是否合理。即是否按照需要安装设备和不需要安装设备及工器具分别设置明细账，并进行明细分类核算。

2）审计编制的设备采购计划。即采购的设备及工器具的种类、规格、型号和数量等，并与概预算中的设备清单相核对，检查建设单位所采购的设备是否符合概预算范围，重点检查有无采购概预算范围之外的设备。

3）审计设备采购的方式是否合理。即对于需要采用招标的设备是否按规定进行招投标工作，有无违法违规行为。

4）审计设备采购的价格是否合理。即将设备的采购价格与同时期同类设备的市场价进行比较，检查采购价格是否过高。

5）审计设备采购的行为是否真实发生。即从设备采购明细账追查到记账凭证和原始凭证，检查有无虚假采购行为。

6）审计设备采购明细账、记账凭证及有关银行付款单，销货单位发票等原始凭证，检查设备采购入账金额是否正确，设备采购成本的核算是否正确。

7）审计设备采购是否在财务报表中进行了恰当的分类和充分表现。

2. 材料采购支出的审计

材料是建设单位在基本建设过程中进行建筑安装工程施工的劳动对象，是基本建设过程中不可缺少的物质要素。建设单位在基本建设过程中是否需要储备材料、储备多少，取决于基本建设项目所采取的施工方式。审计材料采购支出可从以下几方面进行：

1）审计材料的收入、发出和保管内部控制制度是否建立健全，执行是否有效。

2）审计实际采购的材料种类、数量和规格等是否与材料采购计划相符，采购及进场时间是否满足项目建设的进度要求。

3）审计材料采购的招标投标情况和采购合同。即检查供货单位的选择是否合理，是否存在指定供货商等情况，材料的采购价格与同时期同类材料市场价是否存在明显差异。

4）审计实际材料消耗量与按图纸、施工组织设计计算的材料消耗量有无明显差异。

5）审计付款凭证、采购发票等原始凭证，检查采购材料的价款计算是否正确，采购费用是否真实发生。

6) 审计材料采购成本计算是否正确,材料原价、运杂费及保管费等是否全部计入,有无漏计或挤占采购成本的情况。

7) 审计有无虚假采购情况。

8) 审计材料采购是否在财务报表中进行了恰当的分类和充分表现。

6.2.8 基建收入审计

基建收入是指在基本建设过程中形成的各项工程建设副产品变价收入、负荷试车和试运行收入以及其他收入。其中,工程建设副产品变价收入包括矿山建设中的矿产品收入,油气、油田钻井建设中的原油气收入,林业工程建设中的路影材收入,以及其他项目建设过程中产生或者伴生的副产品、试验产品的变价收入;负荷试车和试运行收入包括水利、电力建设移交生产前的供水、供电、供热收入,原材料、机电轻纺、农林建设移交生产前的产品收入,交通临时运营收入等;其他收入包括项目总体建设尚未完成或者移交生产,但其中部分工程简易投产而发生的经营性收入等。符合验收条件而未按照规定及时办理竣工验收的经营性项目所实现的收入,不得作为项目基建收入管理。审计基建收入可从以下几方面进行:

1) 审计基建收入的科目设置和账簿处理是否合理,会计核算是否符合基建会计制度的相关规定。

2) 审计建设单位的基建收入计价是否准确,抽查一定数量的销售发票,检查销售发票的数量、单位和记账凭证的数量单价是否一致。

3) 审计建设单位基建收入是否符合国家规定的基建收入范围,是否真实发生。

4) 审计基建收入的记录是否完整,有无少记或漏记基建收入挪作他用的情况。

5) 审计基建收入的入账时间是否正确合理,有无提前或延后确认基建收入的情况,主要有三种方法:①以账簿记录为起点进行测试,从报表日前后若干天的账簿记录查至记账凭证,检查发票存根与发运凭证,证实已入账收入是否在同一时期开具发票并发货,有无多计收入;②以销售发票为起点进行测试,抽取若干张在报表日前后开具的发票存根,追查至发运凭证和账簿记录,确定已开具发票的货物是否已发货并于同一会计期间确认收入,查明有无漏计收入;③以发运凭证为起点进行测试,抽取若干张在报表日前后开具的发运凭证,追查至销货发票存根和账簿记录,确定基本建设收入是否已入账。

6) 审计基建收入明细账中有关费用记录及相关的会计记账凭证、银行支付单等会计资料,检查成本、费用是否真实,是否符合基建会计制度规定的开支范围,检查试生产期间是否违反规定计提了固定资产折旧。

7) 审计项目发生的各项索赔、违约金等收入,是否先用于弥补项目损失,结余部分才作为基建收入。

8) 审计项目所取得的基建收入是否扣除相关费用并依法纳税。

9) 审计基建收入是否在财务报表中进行了恰当的分类和充分表现。

6.2.9 交付使用资产和资金冲转核算审计

1. 交付使用资产审计

交付使用资产是指建设单位已经完成了建设与购置过程,并已办理了验收交接手续,交付给生产单位或其他使用单位的各项资产，主要包括固定资产、流动资产和无形资产等。交付使用资产是建设单位进行基本建设工作的最终物质成果，是综合反映基本建设投资效果的一项主要指标。审计交付使用资产可从以下几方面进行：

1) 编制交付使用资产明细表，并将其和总账核对。

2) 审计建设单位的交付使用资产明细账，检查账簿设置是否符合相关会计制度的规定，是否按规定设置了固定资产、流动资产和无形资产等明细科目。同时按资产类别和名称进行明细核算，并抽查部分会计记账凭证和原始凭证，检查有无资产划分不清、相互混淆的情况。

3) 审计交付使用资产是否真实存在，对照交付使用资产明细表，检查交付使用资产实物资产，防止资产虚列。

4) 审计交付使用资产是否属于概预算规定的建设范围，有无建设概预算外项目或设备，对全部完工项目，还要确认概预算中所列分部分项是否建设完成，有无自行减少建设内容。

5) 审计建设项目竣工决算资料，对照各类投资明细账，审计交付使用资产计价的正确性，如建筑物、管道等固定资产成本应包括建筑工程成本和应分摊的待摊投资；动力设备和生产设备等固定资产成本应包括设备采购成本、安装工程成本、设备基础、支柱等建筑工程成本或砌筑锅炉及各种特殊的建筑工程成本和应分摊的待摊投资；运输设备及其他不要安装设备及工器具、生产家具等固定资产和流动资产，一般仅计算实际采购成本，不分摊待摊投资；无形资产的成本一般按取得或发生时的实际成本，不分摊待摊投资。

6) 审计交付使用资产的产权是否属于建设单位。即有无将产权不属于建设单位的转出投资错误计入了交付使用资产的情况。

7) 审计交付使用资产是否在财务报表中进行了恰当的分类和充分表现。

2. 资金冲转核算审计

资金冲转核算是指建设单位在下年初建立新账时，将上年发生的交付使用资产、转出投资、待核销基建支出等转销相应的资金来源或待冲基建支出的会计账务处理工作。

审计工作主要应明确：建设单位通过各种渠道取得的基本建设投资，随着项目建设的顺利进行，逐渐地转变为建设单位的基本建设支出。对于这些基本建设支出，拨款单位在下年初建立新账时，应按照有关规定转销与之相应的基本建设资金来源，其资金运动结束。而投资借款单位在下年初建立新账时，不能用发生的基本建设支出直接冲转基建投资借款，而应按规定冲转"待冲基建支出"账户上的年末余额，其资金并未退出建设单位。

6.2.10 竣工结余资金审计

竣工结余资金是指项目竣工结余的建设资金，不包括工程抵扣的增值税进项税额资金。其主要占用形态表现为剩余的库存材料、库存设备及往来账款等。审计竣工结余资金可从以下几方面进行。

1. 审计竣工结余资金的真实性和准确性

（1）审计银行存款、现金和其他货币资金的结余是否真实 主要包括：①审计建设单位所有银行账户资料，核对"银行存款日记账"和"银行对账单"余额是否一致，如不一致则需进一步检查银行存款余额调节表，查明发生差额的原因；②审计现金结余是否真实存在，盘点结余现金；③审计其他货币资金结余是否真实存在，查验相关原始凭证。

（2）审计库存物资的真实性和准确性　主要包括：①盘点库存材料和设备，检查实存材料和设备的数量是否与库存材料和设备的账面资料相符；②审计库存物资的质量情况，有无损毁的物资；③审计处理库存物资的计价是否合理，需要报废的物资损失是否经过有关部门批准；④对已出库但尚不具备投资完成条件的现场设备、材料及器材等物资要督促办理假退库手续，如发现有少报、漏报或隐瞒库存物资的情况，应及时纠正。

（3）审计往来款项的真实性和准确性　主要包括：①审计预付备料款和预付工程款是否按照协议和合同的规定进行拨付和扣回；②审计应收款项是否真实和准确，有无挪用和职工借支的情况；③重点审计坏账损失，检查坏账损失是否经有关部门批准；④审计建设单位的应付款项是否真实和合法，有无将收入挂在应付款项等通过应付款项转移收入的行为。

2. 审计竣工结余资金的处理是否合法、合规

主要是审计建设单位在编制竣工财务决算之前是否认真清理了结余资金，经营性项目结余资金，转入单位的相关资产；非经营性项目结余资金，首先用于归还项目贷款。如有结余，按照项目资金来源属于财政资金的部分，应当在项目竣工验收合格后 3 个月内，按照预算管理制度的有关规定收回财政；项目终止、报废或者未按照批准的建设内容建设形成的剩余建设资金中，按照项目实际资金来源比例确认的财政资金应当收回财政。

6.3　建设项目会计报表审计

建设项目会计报表是综合反映建设单位在一定会计期间内投资来源、投资使用等财务状况的会计资料。根据《国有建设单位会计制度》（财会字［1995］45 号），建设单位会计报表包含资金平衡表、基建投资表、待摊投资明细表、基建借款情况表及投资包干情况表。

6.3.1　建设项目会计报表审计的内容

审计会计报表应首先从整体上（基建拨款、贷款使用效果是否良好；投资完成情况；在建工程和交付使用资产是否正常；基建结余资金是否真实、合理）把握建设项目的财务基本情况，再审计财务会计的各项具体内容，可从以下几方面进行：

1）审计建设项目会计报表的种类、格式、编制⊖及报送⊜是否符合《国有建设单位会计制度》《国有建设单位会计制度补充规定》《企业基建业务有关会计处理办法》等相关法律法规及会计制度的规定。

2）审计各种建设项目会计报表的编制依据，如各种统计汇总资料、会计账簿、会计凭证等是否充分、真实、合规，数据是否准确有效。

3）审计建设项目会计报表的各项内容是否按会计制度的要求填写，所填列的数字是否

⊖　建设单位对外报送的财务会计报表的具体格式和编制说明应符合《国有建设单位会计制度》（财会字［1995］45 号）的规定；其内部管理需要的财务会计报表由建设单位自行规定。

⊜　基层建设单位会计报表的报送时间，由国务院各主管部门和各省、自治区、直辖市财政部门自行规定，应报送当地财税机关、开户银行和主管部门。其他需要报送的单位，由各级财政部门或主管部门规定。

准确、说明是否清楚、补充资料是否齐全；审计会计报表中各项经济指标在数量上相互衔接性、相互补充的内在联系，即建设项目会计报表的内在勾稽关系[一]如何。

4）审计建设项目会计报表所填列的内容中反映同一经济业务的经济指标是否相同，反映相关内容的经济业务的数字指标是否一致并相互补充。

5）审计建设项目会计报表与统计表、计划表等其他报表之间的相互关系。

下面主要介绍建设单位会计报表所含内容的审计，在此之前审计人员应掌握各表的编制方法。

6.3.2 审计资金平衡表

资金平衡表反映建设单位月份或年度终了时全部资金来源和资金占用情况，并综合反映建设单位各种资金来源和资金占用的增减变动情况及其相互对应关系。审计的过程中应检查资金的构成是否合理，考核、分析基本建设资金的使用效果。审计资金平衡表可从以下几方面进行：

（1）审计建设项目资金平衡表账表是否一致　建设项目资金平衡表各项目的期末数是根据总账和有关明细账的期末余额填列的。审计时，应根据《国有建设单位会计制度》的规定，将表内项目与总账和明细账有关账户进行核对，看其是否相符，从而查证建设项目资金平衡表所列各项指标是否完整、数字是否正确、填列的内容是否符合规定。

由于资金平衡表的项目较多，可采用抽查方式，核实有关项的正确性。如发现填列存在错误、漏项及违反相关规定等的情况，应及时纠正建设单位。所编制的资金平衡表的格式见表6-2。

表6-2 资金平衡表

会建01表
编制单位：　　　　　　　　　　　　　年　月　日　　　　　　　　　　　　　　单位：元

资金占用	行次	年初数	期末数	资金来源	行次	期末数
一、基本建设支出	1			一、基建拨款合计	36	
1. 交付使用资产	2			1. 以前年度拨款	37	
（1）固定资产	3			2. 本年预算拨款（已减限额存款余额　元）	38	
（2）流动资产	4			3. 本年基建资金拨款（已减限额存款余额　元）	39	
（3）无形资产	5			4. 本年进口设备转账拨款	40	
（4）递延资产	6			5. 本年器材转账拨款	41	
2. 在建工程	7			6. 本年煤代油专用基金拨款	42	
（1）建筑安装工程投资	8			7. 本年自筹资金拨款	43	
（2）设备投资	9			8. 本年其他拨款	44	
（3）待摊投资	10			9. 待转自筹资金拨款	45	

[一] 有些指标同时在不同报表中均有所反映，数字是完全相同的，这就构成了表与表之间的勾稽关系，是审计资金平衡表的内容之一。

（续）

资金占用	行次	年初数	期末数	资金来源	行次	期末数
（4）其他投资	11			10. 预收下年度预算拨款（已减限额存款余额　　元）	46	
二、待核销基建支出	12			11. 本年交回结余资金	47	
三、转出投资	13			二、项目资本	48	
四、应收生产单位投资借款	14			三、项目资本公积	49	
五、拨付所属投资借款	15			四、基建借款合计	50	
六、器材	16			1. 基建投资借款	51	
其中：待处理器材损失	17			2. 其他借款	52	
七、货币资金合计	18			五、上级拨入投资借款	53	
1. 银行存款	19			六、企业债券资金	54	
2. 现金	20			七、待冲基建支出	55	
八、预付及应收款合计	21			八、应付款合计	56	
1. 预付备料款	22			1. 应付器材款	57	
2. 预付工程款	23			2. 应付工程款	58	
3. 预付大型设备款	24			3. 应付有偿调入器材及工程款	59	
4. 应收有偿调出器材及工程款	25			4. 应付票据	60	
5. 应收票据	26			5. 应付福利费	61	
6. 其他应收款	27			6. 其他应付款	62	
九、有价证券	28			九、未交款合计	63	
十、固定资产合计	29			1. 未交税金	64	
固定资产原价	30			2. 未交基建收入	65	
减：累计折旧	31			3. 未交基建包干结余	66	
固定资产净值	32			4. 其他未交款	67	
固定资产清理	33			十、上级拨入资金	68	
待处理固定资产损失	34			十一、留成收入	69	
资金占用总计	35			资金来源总计	70	

表6-2填写说明：

1. 表中有关项目"年初数"栏的数字，根据上年末表中"期末数"栏的数字填列。在上年度决算未经审查批复以前，应填列最后上报的数字；上年度决算已经审查批复后，应按审批意见进行修改后的数字填列。如果本年度资金平衡表规定的项目名称和内容与上年度资金平衡表不相一致时，应对上年年末资金平衡表各项目的名称和数字按照本年度的规定进行调整，口径一致，填入表中"年初数"栏内。

2. 表中资金占用方各项目的内容及"期末数"栏的填列方法

2.1 "交付使用资产"项目，反映建设单位期末已经完成购置、建造过程，并经验收合格交付或结转使用单位的各项资产的实际成本总额，包括各种固定资产、为生产准备的不够固定资产标准的工具、器具、家具等流动资产、无形资产和递延资产的实际成本。本项目应根据"交付使用资产"科目的期末余额填列。

2.2 "固定资产"项目，反映建设单位期末已经完成建造、购置过程，并经验收合格交付使用单位的各项固定资产的实际成本。根据"交付使用资产"科目所属"固定资产"明细科目的期末余额填列。

2.3 "流动资产"项目，反映建设单位期末已经完成购置并经验收合格交付使用单位的不够固定资产标准的工具、器具、家具等流动资产的实际成本。根据"交付使用资产"科目所属"流动资产"明细科目的期末余额填列。

2.4 "无形资产"项目，反映建设单位期末已经完成购置过程并经验收合格单独交付使用单位的土地使用权、专利权、专有技术等无形资产的实际成本。根据"交付使用资产"科目所属"无形资产"明细科目的期末余额填列。

2.5 "递延资产"项目，反映建设单位在建设期间发生的并已单独结转使用单位的各种递延资产的实际成本，如生产职工培训费、样品样机购置费、农业开荒费用等。根据"交付使用资产"科目所属"递延资产"明细科目的期末余额填列。

2.6 "在建工程"项目，反映建设单位期末各种在建工程成本的余额。根据"建筑安装工程投资""设备投资""待摊投资""其他投资"四个项目的期末数合计填列。

2.7 "建筑安装工程投资"项目，反映期末尚处于建设中的建筑安装工程投资支出，即没有竣工交付使用的工程投资。根据"建筑安装工程投资"科目的期末余额填列。

2.8 "设备投资"项目，反映建设单位期末尚处于安装过程中的设备以及尚未交付使用的不需要安装设备和为生产准备的不够固定资产标准的工具、器具的实际成本。根据"设备投资"科目的期末余额填列。

2.9 "待摊投资"项目，反映建设单位发生的期末尚未分配计入交付使用资产成本的费用性投资支出。根据"待摊投资"科目的期末余额填列。

2.10 "其他投资"项目，反映建设单位期末尚未交付使用的房屋、办公及生活用家具、器具等购置投资支出；役畜、基本畜禽、林木的购置、饲养、培育等投资支出；为生产企业用基建投资购置的尚未交付的专利权、土地使用权等无形资产以及递延资产等支出。根据"其他投资"科目的期末余额填列。

2.11 "待核销基建支出"项目和"转出投资"项目，分别反映建设单位发生的尚未冲销的待核销基建支出和转出投资。根据"待核销基建支出"科目和"转出投资"科目的期末余额填列。

2.12 "应收生产单位投资借款"项目，反映实行基本建设投资借款的建设单位应向生产单位收取的基建投资借款。根据"应收生产单位投资借款"科目的期末余额填列。

2.13 "拨付所属投资借款"项目，反映主管部门拨付所属建设单位"统借统还"的投资借款。根据"拨付所属投资借款"科目的期末余额填列。主管部门编制汇总报表时，该项数字应与"上级拨入投资借款"项目数字相互抵消。

2.14 "器材"项目，反映建设单位期末在库、在途和在加工中的设备和材料的实际成本，但不包括在库的不需要安装设备及工具、器具的实际成本（该部分成本在设备投资中反映）。本项目应根据"器材采购""采购保管费""库存材料""库存设备""材料成本差异""委托加工器材""待处理财产损失——待处理设备损失""待处理财产损失——待处理材料损失"等科目的期末余额合计填列。"待处理财产损失——待处理设备损失"和"待处理财产损失——待处理材料损失"的数额,还应在"其中:待处理器材损失"项目单独反映。

2.15 "银行存款"项目,反映期末银行存款的余额,根据"银行存款"科目的期末余额填列。

2.16 "现金"项目,反映建设单位期末的库存现金。根据"现金"科目的期末余额填列。

2.17 "预付备料款"项目,反映按规定预付给施工企业的备料款。根据"预付备料款"科目的期末余额填列。

2.18 "预付工程款"项目,反映按规定预付给施工企业的工程款。根据"预付工程款"科目的期末余额填列。

2.19 "预付大型设备款"项目,反映按规定预付给供应单位的大型设备款。根据"应付器材款"科目所属有关明细科目的借方余额填列。

2.20 "应收有偿调出器材及工程款"项目,反映有偿调出设备、材料及有偿转出未完工程的应收价款,根据"应收有偿调出器材及工程款"科目的期末借方余额填列。

2.21 "应收票据"项目,反映建设单位收到的未到期收款也未向银行贴现的应收票据。根据"应收票据"科目的期末余额填列。

2.22 "其他应收款"项目,反映除上述预付款项和应收款项以外的其他各项应收及预付款项。根据"其他应收款"科目的期末余额填列。

2.23 "有价证券"项目,反映建设单位购买的国库券等有价证券。根据"有价证券"科目的期末余额填列。

2.24 "固定资产原价"项目,反映建设单位自用的各种固定资产的原价。根据"固定资产"科目的期末余额填列。

2.25 "累计折旧"项目,反映期末固定资产的累计折旧额,根据"累计折旧"科目的期末余额填列。

2.26 "固定资产净值"项目,根据"固定资产原价"项目减"累计折旧"项目的余额填列。

2.27 "固定资产清理"项目,反映建设单位毁损,报废等原因转入清理但尚未清理完毕的固定资产净值以及在清理过程中发生的清理费用和变价收入等各项金额的差额。根据"固定资产清理"科目的期末余额填列。如为贷方余额应以"-"号反映。

2.28 "待处理固定资产损失"项目,反映建设单位在清查财产中发现的尚待批准处理的固定资产盘亏扣除盘盈后的净损失。根据"待处理财产损失"科目所属"待处理固定资产损失"明细科目的期末余额填列。

3. 本表资金来源方各项目的内容及"期末数"的填列方法

3.1 "以前年度拨款"项目,反映以前年度拨入的到本年末尚未冲转的各种基本建设拨款。根据"基建拨款"科目所属"以前年度拨款"明细科目的期末余额填列。

3.2 "本年预算拨款"项目,反映本年内由地方财政预算拨入的基本建设拨款。根据"基建拨款"科目所属"本年预算拨款"明细科目的期末余额减去本年预算限额存款期末余额后的差额填列。本年预算限额存款期末余额应在本项目的括号内单独反映。

3.3 "本年基建资金拨款"项目，反映本年内由中央财政预算拨入的基本建设基金拨款。根据"基建拨款"科目所属"本年基建基金拨款"明细科目的期末余额减去本年基建基金限额存款期末余额后的差额填列。本年基建基金限额存款期末余额应在本项目的括号内单独反映。

3.4 "本年进口设备转账拨款"项目，反映本年内由主管部门转账拨入的进口成套设备价款和有关费用。根据"基建拨款"科目所属"本年进口设备转账拨款"明细科目的期末余额填列。

3.5 "本年器材转账拨款"项目，反映本年内由上级主管部门从本系统其他建设单位转账拨入的设备、材料价款。转账拨出的设备、材料也在本项目内反映。根据"基建拨款"科目所属"本年器材转账拨款"明细科目期末余额填列。拨出数大于拨入数的差额，以"–"号表示。

3.6 "本年煤代油专用基金拨款"项目，反映本年内由主管部门拨入的煤代油专用基金。根据"基建拨款"科目所属"本年煤代油专用基金拨款"明细科目的期末余额填列。

3.7 "本年自筹资金拨款"项目，反映由主管部门、地方财政、企业生产单位等拨入并批准本年使用的自筹资金。根据"基建拨款"科目所属"本年自筹资金拨款"明细科目的期末余额填列。

3.8 "本年其他拨款"项目，反映除上述拨款以外的其他各项拨款。根据"基建拨款"科目所属"本年其他拨款"明细科目的期末余额填列。

3.9 "待转自筹资金拨款"项目，反映建设单位按规定预存建设银行待批准使用的自筹基建资金。根据"基建拨款"科目所属"待转自筹资金拨款"明细科目的期末余额填列。

3.10 "预收下年度预算拨款"项目，反映建设单位本年收到的下年度预算拨款。根据"基建拨款"科目所属"预收下年度预算拨款"明细科目的期末余额减去预收下年度限额存款期末余额后的差额填列。预收下年度限额存款期末余额，应在本项目的括号内单独反映。

3.11 "本年交回结余资金"项目，反映本年交回上级或交回财政的基建结余资金，根据"基建拨款"科目所属"本年交回结余资金"明细科目的期末余额以"–"号填列。

3.12 "项目资本"项目，反映建设单位收到投资者投入的项目资本。本项目应根据"项目资本"科目的期末余额填列。

3.13 "项目资本公积"项目，反映建设单位取得的资本公积金。本项目应根据"项目资本公积"科目的期末余额填列。

3.14 "基建投资借款"项目，反映建设单位借入的各种投资借款的期末余额。根据"基建投资借款"科目的期末余额填列。

3.15 "其他借款"项目，反映建设单位向银行借入的除基建投资借款以外的其他各种借款期末余额。根据"其他借款"科目的期末余额填列。

3.16 "上级拨入投资借款"项目，反映实行"统借统还"投资借款的建设单位收到上级主管部门拨入的基建投资借款，根据"上级拨入投资借款"科目的期末余额填列。主管部门编制汇总会计报表时，该项目数字应与"拨付所属投资借款"项目数字相互抵销。

3.17 "企业债券资金"项目，反映建设单位收到的企业债券资金（包括债券本金和应计入工程成本的债券利息）期末余额。根据"企业债券资金"科目的期末余额填列。

3.18 "待冲基建支出"项目，反映实行投资借款的建设单位当年完成的所有待冲销的交付生产单位使用的资产价值。根据"待冲基建支出"科目的期末余额填列。

3.19 "应付器材款"项目，反映因购入器材而应付给供应单位的款项。根据"应付器材款"科目所属有关明细科目的贷方期末余额合计填列。

3.20 "应付工程款"项目，反映已经办理工程价款结算手续但尚未付给施工企业的工程价款。根据"应付工程款"科目的期末余额填列。

3.21 "应付有偿调入器材及工程款"项目，反映有偿调入设备、材料及有偿转入未完工程的应付价款。根据"应付有偿调入器材及工程款"科目的期末余额填列。

3.22 "应付票据"项目，反映建设单位为抵付货款和工程价款等而开出、承兑的尚未到期付款的应付票据。根据"应付票据"科目的期末余额填列。

3.23 "应付福利费"项目，反映建设单位按规定提取尚未支用的福利费。根据"应付福利费"科目的期末余额填列。

3.24 "其他应付款"项目，反映除上述各种应付款项以外的其他应付、暂收款项。根据"其他应付款"和"应付工资"科目的期末余额合计填列。

3.25 "未交税金"项目，反映建设单位应交未交的各种税金。根据"应交税费"科目的期末余额填列。

3.26 "未交基建收入"项目，反映建设单位应交未交的基建收入。根据"应交基建收入"科目的期末余额填列。

3.27 "未交基建包干结余"项目，反映建设单位应交未交的基建包干结余。根据"应交基建包干结余"科目的期末余额填列。

3.28 "其他未交款"项目，反映建设单位应交未交的除税金、基建收入、基建包干结余以外的其他款项。根据"其他应交款"科目的期末余额填列。

3.29 "上级拨入资金"项目，反映建设单位收到投资单位（主管部门或企业）拨入的供建设单位组织和管理基本建设活动使用的资金。根据"上级拨入资金"科目的期末余额填列。

3.30 "留成收入"项目，反映建设单位按规定从实现的基建收入和基建包干结余中提取的留归建设单位使用的各种收入。根据"留成收入"科目的期末余额填列。

(2) 审计资金平衡表的勾稽关系　主要包括：①审计资金平衡表内的勾稽关系，如各科目之间的勾稽关系及根据资金占用总额等于资金来源总额的会计原理，确认资金平衡表中左右两部分（资金占用总额和资金来源总额）是否平衡；②审计资金平衡表与其他相关表之间的勾稽关系，如资金平衡表中的年初数是否与上年资金平衡表中的期末数吻合，交付使用资产各项合计数是否与基建投资表内投资完成额合计数吻合，投资数是否与待摊投资明细表中内容吻合，拨、借款数是否与基建投资表中内容吻合等。

6.3.3　审计基建投资表

基建投资表反映从开始建设起到本年年末止累计拨入、借入的基本建设资金以及这些资金的使用情况。审计基建投资表是为了检查项目概算执行情况，考核分析投资效果，并为编制竣工决算提供资料，可从以下几方面进行：

1) 审计概预算或投资计划。即审计基建投资表中所列示的概预算投资数是否与概预算一致，并按单项工程反映项目投资情况。

2）审计上年报表和本年度投资来源明细账。即审计所列示的基建投资拨款及借款累计是否正确，各种资金来源是否填列正确，有无混淆不同渠道资金来源的情况。

3）审计上年报表和本年度投资支出明细账。即审计投资支出累计是否正确，已交付资产和在建工程、待核销基建支出及转出投资是否正确，已交付资产是否按财务制度进行正确分类列示。

4）审计基建投资表与其他会计报表之间的勾稽关系。

所编制的基建投资表见表 6-3。

表 6-3　基建投资表

会建 02 表

编制单位：　　　　　　　　　　　　　年度　　　　　　　　　　　　单位：元

工程及费用项目	开工日期	概算数	基建投资拨款及借款							基建投资支出							
			累计	其中						累计	已移交资产				在建工程	待核销基建支出	转出投资
				国家拨款	单位拨款	国家资本	法人资本	基建投资借款	企业债券资金		固定资产	流动资产	无形资产	递延资产			
栏次	1	2	3	4	5	6	7	8	9	10	11	12	13	14	15	16	17
总计																	

表 6-3 填写说明：

1）"工程及费用项目"栏，按设计概算或投资计划所列的工程和费用项目名称填列。分期建设的项目，只反映本期建设情况。

2）"开工日期"栏，填列实际开始施工的日期。

3）"概算数"栏，反映建设项目的投资概算数，根据批准的建设项目概算数填列。

4）"基建投资拨款及借款"栏所属"累计"栏，反映自开始建设起到本年年末止累计基建拨款、基建投资借款、企业债券资金、项目资本的合计数，根据上年本表该栏数字和"基建拨款""基建投资借款""项目资本"和"企业债券资金"科目的本年贷方累计发生额（扣除"以前年度拨款""待转自筹资金拨款""预收下年度预算拨款"数）合计填列。其中，"国家拨款"栏，反映自开始建设起到本年年末止累计由财政拨入的基本建设资金，根据上年本表该栏数字和"基建拨款"科目所属"本年预算拨款""本年基建基金拨款""本年进口设备转账拨款""本年财政贴息资金拨款"等明细科目的本年贷方发生额合计填列；"单位拨款"栏，反映自开始建设起到本年年末止累计由单位拨入的基本建设资金，根据上年本表该栏数字和"基建拨款"科目所属"本年自筹资金拨款""本年其他拨款"等明细科目的本年贷方发生额以及"资本公积"科目的本年贷方发生额分析计算填列;"国家资本"栏和"法人资本"栏,分别反映自开始建设起至本年年末止累计由国家和法人投入的项目资本,分别根据上年本表该栏数字和"项目资本"科目的本年贷方发生额分析计算填列;"基建投资借款"栏,反映自开始建设起到本年年末止累计借入的各种投资借款,根据上年中表该栏数字和"基建投资借款"科目本年贷方发生额计算填列。"企业债券资金"栏,反映自开始建设起到本年年末止累计拨入的企业债券资金,根据上年本表该栏数字和"企业债券资金"科目的本年贷方发生额填列。

5)"基建投资支出"栏所属"累计"栏,反映自开始建设起到本年年末止累计发生的基本建设支出,根据11~17栏数字合计填列。"固定资产""流动资产""无形资产"和"递延资产"栏,分别反映自开始建设起到本年年末止累计已移交生产使用单位的固定资产、流动资产、无形资产和递延资产。分别根据上年表中该栏数字和"交付使用资产"科目的本年年末借方余额分析计算填列。"在建工程"栏,反映建设单位各种在建工程成本的年末余额。根据"建筑安装工程投资""设备投资""待摊投资"和"其他投资"科目的年末借方余额合计填列。

6)"待核销基建支出"栏和"转出投资"栏,分别反映建设单位自开始建设起至本年年末止累计发生的待核销基建支出和转出投资,分别根据上年本表该栏数字和"待核销基建支出"及"转出投资"科目的本年借方发生额分析填列。

6.3.4 审计待摊投资明细表

待摊投资明细表反映建设单位本年度发生的各种待摊投资明细情况。审计待摊投资明细表是为了检查建设单位概预算和基建财务制度的执行情况,可从以下几个方面进行:

1)审计待摊投资明细表所列费用项目是否与建设单位会计制度规定的待摊投资费用项目一致。

2)审计待摊投资明细表中各费用项目投资完成数与待摊投资明细账是否相符。即审计待摊投资明细表中合计数与待摊投资总账数字是否相符、待摊投资明细表合计数与基建投资表中所列待摊投资是否相符。

3)审计待摊投资明细表与建设项目明细概算表中所列有关项目费用是否一致。

所编制的待摊投资明细表见表6-4。

表6-4 待摊投资明细表

会建03表

编制单位: 年度 单位:元

项目	金额	项目	金额
1. 建设单位管理费		7. 设备检验费	
2. 土地征用及迁移补偿费		8. 延期付款利息	
3. 勘察设计费		9. 负荷联合试车费	
4. 研究实验费		10. 包干结余	
5. 可行性研究费		11. 坏账损失	
6. 临时设施费		12. 借款利息	

(续)

项目	金额	项目	金额
其中：资金占用费		22. 土地复垦及补偿费	
13. 减：存款利息收入		23. 投资方向调节税	
14. 合同公证费及工程质量监测费		24. 固定资产损失	
15. 企业债券利息		25. 器材处理亏损	
16. 土地使用税		26. 设备盘亏及毁损	
17. 汇兑损益		27. 调整器材调拨价格折价	
18. 国外借款手续费及承诺费		28. 企业债券发行费	
19. 施工机构转移费		29. 其他待摊投资	
20. 报废工程损失			
21. 耕地占用税		30. 合计	

表 6-4 填写说明：

1）"存款利息收入"项目反映建设单位本年实现的各项存款利息收入以及财政拨入的贴息资金，根据"待摊投资——借款利息支出"科目的本年贷方发生额分析计算填列。

2）本表"汇兑损益""固定资产损失""器材处理亏损""设备盘亏及毁损"和"调整器材调拨价格折价"项目，均反映建设单位当年发生的应计入交付使用资产价值的各项净损失，应分别根据"待摊投资"科目所属有关明细科目的本年借方或贷方发生额分析计算填列。

3）本年其他各项目，分别根据"待摊投资"科目所属明细科目的本年借方发生额分析填列。

6.3.5 审计基建借款情况表

基建借款情况表反映建设单位各种基建借款的借入、归还及豁免情况。审计基建借款情况表可从以下几方面进行：

1）审计基建借款情况表所列要素是否符合《国有建设单位会计制度》《国有建设单位会计制度补充规定》及《企业基建业务有关会计处理办法》等的要求。

2）审计上年度基建借款情况表。即审计年初借款余额与上年度报表的年末借款余额是否一致。

3）审计基建借款明细账。即审计各项借款来源的本年实际借款数、本年还款数是否与明细账相符。

4）审计基建借款情况表合计数与资金平衡表中基建借款的合计数之间的勾稽关系。

所编制的基建借款情况表见表 6-5。

表 6-5 基建借款情况表

会建 04 表

编制单位： 　　　　　年度 　　　　　单位：元

借款种类	行次	年初借款余额	本年实际借款数		本年还款数		本年豁免数	
			本金	利息	本金	利息	本金	利息
栏次		1	2	3	4	5	6	7
一、基建投资借款合计	1							
其中：1. 拨改贷投资借款	2							
2. 国家开发银行投资借款	3							
其中：用软贷款安排的投资借款	4							
3. 国家专业投资公司委托借款	5							
其中：基建基金委托借款	6							
其他委托借款	7							
4. 部门统借基建基金借款	8							
5. 部门基建基金借款	9							
6. 特种拨改贷投资借款	10							
7. 建设银行投资借款	11							
8. 煤代油投资借款	12							
9. 国外借款	13							
10. 其他投资借款	14							
二、国内储备借款	15							
其中：中央基建储备借款	16							
三、周转借款	17							

表 6-5 填写说明：

1)"年初借款余额"栏，反映建设单位年初各种基建借款的余额。根据上年本表"年末借款余额"数字分行填列。

2)"本年实际借款数"栏所属"本金"和"利息"栏，反映建设单位自年初起到本年年末止支用的基本建设投资借款、国内储备借款、周转借款和生产自立借款本金及发生的利息或资金占用费，分别根据"基建投资借款"和"其他借款"科目的本年贷方累计发生额分析填列。

3)"本年还款数"栏所属"本金"和"利息"栏，反映建设单位本年累计归还的各种借款本金和利息或资金占用费，分别根据"基建投资借款"和"其他借款"科目的本年借方累计发生额分析填列。

4)"本年豁免数"栏所属"本金"和"利息"栏，反映建设单位本年内经批准豁免的基建借款本金及利息，根据"基建投资借款"科目的本年借方有关发生额分析填列。

6.3.6 审计投资包干情况表

投资包干情况表反映实行基建概算投资包干责任制的建设单位基建包干结余的提取和分配情况。审计投资包干情况表可从以下几方面进行：

1) 审计投资包干情况表各项填列是否符合会计制度的基本要求。
2) 审计已完单项工程概算数与已完单项工程实际支出及概算结余数之和是否相符。
3) 审计建设项目概算结余数是否按要求进行分配。
4) 审计投资包干情况表中建设项目概算包干数与预期概算的勾稽关系。

所编制的投资包干情况表见表6-6。

表6-6 投资包干情况表

会建05表

编制单位：　　　　　　　　　　年度　　　　　　　　　　单位：元

建设项目	建设项目概算包干数	已完单项工程概算数	已完单项工程实际支出数	已完单项工程概算结余数	预提留用包干结余数	建设项目概算包干结余数	应留用包干结余数	应归还基建借款包干结余数	应缴财政和主管部门包干结余数	已归还基建借款包干结余数	已缴财政和主管部门包干结余数
栏次	1	2	3	4	5	6	7	8	9	10	11
合计											

表6-6填写说明：

1)"建设项目概算包干数"栏，根据概算批准的包干合同（或协议）中确定的概算包干数填列。

2)"已完单项工程概算数"栏，根据批准的基建概算中该单项工程概算数填列。

3)"已完单项工程实际支出数"栏，反映已竣工的单项工程实际支出数额。根据上年表中该栏数字和"交付使用资产"科目的本年借方有关发生额分析填列。

4)"已完单项工程概算结余数"栏，反映已完单项工程实现的包干结余，根据2栏数字减3栏数字后的余额填列。

5)"预提留用包干结余数"栏，反映建设单位在建设期间按规定预提留用的包干结余，根据上年表中该栏数字和"应交基建包干结余"科目的本年贷方累计发生额分析填列。

6)"建设项目概算包干结余数"栏，反映实行包干的建设项目全部竣工实现的包干结余，根据"应交基建包干结余"科目的本年贷方发生额分析填列。

7)"应留用包干结余数"栏，反映建设单位按规定结转留用的包干结余。根据实现的包干结余按规定比例计算填列。

8)"应归还基建借款包干结余数"栏,反映建设单位按规定应用于归还基建投资借款的包干结余,根据实现的包干结余按规定比例计算填列。

9)"应缴财政和主管部门包干结余数"栏,反映实行基建拨款办法的建设单位上缴财政和主管部门的包干结余。根据实现的包干结余和规定的上交比例计算填列。

10)"已归还基建借款包干结余数"栏,反映已用于归还基建投资借款的包干结余,根据上年表中该栏数字和"应交基建包干结余"科目的本年借方发生额分析填列。

11)"已缴财政和主管部门包干结余数"栏,反映建设单位实际已上缴财政和主管部门的包干结余,根据上年表中该栏数字和"应交基建包干结余"科目的本年借方发生额分析填列。

6.4 建设项目财务决算审计

项目竣工财务决算是正确核定项目资产价值、反映竣工项目建设成果的文件,是办理资产移交和产权登记的依据,包括竣工财务决算报表、竣工财务决算说明书以及相关材料。项目竣工财务决算应当数字准确、内容完整。

6.4.1 财务决算审计的依据

1)国家有关法律法规。
2)经批准的可行性研究报告、初步设计、概算及概算调整文件。
3)招标文件及招标投标书,施工、代建、勘察设计、监理及设备采购等合同,政府采购审批文件、采购合同。
4)历年下达的项目年度财政资金投资计划、预算。
5)工程结算资料。
6)有关的会计及财务管理资料。
7)财务决算说明书及财务决算报表(审计重点)。
8)其他有关资料。

6.4.2 财务决算说明书的审计

审计财务决算说明书可从以下几方面进行:

1)审计财务决算说明书的内容是否完整、规范。其内容应包括:①项目概况;②会计账务处理、财产物资清理及债权债务的清偿情况;③项目建设资金计划及到位情况,财政资金支出预算、投资计划及到位情况;④项目建设资金使用、项目结余资金分配情况;⑤项目概(预)算执行情况及分析,竣工实际完成投资与概算差异及原因分析;⑥尾工工程情况;⑦历次审计、检查、审核、稽查意见及整改落实情况;⑧主要技术经济指标的分析、计算情况;⑨项目管理经验、主要问题和建议;⑩预备费动用情况;⑪项目建设管理制度执行情况、政府采购情况、合同履行情况;⑫征地拆迁补偿情况、移民安置情况;⑬需说明的其他事项。

2)审计说明书中各项内容是否合法、合规。

3) 审计说明书中相关指标的计算是否正确，数据来源是否有效。
4) 审计说明书的编制深度是否足够，有无掩盖事实的情况。

6.4.3 财务决算报表的审计

审计财务决算报表可从以下几方面进行：

1) 审计财务决算报表的内容是否完整、规范。其内容应包括：①封面；②项目概况表；③项目竣工财务决算表；④资金情况明细表；⑤交付使用资产总表；⑥交付使用资产明细表；⑦待摊投资明细表；⑧待核销基建支出明细表；⑨转出投资明细表，具体格式见附录A。

2) 审计建设单位编制财务决算时是否按照规定将待摊投资支出按合理比例分摊计入交付使用资产价值、转出投资价值和待核销基建支出。

3) 审计工程价款结算是否准确，是否按照合同约定和国家有关规定进行，有无多算和重复计算工程量、高估冒算建筑材料价格现象。

4) 待摊费用支出及其分摊是否合理、正确。

5) 项目是否按照批准的概算（预）算内容实施，有无超标准、超规模、超概（预）算建设现象。

6) 项目资金是否全部到位，核算是否规范，资金使用是否合理，有无挤占、挪用现象。

7) 项目形成资产是否全面反映，计价是否准确，资产接受单位是否落实。

8) 项目在建设过程中历次检查和审计所提的重大问题是否已经整改落实。

9) 待核销基建支出和转出投资有无依据，是否合理。

10) 竣工财务决算报表所填列的数据是否完整，表间勾稽关系是否清晰、正确。

11) 尾工工程及预留费用是否控制在概算确定的范围内，预留的金额和比例是否合理。

12) 项目建设是否履行基本建设程序，是否符合国家有关建设管理制度要求等。

13) 决算的内容和格式是否符合国家有关规定。

14) 决算资料报送是否完整、决算数据间是否存在错误。

审计结束后，审计人员填写的基本建设项目竣工决算审计表见附录B。

 案例分析

该案例为某会计师事务所对某以房地产开发为主营业务的股份有限公司2018年度（即2018年1月1日至2018年12月31日）财务报表的审计，项目背景资料来源于公司网站披露信息，所示财务报表（包含经审计的2018年度合并及公司利润表、合并及公司现金流量表、合并及公司股东权益变动表，见附录C）仅做示范。在理解该案例的基础上，应运用本章所学知识重点掌握对财务报表及下述内容的审计。

1. 案例背景

××股份有限公司注册地址为×××，公司办公地址为×××，公司股票上市地为××证券交易所，公司股票简称和代码为×××，注册资本为2.02亿元，法定代表人为×××。该公司主要经营范围为房地产业，即在合法取得土地使用权范围内从事房地产开发经营业务；国内商业、物资供销业（不含专营、专控、专卖商品）；兴办实业（具体项目另报）及自有物业租赁。公司及各子公司主要产品或提供的劳务为房地产开发和经营、物业租赁等。其中该公司2018年度纳入合并范围的子公司共5户，本年度合并范围比上年度增加1户。

2. 财务报表的编制基础

该公司财务报表以持续经营假设为基础，根据实际发生的交易和事项，按照财政部发布的《企业会计准则——基本准则》（财政部令第33号发布、财政部令第76号修订）、《企业会计准则——应用指南》《企业会计准则解释》及其他相关规定（以下合称"企业会计准则"），以及中国证券监督管理委员会《公开发行证券的公司信息披露编报规则第15号——财务报告的一般规定》（2014年修订）的披露规定编制。

根据企业会计准则的相关规定，该公司会计核算以权责发生制为基础。除某些金融工具外，该财务报表均以历史成本为计量基础。持有待售的非流动资产，按公允价值减去预计费用后的金额，以及符合持有待售条件时的原账面价值，取两者孰低计价。资产如果发生减值，则按照相关规定计提相应的减值准备。

3. 遵循企业会计准则的声明

该公司编制的财务报表符合企业会计准则的要求，真实、完整地反映了该公司2018年12月31日的财务状况及2018年度的经营成果和现金流量等有关信息。此外，该公司的财务报表在所有重大方面符合中国证券监督管理委员会2014年修订的《公开发行证券的公司信息披露编报规则第15号——财务报告的一般规定》有关财务报表及其附注的披露要求。

4. 重要会计政策和会计估计

该公司及各子公司从事房地产开发以及物业租赁经营。该公司及各子公司根据实际生产经营特点，依据相关企业会计准则的规定，确定具体会计政策和会计估计。主要包括会计期间、营业周期、记账本位币（本案例中均为人民币）和同一控制下和非同一控制下企业合并的会计处理方法。

（1）重要会计政策、会计估计的变更

1）会计政策变更。根据财政部2018年6月15日发布的《关于修订印发2018年度一般企业财报表格式的通知》（财会［2018］15号），该公司年初（2018年1月1日）受影响的财务报表项目明细情况如表6-7所示。

表6-7 报表项目调整

调整前		调整后	
报表项目	金额（元）	报表项目	金额（元）
应收票据		应收票据及应收账款	610 712.42
应收账款	610 712.42		
应收利息		其他应收款	11 055 436.20
应收股利			
其他应收款	11 055 436.20		

(续)

调整前		调整后	
报表项目	金额（元）	报表项目	金额（元）
固定资产	17 924 806.73	固定资产	17 924 806.73
固定资产清理			
工程物资		在建工程	230 429.00
在建工程	230 429.00		
应付票据		应付票据及应付账款	118 435 479.03
应付账款	118 435 479.03		
应付利息	156 527.78	其他应付款	105 034 596.61
应付股利			
其他应付款	104 878 068.83		

2）本年度无重要会计估计变更。

(2) 重大会计判断和估计 该公司在运用会计政策过程中，由于经营活动内在的不确定性，需要对无法准确计量的报表项目的账面价值进行判断、估计和假设。这些判断、估计和假设是基于该公司管理层过去的历史经验，并在考虑其他相关因素的基础上做出的。这些判断、估计和假设会影响收入、费用、资产和负债的报告金额以及资产负债表日或有负债的披露。然而，这些估计的不确定性所导致的实际结果可能与该公司管理层当前的估计存在差异，进而造成对未来受影响的资产或负债的账面金额进行重大调整。

该公司对会计判断、估计和假设在持续经营的基础上进行定期复核，会计估计的变更仅影响变更当期的，其影响数在变更当期予以确认；既影响变更当期又影响未来期间的，其影响数在变更当期和未来期间予以确认。

在资产负债表日，该公司需对财务报表项目金额进行判断、估计和假设的重要领域如下：

1）坏账准备计提。该公司根据应收款项的会计政策，采用备抵法核算坏账损失。应收款项减值是基于评估应收款项的可收回性。鉴定应收款项减值要求管理层的判断和估计。实际的结果与原先估计的差异将在估计被改变的期间，影响应收款项的账面价值及应收款项坏账准备的计提或转回。

2）存货跌价准备。该公司根据存货会计政策，按照成本与可变现净值孰低计量，对成本高于可变现净值及陈旧和滞销的存货，计提存货跌价准备。存货减值至可变现净值是基于评估存货的可售性及其可变现净值。鉴定存货减值要求管理层在取得确凿证据，并且考虑持有存货的目的、资产负债表日后事项的影响等因素的基础上做出判断和估计。实际的结果与原先估计的差异将在估计被改变的期间，影响存货的账面价值及存货跌价准备的计提或转回。

3）金融工具公允价值。对不存在活跃交易市场的金融工具，该公司通过各种估值方法确定其公允价值。这些估值方法包括贴现现金流模型分析等。估值时该公司需对未来现金流量、信用风险、市场波动率和相关性等方面进行估计，并选择适当的折现率。这些相关假设具有不确定性，其变化会对金融工具的公允价值产生影响。

4）可供出售金融资产减值。该公司确定可供出售金融资产是否减值在很大程度上依赖于管理层的判断和假设，以确定是否需要在利润表中确认其减值损失。在进行判断和做出假设的过程中，该公司需评估该项投资的公允价值低于成本的程度和持续期间，以及被投资对象的财务状况和短期业务展望，包括行业状况、技术变革、信用评级、违约率和对手方的风险。

5）长期资产减值准备。该公司于资产负债表日对除金融资产之外的非流动资产判断是否存在可能发生减值的迹象。对使用寿命不确定的无形资产，除每年进行的减值测试外，当其存在减值迹象时，也进行减值测试。其他除金融资产之外的非流动资产，当存在迹象表明其账面金额不可收回时，进行减值测试。当资产或资产组的账面价值高于可收回金额，即公允价值减去处置费用后的净额和预计未来现金流量的现值中的较高者，表明发生了减值。公允价值减去处置费用后的净额，参考公平交易中类似资产的销售协议价格或可观察到的市场价格，减去可直接归属于该资产处置的增量成本确定。

在预计未来现金流量现值时，需要对该资产（或资产组）的产量、售价、相关经营成本及计算现值时使用的折现率等做出重大判断。该公司在估计可收回金额时会采用所有能够获得的相关资料，包括根据合理和可支持的假设所做出有关产量、售价和相关经营成本的预测。

6）折旧和摊销。该公司对投资性房地产、固定资产和无形资产在考虑其残值后，在使用寿命内按直线法计提折旧和摊销。该公司定期复核使用寿命，以决定将计入每个报告期的折旧和摊销费用数额。使用寿命是该公司根据对同类资产的以往经验并结合预期的技术更新而确定的。如果以前的估计发生重大变化，则会在未来期间对折旧和摊销费用进行调整。

7）递延所得税资产。在很有可能有足够的应纳税利润来抵扣亏损的限度内，该公司就所有未利用的税务亏损确认递延所得税资产。这需要该公司管理层运用大量的判断来估计未来应纳税利润发生的时间和金额，结合纳税筹划策略，以决定应确认的递延所得税资产的金额。

8）所得税。该公司在正常的经营活动中，有部分交易其最终的税务处理和计算存在一定的不确定性。部分项目是否能够在税前列支需要税收主管机关的审批。如果这些税务事项的最终认定结果同最初估计的金额存在差异，则该差异将对其最终认定期间的当期所得税和递延所得税产生影响。

9）预计负债。该公司根据合约条款、现有知识及历史经验，对产品质量保证、预计合同亏损、延迟交货违约金等估计并计提相应准备。在该等或有事项已经形成一项现时义务，且履行该等现时义务很可能导致经济利益流出该公司的情况下，该公司对或有事项按履行相关现时义务所需支出的最佳估计数确认为预计负债。预计负债的确认和计量在很大程度上依赖于管理层的判断。在进行判断过程中该公司需评估该等或有事项相关的风险、不确定性及货币时间价值等因素。其中，该公司会就出售、维修及改造所售商品向客户提供的售后质量维修承诺预计负债。预计负债时已考虑该公司近期的维修经验数据，但近期的维修经验可能无法反映将来的维修情况。这项准备的任何增加或减少，均可能影响未来年度的损益。

10) 土地增值税。该公司根据《国家税务总局关于房地产开发企业土地增值税清算管理有关问题的通知》(国税发〔2006〕187号)基于清算口径累计计提了土地增值税准备金,考虑到土地增值税有可能受到各地税务局的最终认定,实际上的缴纳额可能高于或低于资产负债表日估计的数额,估计额的任何增减变动都会影响以后年度的损益。

11) 租赁的归类。该公司根据《企业会计准则第21号——租赁》的规定,将租赁归类为经营租赁和融资租赁,在进行归类时,管理层需要对是否已将与租出资产所有权有关的全部风险和报酬实质上转移给承租人,或者该公司是否已经实质上承担与租入资产所有权有关的全部风险和报酬,做出分析和判断。

(3) 合并财务报表的编制方法

1) 合并财务报表范围的确定原则。合并财务报表的合并范围以控制为基础予以确定。控制是指该公司拥有对被投资方的权力,通过参与被投资方的相关活动而享有可变回报,并且有能力运用对被投资方的权力影响该回报金额。合并范围包括该公司及全部子公司。子公司是指被该公司控制的主体。一旦相关事实和情况的变化导致上述控制定义涉及的相关要素发生了变化,该公司将进行重新评估。

2) 合并财务报表编制的方法。①从取得子公司的净资产和生产经营决策的实际控制权之日起,该公司开始将其纳入合并范围;从丧失实际控制权之日起停止纳入合并范围。对于处置的子公司,处置日前的经营成果和现金流量已经适当地包括在合并利润表和合并现金流量表中;当期处置的子公司,不调整合并资产负债表的期初数。非同一控制下企业合并增加的子公司,其购买日后的经营成果及现金流量已经适当地包括在合并利润表和合并现金流量表中,且不调整合并财务报表的期初数和对比数。同一控制下企业合并增加的子公司及吸收合并下的被合并方,其自合并当期期初至合并日的经营成果和现金流量已经适当地包括在合并利润表和合并现金流量表中,并且同时调整合并财务报表的对比数。②在编制合并财务报表时,子公司与该公司采用的会计政策或会计期间不一致的,按照该公司的会计政策和会计期间对子公司财务报表进行必要的调整。对于非同一控制下企业合并取得的子公司,以购买日可辨认净资产公允价值为基础对其财务报表进行调整。③公司内所有重大往来余额、交易及未实现利润在合并财务报表编制时予以抵销。④子公司的股东权益及当期净损益中不属于该公司所拥有的部分,分别作为少数股东权益及少数股东损益在合并财务报表中股东权益及净利润项下单独列示。子公司当期净损益中属于少数股东权益的份额,在合并利润表中净利润项目下以"少数股东损益"项目列示。少数股东分担的子公司的亏损超过了少数股东在该子公司期初股东权益中所享有的份额,仍冲减少数股东权益。⑤当因处置部分股权投资或其他原因丧失了对原有子公司的控制权时,对于剩余股权,按照其在丧失控制权日的公允价值进行重新计量。处置股权取得的对价与剩余股权公允价值之和,减去按原持股比例计算应享有原有子公司自购买日开始持续计算的净资产的份额之间的差额,计入丧失控制权当期的投资收益。与原有子公司股权投资相关的其他综合收益,在丧失控制权时采用与被购买方直接处置相关资产或负债相同的基础进行会计处理(即,除了在该原有子公司重新计量设定受益计划净负债或净资产导致的变动以外,其余一并转为当期投资收益)。其后,对该部分剩余股权按照《企业会计准则第2号——长期股权投资》或《企业会计准则第22号——金融工具确认和计量》等相关规定进行后续计量。⑥该公司通过多次交易分步处置对子公司股权投资直至丧失控制权的,需区分处置对子公司股权投资直至丧失控制权的各项交易是否属于一揽子交易。

(4) 现金及现金等价物的确定标准　该公司现金及现金等价物包括库存现金、可以随时用于支付的存款以及该公司持有的期限短（一般为从购买日起，三个月内到期）、流动性强、易于转换为已知金额的现金、价值变动风险很小的投资。

(5) 金融工具　在该公司成为金融工具合同的一方时确认一项金融资产或金融负债。金融资产和金融负债在初始确认时以公允价值计量。对于以公允价值计量且其变动计入当期损益的金融资产和金融负债，相关的交易费用直接计入损益，对于其他类别的金融资产和金融负债，相关交易费用计入初始确认金额。

1) 金融资产和金融负债的公允价值确定方法。金融工具存在活跃市场的，该公司采用活跃市场中的报价确定其公允价值；金融工具不存在活跃市场的，该公司采用估值技术确定其公允价值。

2) 金融资产的分类、确认和计量。以常规方式买卖金融资产，按交易日进行会计确认和终止确认。金融资产在初始确认时划分为以公允价值计量且其变动计入当期损益的金融资产、持有至到期投资、贷款和应收款项以及可供出售金融资产。

3) 金融资产减值。除了以公允价值计量且其变动计入当期损益的金融资产外，该公司在每个资产负债表日对其他金融资产的账面价值进行检查，有客观证据表明金融资产发生减值的，计提减值准备。主要包括持有至到期投资、贷款和应收款项减值和可供出售金融资产减值。该公司对单项金额重大的金融资产单独进行减值测试，对单项金额不重大的金融资产，单独进行减值测试或包括在具有类似信用风险特征的金融资产组合中进行减值测试。单独测试未发生减值的金融资产（包括单项金额重大和不重大的金融资产），包括在具有类似信用风险特征的金融资产组合中再进行减值测试。已单项确认减值损失的金融资产，不包括在具有类似信用风险特征的金融资产组合中进行减值测试。

4) 金融资产转移的确认依据和计量方法。满足下列条件之一的金融资产，予以终止确认：①收取该金融资产现金流量的合同权利终止；②该金融资产已转移，且将金融资产所有权上几乎所有的风险和报酬转移给转入方；③该金融资产已转移，虽然企业既没有转移也没有保留金融资产所有权上几乎所有的风险和报酬，但是放弃了对该金融资产控制。

若企业既没有转移也没有保留金融资产所有权上几乎所有的风险和报酬，且未放弃对该金融资产的控制的，则按照继续涉入所转移金融资产的程度确认有关金融资产，并相应确认有关负债。继续涉入所转移金融资产的程度，是指该金融资产价值变动使企业面临的风险水平。金融资产整体转移满足终止确认条件的，将所转移金融资产的账面价值及因转移而收到的对价与原计入其他综合收益的公允价值变动累计额之和的差额计入当期损益。金融资产部分转移满足终止确认条件的，将所转移金融资产的账面价值在终止确认及未终止确认部分之间按其相对的公允价值进行分摊，并将因转移而收到的对价与应分摊至终止确认部分的原计入其他综合收益的公允价值变动累计额之和与分摊的前述账面金额之差额计入当期损益。

该公司对采用附追索权方式出售的金融资产，或将持有的金融资产背书转让，需确定该金融资产所有权上几乎所有的风险和报酬是否已经转移。已将该金融资产所有权上几乎所有的风险和报酬转移给转入方的，终止确认该金融资产；保留了金融资产所有权上几乎所有的风险和报酬的，不终止确认该金融资产；既没有转移也没有保留金融资产所有权上几乎所有的风险和报酬的，则继续判断企业是否对该资产保留了控制，并根据前面各段所述的原则进行会计处理。

5) 金融负债的分类和计量。金融负债在初始确认时划分为以公允价值计量且其变动计入当期损益的金融负债和其他金融负债。初始确认金融负债，以公允价值计量。对于以公允价值计量且其变动计入当期损益的金融负债，相关的交易费用直接计入当期损益，对于其他金融负债，相关交易费用计入初始确认金额。金融负债还包括财务担保合同及贷款承诺。

6) 金融负债的终止确认。金融负债的现时义务全部或部分已经解除的，才能终止确认该金融负债或其一部分。该公司（债务人）与债权人之间签订协议，以承担新金融负债方式替换现存金融负债，且新金融负债与现存金融负债的合同条款实质上不同的，终止确认现存金融负债，并同时确认新金融负债。金融负债全部或部分终止确认的，将终止确认部分的账面价值与支付的对价（包括转出的非现金资产或承担的新金融负债）之间的差额，计入当期损益。

7) 衍生工具及嵌入衍生工具。衍生工具于相关合同签署日以公允价值进行初始计量，并以公允价值进行后续计量。除指定为套期工具且套期高度有效的衍生工具，其公允价值变动形成的利得或损失将根据套期关系的性质按照套期会计的要求确定计入损益的期间外，其余衍生工具的公允价值变动计入当期损益。

对包含嵌入衍生工具的混合工具，如未指定为以公允价值计量且其变动计入当期损益的金融资产或金融负债，嵌入衍生工具与该主合同在经济特征及风险方面不存在紧密关系，且与嵌入衍生工具条件相同，单独存在的工具符合衍生工具定义的，嵌入衍生工具从混合工具中分拆，作为单独的衍生金融工具处理。如果无法在取得时或后续的资产负债表日对嵌入衍生工具进行单独计量，则将混合工具整体指定为以公允价值计量且其变动计入当期损益的金融资产或金融负债。

8) 金融资产和金融负债的抵销。当该公司具有抵销已确认金融资产和金融负债的法定权利，且目前可执行该种法定权利，同时该公司计划以净额结算或同时变现该金融资产和清偿该金融负债时，金融资产和金融负债以相互抵销后的金额在资产负债表内列示。除此以外，金融资产和金融负债在资产负债表内分别列示，不予相互抵销。

9) 权益工具。权益工具是指能证明拥有该公司在扣除所有负债后的资产中的剩余权益的合同。该公司发行（含再融资）、回购、出售或注销权益工具作为权益的变动处理。该公司不确认权益工具的公允价值变动。与权益性交易相关的交易费用从权益中扣减。该公司对权益工具持有方的各种分配（不包括股票股利），减少股东权益。该公司不确认权益工具的公允价值变动额。

本案例其他的会计估计还包括应收款项（含营收账款和其他应收款等）、存货、长期股权投资、投资性房地产、固定资产、在建工程、借款费用、无形资产、长期待摊费用、长期资产减值、职工薪酬、预计负债、收入、政府补助、递延所得税资产/递延所得税负债及租赁。

5. 税项

各税种适用税率见表6-8。

表6-8 适用税率

税种	具体税率情况
增值税	应税收入按 3%、5%、6%、10%、11% 的税率/征收率计算销项税，并按扣除当期允许抵扣的进项税额后的差额计缴增值税

(续)

税种	具体税率情况
营业税	按应税营业额的5%计缴营业税
城市维护建设税	按实际缴纳的流转税的7%计缴
教育费附加	按实际缴纳的流转税的3%计缴
地方教育费附加	按实际缴纳的流转税的2%计缴
土地增值税	按销售房地产所取得的增值额的30%~60%缴纳土地增值税
企业所得税	按应纳税所得额的25%计缴

该公司销售开发的房地产项目（适用简易计税方法的房地产老项目除外）发生增值税应税销售行为，原适用11%税率。根据《财政部、国家税务总局关于调整增值税税率的通知》（财税〔2018〕32号）规定，自2018年5月1日起，适用税率调整为10%。

6. 合并范围的变更

该公司本年无本公司本年无非同一控制下企业合并，无同一控制下企业合并，无反向购买的情况，无处置子公司的情况。在其他原因的合并范围变动中，该公司新设二级子公司5，见表6-9。

表6-9　企业集团的构成

| 子公司名称 | 主要经营地 | 注册地 | 业务性质 | 持股比例（%） | | 取得方式 |
				直接	间接	
1	×××	同经营地	房地产开发、销售	100.00		新设
2	×××	同经营地	房地产开发、销售	70.00		新设
3	×××	同经营地	投资、咨询	100.00		新设
4	×××	同经营地	房地产开发、销售	60.00		新设
5	×××	同经营地	房地产开发、销售		100.00	新设

7. 在其他主体中的权益

该公司子公司的构成见表6-9，重要的非全资子公司及其主要财务信息见表6-10和表6-11。所有子公司无使用集团资产和清偿集团债务受到重大限制的情况。该公司无在子公司的所有者权益份额发生变化且仍控制子公司交易的情况，无合营企业及联营企业，无共同经营的情况，无未纳入合并财务报表范围的情况。

表6-10　重要的非全资子公司

子公司名称	少数股东持股比例（%）	本年归属于少数股东的损益	本年向少数股东分派的股利	年末少数股东权益余额
2	30.00	8 521 656.50	2 400 000.00	65 458 719.36

表 6-11　重要的非全资子公司的主要财务信息

子公司名称	年末余额					
	流动资产	非流动资产	资产合计	流动负债	非流动负债	负债合计
2	611 499 757.35	22 687 793.43	634 187 550.78	427 013 930.30	178 145.26	427 192 075.56

子公司名称	年初余额					
	流动资产	非流动资产	资产合计	流动负债	非流动负债	负债合计
2	533 351 379.07	22 231 677.46	555 583 056.53	368 993 369.64		368 993 369.64

子公司名称	本年发生额			
	营业收入	净利润	综合收益总额	经营活动现金流量
2	144 351 991.04	28 405 788.33	28 405 788.33	42 831 819.01

子公司名称	上年发生额			
	营业收入	净利润	综合收益总额	经营活动现金流量
2	267 721 587.51	11 193 017.97	11 193 017.97	223 556 016.06

8. 与金融工具相关的风险

该公司的主要金融工具包括股权投资、借款、应收账款、应付账款等。与这些金融工具有关的风险，以及该公司为降低这些风险所采取的风险管理政策如下所述。该公司管理层对这些风险敞口进行管理和监控以确保将上述风险控制在限定的范围之内。

该公司采用敏感性分析技术分析风险变量的合理、可能变化对当期损益或股东权益可能产生的影响。由于任何风险变量很少孤立地发生变化，而变量之间存在的相关性对某一风险变量的变化的最终影响金额将产生重大作用，因此下述内容是在假设每一变量的变化是在独立的情况下进行的。该公司风险管理的基本策略是确定和分析该公司所面临的各种风险，建立适当的风险承受底线和进行风险管理，并及时可靠地对各种风险进行监督，将风险控制在限定的范围之内。

因此，公司的外汇风险[除年初（2018年1月1日）持有现金及现金等价物价值港币6 850.21元和年末（2018年12月31日）持有等额港币现金及现金等价物外，该公司的资产及负债均为人民币余额]、信用风险及流动风险均较低。

9. 关联方及关联交易

该公司的母公司对该公司的持股比例为34.02%，表决权比例为34.02%，该公司的最终控制方是某国有资产监督管理委员会。该公司在本年度无合营及联营企业。在关联方的交易情况中主要审计的内容有出售商品/提供劳务的关联交易、关联租赁情况、关联担保情况、关键管理人员报酬、房屋拆迁补偿收入及过渡期安置费。

注：类似的案例中，可能包含的财务报表注释还包括对公允价值的披露、承诺及或有事项、资产负债表日后事项、其他重要事项、公司财务报表及合并财务报表主要项目注释及补充资料等内容的审计。

本章小结及关键概念

本章小结：建设项目财务报表审计包含建设项目资金筹措审计、建设项目资金使用审计、建设项目会计报表审计及建设项目财务决算审计等。其中，建设项目的资金筹措是项目前期的核心工作，也是项目能否实施的关键，而建设项目资金筹措审计是审计人员针对建设单位资金不同来源渠道分别进行会计核算和账务处理的基础审计，采用查阅法、比较法、计算和分析法等方法审计资金筹措过程中的合法性和合规性及筹措成本和筹措费用的经济性。针对资金筹措的审计主要就是对基建拨款、基建投资借款、企业债券资金、其他借款及项目资本等的审计。主要包括检查筹资备选方案论证的充分性，决策方案选择的可靠性、合理性及审批程序的合法性、合规性；检查筹资方式的合法性、合理性、效益性；检查筹资数额的合理性，分析所筹资金的偿还能力；评价筹资环节的内部控制等。

根据建设项目资金形态（货币资金→储备、结算资金→在建资金→建成资金）的不同，针对建设项目资金使用审计主要就是对建筑安装工程投资、设备投资、待摊投资、其他投资、转出投资、待核销基建支出、设备和材料采购。基建收入、交付使用资产和资金冲转核算及竣工结余资金等的审计。各项审计内容的侧重点不同，但主要是为了确保建设项目资金的使用效率。

建设项目会计报表是综合反映建设单位在一定会计期间内投资来源、投资使用等财务状况的会计资料。审计会计报表应首先从整体上把握建设项目的财务基本情况，即审计基建拨款、贷款使用效果是否良好；投资完成情况；在建工程和交付使用资产是否正常；基建结余资金是否真实、合理，再审计财务会计的各项具体内容。本章主要是介绍对建设项目会计报表所含资金平衡表、基建投资表、待摊投资明细表、基建借款情况表及投资包干情况表的审计，并介绍其编制要求。

项目竣工财务决算是正确核定项目资产价值、反映竣工项目建设成果的文件，是办理资产移交和产权登记的依据，包括竣工财务决算报表、竣工财务决算说明书以及相关材料。项目竣工财务决算应当数字准确、内容完整。审计建设项目财务决算主要是审计财务决算说明书和财务决算报表，并按规定要求填写相应审计表。

关键概念：建设项目资金筹措审计、建设项目资金使用审计、建设项目会计报表审计、建设项目财务决算审计。

能力提升

一、选择题

1. 建设项目资金筹措审计的方法不包含（　　）。
   A. 查阅法　　　　B. 回溯法　　　　C. 比价法　　　　D. 计算和分析法
2. 按资金来源渠道不同，基建拨款审计不包含（　　）。
   A. 自筹基建资金拨款审计　　　　B. 其他基建资金拨款审计

C. 项目资本基建资金拨款审计　　　　D. 预算内基建资金拨款审计
3. 设备投资不包含（　　）。
A. 建筑工程设备的实际成本　　　　B. 需要安装设备的实际成本
C. 不需要安装设备的实际成本
D. 生产准备的不够固定资产标准的工器具的实际成本
4. 财务决算审计的重点是（　　）和（　　）。
A. 工程结算审计　　　　　　　　　B. 财务决算说明书审计
C. 财务决算相关资料审计　　　　　D. 财务决算报表审计
5. 财务决算报表不包括（　　）。
A. 资金情况明细表和待核销基建支出明细表
B. 交付使用资产总表和明细表
C. 待摊投资明细表和转出投资明细表
D. 项目建设资金计划明细表和资金到位情况明细表

二、填空题

1. 建设项目资金筹措审计包括_____、_____、_____、其他借款审计及_____。
2. 建设项目会计报表审计包括_____、_____、_____、基建借款情况表审计及_____。
3. 项目竣工财务决算包括_____、_____及相关材料。
4. 进行待摊投资审计时，应重点审计_____、_____、_____、借款利息、_____及报废工程损失。
5. _____、_____、_____及其他收入属于基建收入。

三、简答题

1. 简述资金筹措审计的内容。
2. 建筑安装工程投资审计包含哪些方面？
3. 什么是建设项目会计报表审计的内容？
4. 财务决算审计的依据是什么？
5. 简述财务决算报表审计的内容。

第 7 章 工程项目审计文件

> **学习要点**
>
> **知识点：** 工程项目审计各阶段的内容及审计流程，工程项目审计各阶段审计文件的内容。
>
> **重点：** 工程项目审计文件的基本内容，审计方案的编写，审计工作底稿的编写，审计报告的编写，审计报告实例。
>
> **难点：** 审计报告的编写，审计报告实例。

7.1 概述

7.1.1 工程项目审计各阶段的内容

根据审计实施时间相对于被审计单位建设行为发生的前后分类，审计可分为事前审计、事中审计和事后审计。与之相对应，工程审计的内容可分为开工前审计、工程实施期审计和工程竣工验收后审计三大主要部分。

1. 开工前审计

开工前审计是对工程项目开工前各项工作进行审计。主要包括：

1) 检查建设项目的审批文件。包括项目建议书、可行性研究报告、环境影响评估报告、概算批复、建设用地批准、建设规划及施工许可、环保及消防批准、项目设计及设计图审核等文件，检查其是否齐全。

2) 检查招投标程序及其结果是否合法、有效。

3) 检查工程项目筹资融资工作进展情况。

4) 工程项目设计工作审计。包括设计方案是否合理，设计质量水平，设计中材料、设备的选用是否符合规定等。

5) 检查与各建设项目相关单位签订的合同条款是否合规、公允，与招标文件和投标承诺是否一致。

6) 检查内部控制制度建立情况。检查建设单位是否建立健全了各项内部控制制度。如工程签证、验收制度；设备材料采购、价格控制、验收、领用、清点制度；费用支出报销制度等。

7）工程项目开工前准备工作审计。

2. 工程实施期审计

我国审计机关对工程项目实施期的审计包括以下内容：

1）对工程项目准备阶段资金使用情况进行审计。包括建设用地是否按批准的数量和价格征用，土地使用是否符合规划要求，土地使用权是否已经取得，征地拆迁费用支出是否合理合规等。

2）对工程项目费用指标调整情况进行审计。包括概算、预算指标调整是否符合国家有关规范和标准，调整是否由具备相应资质的单位和人员做出，调整数据和方法是否正确，是否经过有关部门审批，设计变更是否符合规定，设计变更是否存在擅自扩大工程建设规模、提高建设标准的现象等。

3）对工程合同履行情况进行审计。包括检查与建设项目有关的单位是否认真履行合同义务，有无违法分包、转包工程等现象。如有变更、增补、转让或终止等情况，应检查其真实性、合法性。

4）对工程项目投资目标执行情况进行审计，分析重大差异产生的原因。

5）对内部控制制度执行情况进行审计。包括检查建设单位是否有效执行了各项内部控制制度。如工程签证、验收制度，设备材料采购、价格控制、验收、领用、清点制度，费用支出报销制度等内部控制制度是否有效执行，是否需要加以督促、指导和健全，项目建设是否规范运行等。

6）对工程项目建设资金来源、到位与使用情况进行审计。包括项目融资手段和方法是否合法，建设资金来源是否合法，项目建设资金是否已经按照计划落实到位，工程项目建设资金使用是否合法合规，有无转移、侵占、挪用项目建设资金现象等。

7）对工程项目建设成本及其他财务收支核算进行审计监督。重点审计工程造价结算是否真实、合法，财务报表是否完整真实；投资超支的幅度及其原因，是否有将不合法的费用列入项目费用中；是否严格按照经批准的投资目标及有关制度对工程项目建设成本进行归集，单位工程成本是否准确；生产成本和建设成本是否严格区分，有无"账外账"等违纪现象等。

8）对工程项目材料设备采购进行审计。包括参与材料、设备等采购合同有关条款的商洽，在确保材料、设备的质量和满足使用功能的前提下，对材料、设备价格提供审核意见，并跟踪合同管理，事前提供费用签证联系单。针对无确定价格材料，提供市场调查分析报告及性价比。

9）对工程变更签证情况进行审计。包括与建设单位、施工单位一起参加施工图会审，了解施工图变更情况。根据现场实际情况及时审核各项变更和签证。必须变更的，应先报审变更资料，经审核需要变更的，要严格程序，避免随意变更。严格审查施工签证的规范性、及时性和必要性。

10）对工程项目投资控制情况进行审计。包括根据施工合同和施工进度计划进行工程费用分析与比较，找出实际发生额与投资控制目标的偏差值，制定纠偏方案。

11）对工程项目工程进度价款支付进行审核，出具工程进度款付款意见。

12）根据工程项目进展情况对工程项目分期或阶段性结算进行审核。

13）及时分析评价工程项目实施过程中出现的施工索赔与反索赔，提供预防措施及处理意见。

14）对工程项目税费计缴情况进行审计监督，检查建设单位是否按照国家规定及时足额地计提和缴纳税费。

15）对工程项目环境保护情况进行审计监督。重点检查工程项目设计、施工是否严格执行国家有关环境保护法律法规、政策，环境治理项目是否与工程项目同步建设等。

16）对工程设计单位进行审计监督。包括工程项目设计是否按照批准的规模和标准进行，设计是否符合有关的规范和标准，设计费用收取是否符合国家规定和合同约定。

17）对工程施工单位进行审计监督。包括施工单位主体资格是否合法，有无违法分包、转包工程的现象，工程价款结算是否真实，有无偷工减料、高估冒领、虚报冒领工程款现象等。

18）对工程项目监理等咨询单位进行审计监督。包括单位主体资格是否合法，是否按照合同约定履行工程咨询服务工作，收费是否符合国家规定和合同约定。

3. 工程竣工验收后审计

工程项目竣工验收后审计包括对竣工验收工作和交付使用阶段所有工作进行审计。主要有以下内容：

1）对工程项目竣工验收情况进行审计监督。包括检查竣工验收程序是否符合有关规定，竣工验收报告内容是否完整真实，验收标准和方法是否科学适用等。

2）编制投资控制总结报告。包括工程项目实际投资是否符合经批准的投资计划目标，有无超越项目预算标准。

3）对单项竣工决算进行初审，检查单项竣工决算计算和结果是否真实准确，出具初审报告。

4）协助编制竣工财务决算，出具财务决算审计报告。

5）提供一套完整的档案资料，包括招标投标文件、施工合同、设计标底及图纸会审记录、签证单、隐蔽工程验收记录、开竣工报告、甲供材料及明细表、资质证书、营业执照、施工许可证书、收费许可证书以及施工组织设计等与工程结算相关的资料。

6）对工程项目竣工投产后评估进行审计。分析项目的实际盈利情况、市场情况、产品的竞争力等指标，并与立项时的预测相比较，以判断该工程项目建成投产后的实际效益是否达到投资决策时所预定的目标。

7）对工程项目交付使用资产情况进行审计监督。包括审查交付的固定资产是否真实，是否办理竣工验收手续；流动资产和铺底流动资金移交的真实性和合法性；交付无形资产和递延资产情况等。

8）对尚未完成的工程量及所需的投资进行审计监督，检查是否留足投资，有无新增工程现象。

9）对工程项目结余资金进行审计监督。包括核查银行存款、现金和其他货币资金，库存物资实存量的真实性，有无积压、隐瞒、转移、挪用等现象；核查往来款项、债权债务，有无转移、挪用建设资金和债权债务清理不及时现象等。

10）对工程项目建设收入的来源、分配、上缴和留成、使用情况的真实性、合法性进行审计监督。

11）对投资包干结余进行审计监督。重点审计包干指标完成情况，包干结余分配是否符合有关规定。

12) 对工程项目投资效益进行评审。包括评价分析建设工期对投资效益的影响，分析工程造价情况，测算投资回收期、财务净现值、内部收益率等技术经济指标，分析贷款偿还能力，评价项目经济效益、社会效益和环境效益等。

其中，决算审计是工程审计各环节中的关键一环，也是审计效益较明显的阶段。该阶段的审计重点应突出对工程结算真实性、完整性、合法性的审查。接受审计机关竣工决算审计的工程项目必须具备以下两个条件：一是已经完成初步验收，二是已经编制出竣工决算。

7.1.2 工程项目审计流程及各阶段的审计文件

1. 工程项目审计流程

由于工程项目规模大，建设周期长，项目参与者众多，涉及的审计对象较广，审计内容复杂，审计技术专业要求比较高。因此，在进行工程项目审计时，应当根据每一项业务的对象、目标、专业技术要求等不同情况，分别制定相应的审计工作程序。

根据《内部审计实务指南第1号——建设项目内部审计》的规定，可将工程项目审计分为审计准备阶段、审计实施阶段、审计终结及后续审计阶段，其审计流程如图7-1所示。

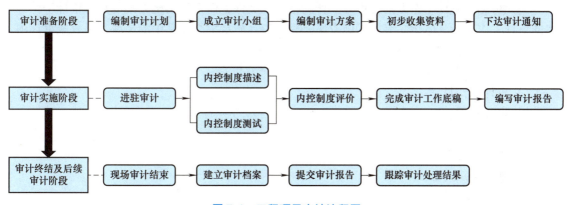

图 7-1 工程项目审计流程图

2. 各阶段的审计文件

在审计准备阶段，需要编制的审计文件有审计计划、审计方案及审计通知书；在审计实施阶段需要编制审计工作底稿、审计报告；在审计终结阶段需要最终确定提交审计报告。

7.2 工程项目审计文件的编写

7.2.1 审计方案的编写

1. 审计方案的概念

审计方案是对具体审计项目的审计程序及其时间等所做出的详细安排。这是保证审计效果的有效措施，也是检查、控制审计工作质量、进度的依据。

审计方案是审计计划的一部分。根据《内部审计具体准则第1号——审计计划》，审计计划一般包括年度审计计划、项目审计计划和审计方案三个层次：年度审计计划是对年度的审计任务所做的事先规划，是组织年度工作计划的重要组成部分；项目审计计划是对具体审计项目实施的全过程所做的综合安排；而审计方案是对具体审计项目的审计程序及其时间等所做出的详细安排。

审计机构可以根据组织的性质、规模、审计业务的复杂程度等因素决定审计计划层次和审计方案内容的繁简程度。

审计方案由审计业务部门编制，由审计项目负责人具体负责。审计方案编写完成后报分管领导批准，并下达到具体承担审计任务的下级审计机构或者审计组实施。

2. 审计方案的内容

中华人民共和国审计署6号令《审计机关审计项目质量控制办法（试行）》第6条规定："审计机关和审计组在实施审计前，应当编制审计工作方案和审计实施方案。"

审计工作方案是审计机关为了统一组织多个审计组对部门、行业或者专项资金等审计项目实施审计而制订的总体工作计划。

审计实施方案是审计组为了完成审计项目任务，从发送审计通知书到处理审计报告全部过程的工作安排。当一个审计项目涉及单位多、财政收支、财务收支量大时，审计组为了完成审计实施方案所规定的审计目标，可以对不同的审计事项制定若干具体实施步骤和方法。

由此可见，审计工作方案是审计工作的指导性文件，而审计实施方案则是将审计工作方案的审计工作目标具体化。审计实施方案是整个审计质量控制体系中的灵魂，是完成审计项目、实现审计目标的关键点。

（1）审计工作方案的主要内容　应当包括以下几点：

1）审计工作目标。
2）审计范围。
3）审计对象。
4）审计内容与重点。
5）审计组织与分工。
6）工作要求。

（2）审计实施方案的基本内容　应当包括以下几点：

1）编制的依据。
2）被审计单位的名称和基本情况。
3）审计目标。
4）重要性水平的确定和审计风险的评估。
5）审计的范围、内容、重点以及对审计目标有重要影响的审计事项的审计步骤和方法。
6）预定的审计工作起止时间。
7）审计组组长、审计组成员及其分工。
8）编制的日期。
9）其他有关内容。

3. 审计实施方案的编写要求

（1）关于审计目标　审计目标是通过实施审计或审计调查所要达到的最终目的，它决定整个审计项目的定位和审计所要发挥的具体监督服务作用,也决定审计工作重点的选择。一般应当根据审计工作方案的要求,将审计工作方案中的审计工作目标具体化。

确定审计目标时,应当考虑下列因素:
1) 法律、法规、规章的规定及相关政策。
2) 政府、审计机关、有关部门对审计项目的要求。
3) 被审计单位的有关情况。
4) 审计组成员的业务能力、审计经验。
5) 审计的时间和经费预算。
6) 其他需要考虑的因素。

审计目标定位要明确,具有可操作性;同时要保证审计目标的可实现性。对工程项目审计而言,每个审计项目从不同角度可以确定若干不同的审计目标,因此,一定要结合审计项目的定位,以及审计人员、审计环境、审计手段、可获得的信息和资料等的现状,选择出符合实际的、可以实现的、最重要和最直接的审计目标,切忌目标多元、定位模糊、偏离实际、空洞抽象、太过理想化而无法实现。

(2) 关于重要性水平的确定和审计风险的评估　审计组应当分析被审计单位有关情况,确定重要性水平和评估审计风险,围绕审计目标确定审计的范围、内容和重点。

审计组应当对被审计单位内部控制进行初步评价,确定是否依赖内部控制。依赖内部控制的,要对内部控制进行符合性测试。在内部控制测评的基础上,对被审计单位财政收支、财务收支的业务活动或者会计报表项目进行实质性测试。不依赖内部控制的,在实施审计时直接对被审计单位财政收支、财务收支的业务活动或者会计报表项目进行实质性测试。

对规模较小或者业务简单的审计项目,可以直接确定实质性测试的范围、内容和重点。

(3) 关于审计范围　审计实施方案的审计范围是指被审计单位财政收支、财务收支所属的会计期间和有关审计事项。

工程项目审计范围涉及工程项目整个生命周期,包括投资决策阶段、项目实施阶段和投产运营阶段。具体审计范围由审计机关或单位领导下达,或者根据委托者委托审计事项确定。

(4) 关于审计内容　审计实施方案的审计内容是指为实现审计目标所需实施的具体审计事项以及所要达到的具体审计目标。

工程项目审计是财务审计与管理审计的融合,其范围包括对工程项目投资立项、设计(勘察)管理、招标投标、合同管理、设备和材料采购、工程管理、工程造价、竣工验收、财务管理、后评价等过程的审查和评价。

细化审计内容就是针对每一个具体审计事项应确定所要达到的具体审计目标。如果一个审计项目涉及单位多、财政财务收支量大时,应当在实施方案上明确具体的内容以及要达到的具体审计目标。审计事项一般可以按照建设单位投资财政收支、工程项目建设业务活动(环节) 或者会计报表项目划分。

(5) 关于审计重点　审计实施方案的审计重点是指对实现审计目标有重要影响的审计事项。审计组应当对审前调查所取得的资料进行初步分析性复核,关注资料间的异常关系和异常变动,分析被审计单位财政收支、财务收支及其有关的经济活动中可能存在的重要问题和线索,确定审计重点。

(6) 关于审计的步骤和方法 对实现审计目标有重要影响的审计事项应当确定审计的步骤和方法。审计步骤和方法应当能够指导审计人员实施审计，实现具体审计目标。

(7) 关于审计组成员及其分工 《中华人民共和国审计法》第 12 条规定："审计人员应当具备与其从事的审计工作相适应的专业知识和业务能力"。

确定审计组组长、审计组成员及其分工时，应当考虑其专业胜任能力和职业道德水平，符合有关规定要求。

由于现代项目大多是先进科学的产物或是一种涉及多学科、多领域的系统工程，工程审计组成员应当由工程技术人员、工程造价人员、财务会计人员、技术经济人员和项目管理人员构成。工程技术人员应当熟悉工程项目设计、招标投标、工程施工、竣工验收程序及相应的法律法规，能够胜任工程技术审计工作；工程造价人员胜任工程概算、预算、标底、竣工决算等工程造价指标的编制和审核工作；财务会计人员应当具备建设单位财务会计审计知识；技术经济人员应当熟悉工程经济、投资经济等知识，在工程审计工作中，对投资决策审计、工程项目效益审计等内容负责；项目管理人员一方面要负责工程项目管理审计工作，另一方面要负责整个审计工作的统筹和协调工作。审计人员数量根据项目规模的大小、审计期限及审计内容的复杂程度而定。

工程项目审计实行审计组组长或主审负责制。审计组组长具体负责编制审计实施方案，经审计组所在部门负责人审核，报审计机关分管领导批准，由审计组负责实施。

4. 工程项目审计实施方案

【例 7.1】 ××项目工程审计部××项目全过程审计实施方案。

根据审计工作计划，审计组准备自××××年×月×日起对××（单位）××项目进行审计，现根据审前调查了解的情况制订出对××项目的审计实施方案。

一、编制依据

编制本审计实施方案的依据是如下八个方面：

1)《中华人民共和国审计法》《中华人民共和国注册会计师法》《中华人民共和国预算法》《中华人民共和国合同法》《中华人民共和国招标投标法》《中华人民共和国建筑法》。

2)《审计机关国家建设项目审计准则》《审计机关审计方案准则》（中华人民共和国审计署 2 号令）。

3) ××（单位）年度审计计划。

4) 财政部、建设部关于《建设工程价款结算暂行办法》（财建【2004】369 号）的通知。

5) 国家及地方现行的有关其他法律法规，有关部门颁布的工程建设其他费用的计取标准等。

6) ××工程建设项目建设前期文件、概算及批复文件。

7) 工程招投标文件、施工图。

8) 合同协议、委托书及会议纪要等。

二、被审计单位的名称及项目基本情况（略）

三、审计目标

此次审计的目标有如下五个方面：

1) 监管财政、财务收支的合法性，项目信息的真实性。
2) 审计建设项目实施过程的合法性。
3) 监督建设单位内控制度的建立。
4) 预警作用，降低工程建设过程中风险损失。
5) 审计工程项目的绩效状况。

四、审计对象和范围

××项目（土建、水暖通、电气、装饰工程）从项目立项到工程竣工验收及投产运营阶段的全过程审计和竣工财务决算审计。

五、审计风险的评估及重要性水平的确定

××项目的项目融资采用PPP方式，投资关系较为复杂，投资金额巨大，投资财务收支较为复杂，其中一些项目投资方存在资金不到位现象，项目建设周期长，工程技术要求较高，加之工程分标较多，项目涉及面较广，鉴于以上情况，将××项目的固有风险水平评价为高等。根据审前调查情况看，建设单位内部控制制度基本健全，内设的审计部切实履行内部审计职责，重大投资决策、建设资金调度、招标投标、合同签订、工程变更等工作经过授权且实际执行良好，故对建设单位的控制风险水平评价为中等。由于只能接受中等水平的检查风险，因此决定了此次审计采用全面审计和专项审计相结合，以获取适量证据。

本次工程审计中投资财务收支审计的会计报表层次的审计重要性水平按照总资产固有比率法确定，即以项目总投资为判断基础，乘以固有比率，即重要性水平＝投资总额36 635万元×0.5%＝183.175万元。各账户的重要性水平分配按会计报表层次重要性的4%确定，金额为7.327万元（183.175×4%），只要发现投资财务收支账户的错报或漏报超过这一水平，就确定为重大差错。

六、审计的内容和步骤

此次审计采用全面审计和专项审计相结分，审计内容和步骤如下：

第一部分　工程全过程审计

工程全过程审计包括三个阶段。

第一阶段　对审计进入前的前期情况进行阶段性审计

审计进入前，下达审计通知书时向建设单位提交工程项目审计所需资料清单。建设单位应当提供相关资料。审计组安排工程技术人员、工程造价人员、财务会计人员、技术经济人员和项目管理人员进行前期工程建设情况阶段性审计。

1. 投资立项及前期费用审计

1) 审计基本建设程序执行情况。根据现行规定，基本建设程序投资决策阶段工作包括项目建议书、可行性研究报告、批准立项等工作环节。只有前一个工作环节完成后，才能进行下一步工作。审计时重点检查各环节相关审批手续是否完备。

2) 审计征地拆迁费用支出是否真实、合法，管理是否符合有关规定。

2. 工程设计审计

设计（勘察）管理审计的目标主要是审查和评价设计（勘察）环节的内部控制及风险管理的适当性、合法性和有效性，勘察、设计资料依据的充分性和可靠性，委托设计（勘察）、初步设计、施工图设计等各项管理活动的真实性、合法性和效益性。主要内容包括：

1) 委托设计（勘察）管理的审计。主要审查设计任务书编写是否完整合规，设计（勘

察）单位的选择是否合法合规，设计（勘察）单位的资质是否符合项目规模要求等。

2）初步设计管理的审计。主要审查初步设计深度是否符合规定，报经批准的初步设计方案和概算是否符合经批准的可行性研究报告及估算要求，初步设计文件是否规范、完整等。

3）施工图设计管理的审计。主要审查施工图设计深度是否符合规定，设计文件是否规范、完整，施工图设计的内容及施工图预算是否符合经批准的初步设计方案、概算及标准等。

3. 工程招标投标审计

招标投标审计的目标主要包括审查和评价招标投标环节的内部控制及风险管理的适当性、合法性和有效性，招标投标资料依据的充分性和可靠性，招标投标程序及其结果的真实性、合法性和公正性，以及工程发包的合法性和有效性等。主要内容包括：

1）检查工程施工、主要建筑材料和设备采购等是否经过招标投标，标段的划分是否适当，招标文件是否完整合法，招标投标的程序和方式是否符合有关法规和制度的规定，标底的编制是否准确等。

2）检查开标、评标、定标的程序和方式是否符合有关法规和制度的规定，评标标准是否公正，是否存在串标、压价现象等。

4. 合同审计

合同审计的目标主要包括审查和评价工程合同的合法性、公正性、完备性和有效性，主要内容包括：

1）审查工程项目是否全面推行合同制，合同的订立是否规范，是否存在口头协议现象等。

2）对已签订的工程合同，审查合同条款是否完整、合法，合同条款是否与招标文件及承包商的投标文件相一致，是否存在"黑白合同"的现象等。

3）审查勘察设计合同、监理合同、施工合同等是否合法合规，投标报价是否合理。

第二阶段　工程跟踪审计

1. 投资控制跟踪审计

1）甲供材料设备的审计。检查供应商的选择方法和原则是否合法合规，大宗材料设备采购是否经过招标投标程序，采购价格是否与当地实际市场价格相符等。

2）工程价款支付审计。主要检查工程计量、工程款支付程序是否按照合同约定实施，主要分部分项工程量计量结果是否真实，工程预付款是否按照合同约定扣回，工程款支付价格是否与投标报价相符，新增项目价格确定程序和方法是否合法合规，工程进度款额度是否与合同约定一致，是否存在超付现象等。

3）工程变更审计。主要检查工程变更洽商单的内容、变更程序是否符合规定，设计变更是否符合经审批的批准立项文件及施工图的要求，是否存在超量超标现象，施工方提出的变更是否经过监理和建设单位的审批，工程变更增减范围和内容是否真实、合理，变更处理方法是否与合同约定一致，变更签证文件的处理是否符合时效要求，是否存在突击补签证现象，变更工程价款的调整是否符合合同约定等。

2. 质量控制跟踪审计

1）检查验收审计。主要检查工程验收内容和程序是否与合同约定一致，工程验收结果是否达到合同约定标准，建设单位是否增加额外检验，建设单位是否存在拖延验收或检验现象等。

2) 承包商施工审计。主要检查承包商施工操作是否按照规范和标准实施，是否存在偷工减料的现象，对出现的质量问题是否按照合同约定进行处理，是否按照监理和建设单位的要求对有问题部位进行返修或更换，现场见证取样是否按照规定实施等。

3) 对乙供材料设备的审计。主要检查材料设备质量要求、规格品种是否符合合同约定，是否存在以次充好的现象，所提供的试验和检验报告是否真实，进场入库验收程序是否按照规定执行，代用材料是否经过监理和建设单位的批准等。

4) 对分包工程项目的审计。主要检查分包的工程项目是否经发包人同意，承包商是否按照合同约定对分包工程进行管理，分包单位有无将其承包的工程再分包现象等。

3. 进度控制跟踪审计

主要检查承包商是否按照经批准的进度计划安排施工，对工期延误的处理是否符合合同约定，承包商赶工措施是否符合质量和安全要求，承包商的延期要求是否真实合理，批准程序是否合法合规等。

第三阶段 工程竣工结算审计

1. 审计准备

向建设单位下达提供工程竣工验收所需资料清单通知，制订工程竣工结算审计方案。

2. 实施审计

审计目标：检查工程价格结算与实际完成的投资额的真实性、合法性；检查是否存在虚列工程、套取资金、弄虚作假、高估冒算的行为等。

主要审计工作包括：

1) 核查送审结算书中的工程量的计算是否按照工程量清单计价规范中规定的计算规则进行，计算是否准确，必要时需到现场复核。

2) 检查分部分项工程量清单组价是否合理合规，项目选用是否恰当。

3) 检查措施项目清单、其他项目清单、规费计取是否符合标准，有无重复计费现象。

4) 核查材料设备价格是否调整，如有调整，调整是否按照合同约定执行，价格调整是否真实合理。

5) 检查结算项目是否与竣工图相一致，竣工图是否与实际相符。

6) 检查设计变更是否真实合理，变更价格调整是否按照合同约定执行。

7) 审查现场签证是否真实可靠，是否存在重复计算的现象。

8) 审查送审结算书中的材料设备的数量、品种和规格是否与实际施工相符。

9) 对于分包项目，审查分包商结算造价是否合理，承包商收取的管理费及配套费是否符合合同约定等。

对于审计中发现的问题，需要向建设单位、监理单位、设计单位和施工单位了解情况的，及时询问，有关各方应予以协助配合。

经过初步审计后出具工程造价初审定案单，在和建设单位交流后，由建设单位组织项目有关各方参加，由审计人员与施工单位针对初审定案单中的分歧问题交换意见，达成一致意见后，由建设单位、审计单位和施工单位三方签字确认。

竣工决算审计完成后，出具审计报告征求意见稿，与建设单位交流后定稿，出具审计报告，提出管理建议书。

审计工作总结。

第二部分 竣工财务决算审计

1. 审计准备

向建设单位下达提供工程财务审计所需资料清单通知，制订财务审计方案。针对实际情况开展工程前期财务情况的阶段性审计。

2. 实施审计

审计目标：审查和评价建设单位建设项目财政、财务收支的真实性、合法性和效益性。

在开展全过程跟踪审计期间，财务审计适时介入工程竣工财务决算审计。

工程竣工财务决算审计的具体实施过程如下：

1）建设单位提供工程决算审计的有关资料，提供工程竣工财务决算审计涉及的有关会计资料。

2）审查工程项目立项手续是否完备、齐全，是否合法合规。

3）检查、评价建设项目会计核算制度、内控制度的健全性、有效性及其执行情况。

4）检查"工程物资"科目，检查明细科目中的材料和设备是否与设计文件相符，有无盲目采购的情况；款项支付有无违规多付的情况；工程完工后剩余工程物资的盘盈、盘亏、报废、毁损等是否做出了正确的账务处理。

5）检查"在建工程"科目，检查是否存在设计概算外其他工程项目的支出；是否将生产领用的备件、材料、仪器、仪表和设备列入建设成本；据以付款的原始凭证是否按规定进行了审批，是否合法、齐全；是否按合同规定支付预付工程款、备料款、进度款；支付工程结算款时，是否按合同规定扣除了预付工程款、备料款和质量保证期间的保证金；工程管理费、征地费、可行性研究费、临时设施费、公证费、监理费等各项费用支出是否存在扩大开支范围、提高开支标准以及将建设资金用于集资或提供赞助而列入其他支出的问题，是否存在以试生产为由，有意拖延不办固定资产交付手续，从而增大负荷联合试车费用的问题；是否存在截留负荷联合试车期间发生的收入，不将其冲减试车费用的问题；试生产产品出售价格是否合理；是否存在将应由生产承担的递延费用列入本科目的问题；投资借款利息资本化计算的正确性，有无将应由生产承担的财务费用列入本科目的问题；本科目累计发生额摊销标准与摊销比例是否适当、正确；有无弄虚作假、随意扩大开支范围及舞弊迹象。

6）竣工决算的审计。主要包括：

① 检查所编制的竣工决算是否符合建设项目实施程序，有无将未经审批立项、可行性研究、初步设计等环节而自行建设的项目编制竣工工程决算的问题。

② 检查竣工决算编制方法的可靠性。有无造成交付使用的固定资产价值不实的问题。

③ 检查有无将不具备竣工决算编制条件的建设项目提前或强行编制竣工决算的情况。

④ 检查"竣工工程概况表"中的各项投资支出，并分别与设计概算数相比较，分析结余或超支情况。

⑤ 检查"交付使用资产明细表"，将各项资产的实际支出与设计概算数进行比较，以确定各项资产的结余或超支数额。

⑥ 分析投资支出偏离设计概算的主要原因。

⑦ 检查建设项目结余资金及剩余设备材料等物资的真实性和处置情况，包括检查建设项目"工程物资盘存表"，核实库存设备、专用材料账实是否相符，检查建设项目现金结余的真实性，检查应收、应付款项的真实性，关注是否按合同规定预留了承包商在工程质量保

证期间的保证金。

⑧ 检查工程项目竣工结算报表是否真实、全面、合法。

工程竣工财务决算审计完成后，出具竣工决算审计报告征求意见稿；对审计中发现的问题，根据国家相关法律法规出具处理意见；与建设单位交换意见后，出具审计报告，并提出管理建议书。

七、审计组成员及其分工

姓名	职称	执业资格	审计任务
×××	高级审计师	国际注册内部审计师（CIA）	审计组长，主持财务决算审计
×××	高级会计师	注册会计师（CPA）	财务决算审计
×××	审计师	注册会计师（CPA）	财务决算审计
×××	高级工程师	注册造价工程师、咨询工程师	主持工程项目审计
×××	工程师	注册造价工程师	前期审计及投资控制审计
×××	高级工程师	注册造价工程师	主持工程竣工结算审计
×××	工程师	注册造价工程师	工程竣工结算审计

八、工作要求

1）审计人员在审计过程中对审计事项既要充分取证，也要注意保密，有关事项或疑难问题应及时向审计组组长汇报。在执行审计实施方案过程中，如遇重大事项，按照规定程序进行修改和补充审计方案，并按规定报批。

2）取得述职报告和审计承诺，审计实施初期，应要求建设单位向审计组就其提交的会计凭证、账簿、报表等会计资料及相关工程建设技术经济资料的真实性、完整性做出书面承诺。审计中可以要求项目参加者分级承诺或分项承诺，尽可能降低审计风险。

3）充分利用计算机辅助审计、内部控制测评、统计抽样、项目管理软件、工程造价软件等先进的审计技术方法，降低审计检查风险，减少现场审计时间，提高审计工作效率。

4）审计组在审计过程中要严守审计纪律。

九、审计时间要求

××年×月×日下达审计通知书；××年××月××日~××年××月××日进行工程前期阶段性审计；××年×月×日进点实施审计，××年×月×日前跟踪审计实施阶段结束；××年×月×日前完成工程竣工结算审计；××年×月×日前完成工程竣工决算财务审计；××年×月×日前完成审计报告初稿；××年×月×日前审计报告征求意见完毕，××年×月×日前送法规处复核。

××项目工程审计部
××年××月××日

7.2.2 审计通知书的编写

1. 审计通知书的概念

审计通知书是指审计机构在实施审计前，根据审计工作方案，通知被审计单位或个人接受审计的书面文件，也称审计指令。无论是国家审计、社会审计，还是内部审计，在正式开展审计工作之前,向被审计单位送达审计通知书,一方面保证被审计单位对审计工作知情,另一方面也使得被审计单位对自己在审计部门开展审计工作时应当提供哪些协助工作能够有所了解,保证审计工作的顺利进行。特殊审计业务可在实施审计时送达。

2. 审计通知书内容

审计通知书一般包括以下内容:
1) 被审计单位名称。
2) 审计时间。
3) 审计目的、审计范围和项目。
4) 被审计单位应提供的具体资料和其他必要的协助。
5) 审计组组成人员名单。
6) 发出审计通知书的审计机构及其负责人的签章和签发日期。

3. 审计通知书格式

【例 7.2】

审计通知书

××市审计局关于审计××市××(单位)××××项目的通知

××(单位):

根据《中华人民共和国审计法》第 22 条规定,我局决定派出审计组对你单位××项目进行审计,现将有关事项通知如下:

1. 审计时间

××年××月××日~××年××月××日

2. 审计内容

1) ××××
2) ××××
3) ××××

3. 审计要求

1) 请按要求和单位实际情况认真填写下列所附自查表。

2) 届时请积极配合,按要求提供有关资料和必要的工作条件,并对所提供和填列的所有资料的真实性和完整性做出承诺。

4. 审计组成员

审计组组长:×××

审计组成员:××× ×××

附:1) 承诺书

2) ××××

3) ××××

××××(审计机关全称印章)

××年××月××日

7.2.3　审计工作底稿的编写

1. 审计工作底稿的含义

审计工作底稿是审计人员在审计过程中形成的与审计事项有关的工作记录和获取的审计证据。审计工作底稿是审计证据的载体，它形成于审计过程，也反映整个审计过程。审计工作底稿是联系审计证据和审计结论的桥梁。

2. 审计工作底稿的作用

1) 为形成审计报告提供依据。审计结论和审计意见是审计过程中一系列专业判断的结果，这些专业判断的客观依据是审计证据。审计人员所搜集的审计证据与形成的专业判断都完整记录在审计工作底稿中，因此，审计工作底稿是形成审计结论、发表审计意见的直接依据。

2) 为评价审计工作质量提供依据。审计质量包括审计工作质量和审计报告质量，而审计报告质量又依赖于审计工作质量，因此严格控制审计工作质量是保证审计质量的关键。审计工作质量很大程度上体现在审计工作底稿上，要控制审计工作质量，就必须对审计工作底稿的编制和复核规定一整套严格的程序，层层把关，保证应该实施的审计程序没有遗漏，已实施的审计程序足够说明问题，所做的专业判断是合适的，才能使审计质量的控制和监督落到实处。

3) 证实审计机构及人员是否遵循审计准则。审计准则是审计工作本身的规范，是审计人员的行为指南，它是衡量审计主体工作优劣和工作质量问题的标准。而审计工作底稿是审计人员在审计过程中形成的审计工作记录和获取的资料。为了提高审计质量，必须对审计工作底稿的编制和复核规定一整套严格的程序，《中国注册会计师审计准则第1131号——审计工作底稿》《内部审计具体准则第4号——审计工作底稿》等均对审计工作底稿的编制和复核做出了严格的规定。通过对审计工作底稿的检查，可以证实审计机构及人员是否遵循审计准则。

4) 为以后的审计工作提供参考。由于工程审计是连续进行的，工程审计工作底稿可以为以后的审计工作提供参考。一般说来，当一个工程项目审计开始前，首先要全面了解以前工程审计的审计工作底稿，再结合工程项目的特点，了解内部控制的强弱环节在哪里、重点审计的内容是什么、审计报告是哪种类型等，作为本项目审计计划的参考。

5) 提高审计人员的专业素质。依据执业准则实施必要的审计程序，发表客观公正的审计意见，是审计人员的审计责任。审计人员在审计过程中是否执行了执业准则，选择的审计是否恰当、合理，所做出的专业判断是否准确等，都直接反映在审计工作底稿中。因此，审计工作底稿是评价审计人员业绩，衡量其业务水平、工作能力，反映其职业责任心强弱的标尺。

通过审计工作底稿的编写，可以使审计人员掌握审计的工作方法和重点，不断提高自身的专业素质，促进审计质量的提高。

3. 审计工作底稿的编写依据

审计工作底稿是在实施审计过程中取得的，其编写依据包括：

1) 与工程审计相关的国家方针、政策和法律法规。

2) 被审计工程的相关批准文件。

3) 被审计单位的工作计划、实施方案、管理制度。
4) 被审计单位各类账表、凭证、统计资料以及经济活动分析、财产物资实有状况等。
5) 其他单位提供的与审计项目相关的资料。
6) 审计工作日记、调查询问记录、各种查证、函证核实资料等。

4. 审计工作底稿的要素

根据中华人民共和国审计署6号令《审计机关审计项目质量控制办法（试行）》第50条规定，审计工作底稿包括以下八个要素：

1) 被审计单位名称，即接受审计的单位或者项目的名称。
2) 审计事项，即审计实施方案确定的审计事项。
3) 会计期间或者截止日期，即审计事项所属会计期间或者截止日期。
4) 审计人员及编制日期，即实施审计项目并编制审计工作底稿的人员及编制日期。
5) 审计结论或者审计查出问题摘要及其依据，即简要描述审计结论或者审计查出问题的性质、金额、数量、发生时间、地点、方式等内容，以及相关依据。
6) 复核人员、复核意见及复核日期，即审计组组长或者其委托的有资格的审计人员对审计工作底稿的复核意见及实施复核的日期。
7) 索引号及页次，即审计工作底稿的统一编号及本页的页次。
8) 附件，即审计工作底稿所附的审计证据及相关资料。

5. 审计工作底稿的内容

编制的审计工作底稿，应当能使得未曾接触该项审计工作的有经验的专业人士清楚地了解下列几点：按照审计准则的规定实施的审计程序的性质、时间和范围；实施审计程序的结果和获取的审计证据；就重大事项得出的结论等。

审计工作底稿通常包括总体审计策略、具体审计计划、审前调查计划表、审计发现记录表、审计发现汇总表、询证函回函、管理层声明书、核对表、审计资料清单，以及与被审计单位交换意见表等。工程审计工作底稿参考格式如表 7-1 ~ 表 7-7 所示。

表 7-1 审计项目基本情况表

项目名称		建设地址	
项目法人		建设性质	
设计单位		监理单位	
施工单位		质量监督单位	
初步设计批复单位		项目批准文号	
工程规模及内容			
批复投资总额	项目	计划（万元）	到位（万元）
	国家财政拨款		
	业主自筹		
	银行贷款		
	其他		
	合计		

（续）

主要开工建设项目	项目名称	概算投资（万元）	已完成投资（万元）
	合计		
建设起止时间	设计：从　年　月　日开工至　年　月　日竣工		
	实际：从　年　月　日开工至　年　月　日竣工		

表 7-2　审计程序表

被审计单位		签名	日期	索引号	
项目		编制人		页次	
截止日		审核人			

一、审计目标

1.
2.
3.

二、审计流程	执行情况	索引号
1.
2.		

三、审计说明

表 7-3　审计发现记录表

被审计单位		签名	日期	索引号	
项目		编制人		页次	
截止日		审核人			

一、审计结论或审计发现内容摘要

二、审计依据

三、潜在风险及影响

四、审计意见及建议

五、附件资料

六、复核意见

表 7-4　审计资料清单表

被审计单位		签名	日期	索引号	
项目	编制人			页次	
截止日	审核人				
序号	资料名称	页数	资料来源	提供时间	备注
说明					

表 7-5　审前调查计划表

被审计单位		签名	日期	索引号	
项目	编制人			页次	
截止日	审核人				

一、审计目标

二、审前调查范围

三、审前调查重点

四、审前调查方法

五、审前调查人员及分布

六、审前调查时间

表 7-6　审计发现汇总表

被审计单位		签名	日期	索引号	
项目	编制人			页次	
截止日	审核人				
序号	性质	问题定性及处理意见		底稿索引号	
审计说明					

表 7-7　与被审计单位交换意见表

审计组参加人员					
被审计单位参加人员					
序号	审计发现摘要	主要事实	潜在风险及影响	审计意见及建议	被审计单位意见
		与被审计单位交换意见后的处理意见			

6. 编制审计工作底稿的总体要求

审计工作底稿是审计证据的载体,是形成审计意见、出具审计报告的依据,是按规定要求完成审计工作、履行应尽职责的证明。审计工作底稿应如实反映审计计划的制订及其实施情况,完整记录参审人员的审计轨迹。

审计工作底稿在内容上应做到资料翔实、重点突出、繁简得当、结论明确,在形式上做到要素齐全、格式规范、标识一致、记录清晰。

1) 资料翔实,即记录在审计工作底稿上的各类资料来源真实可靠完整。

2) 重点突出,即审计工作底稿应反映对审计结论有重大影响的内容。

3) 繁简得当,即审计工作底稿应根据记录内容的不同,对重要内容详细记录,对一般内容可以简单记录。

4) 结论明确,即按审计程序对审计项目实施审计后,参审人员应对该审计项目表达明确的专业判断意见。

5) 要素齐全,即构成审计工作底稿的基本内容应全部包括在内。

6) 格式规范,即审计工作底稿采用的格式符合规范要求。

7) 标识一致,即审计标识符的含义前后一致,并标识在审计工作底稿上。

8) 记录清晰,即审计工作底稿上记录的内容连贯,文字端正,有关验算数据正确。

7. 审计工作底稿的编制方法和技巧

(1) 规范审计工作底稿　审计工作底稿编制规范化,不仅能提高审计工作质量,防范审计风险,而且便于审计情况总结,提高审计工作效率。

(2) 审计工作底稿完备化　审计工作底稿的完备化是指审计工作底稿要覆盖全部审计项目。编制完整的项目审计工作底稿,既是审计准则的要求,也是实际工作的需要。通过编制审计工作底稿,可以对审计事项重新核实、查证,从而彻底了解被审计事项的基本情况,做到成竹在胸,达到审计目标。

(3) 审计工作底稿简明清晰、合理有序　由于审计涉及面广,取证的材料比较多,这就要求审计人员根据审计方案逐项逐事编制审计工作底稿,做到一项一稿或一事一稿。编写时情节表述要简明清晰、定性准确,编写合理有序,以便看清问题的来龙去脉、因果关系。

(4) 注意审计工作底稿之间的关联性　相关审计工作底稿之间应当具有清晰的勾稽关系,相互引用时,应当交叉注明资料来源及底稿编号。

(5) 审计工作底稿繁简得当　编制审计工作底稿时，应当充分考虑工程审计的性质、目的和要求，体现审计工作底稿的简明性和适用性。

(6) 审计问题定性要准确　审计工作底稿是审计人员编写审计报告和审计机关做出审计决定、提出审计意见的基础，因此对审计工作底稿反映的问题进行定性一定要准确，这将关系到审计报告的质量和审计决定、审计意见书是否客观公正、合理有据、经得起考验。要做到定性准确，除了情节表述客观公正、简明清晰、数据要精确以外，还必须要求所运用的法规、依据充分有效，不能使用废止、失效的法规，没有追溯力的法规和其他不适用的法规。

8. 审计工作底稿的复核

审计组应当指定专人对审计工作底稿的下列事项进行复核，并签署复核意见：

1) 审计实施方案确定的审计事项是否实施了审计。
2) 审计实施方案确定的具体审计目标是否实现，审计步骤和方法是否执行。
3) 事实是否清楚。
4) 审计证据是否充分。
5) 适用法律、法规、规章是否准确。
6) 审计结论是否恰当。
7) 其他有关重要事项。

对审计工作底稿中存在的问题，审计组组长应当责成审计人员及时纠正。

经复核审定的审计工作底稿，不得擅自增删或修改。若确需改动的，应当另行编制审计工作底稿，并做出书面说明。

审计工作底稿的编制人员和复核人员对审计工作底稿的真实性负责，并对审计工作底稿中涉及的被审计单位的商业秘密负有保密责任，审计工作底稿未经审计机构负责人批准，不得对外提供。

审计工作底稿必须分类整理，归入审计项目档案，并由专人保管。

7.2.4　审计报告的编写

1. 审计报告的概念

审计报告是指审计人员（一般是指注册会计师）根据审计准则的规定，在执行审计工作的基础上，对审计内容发表审计意见的书面文件，是审计工作完成后形成的最终交付成果。审计报告由审计人员签名并盖章，并对其出具的审计报告负责，一般具有以下特征：

(1) 合规性　即审计人员应当按照审计准则的规定执行审计工作。

(2) 顺序性　即审计人员在实施审计工作的基础上才能出具报告。

(3) 契约性　即审计人员通过对审计内容发表意见履行同委托人业务约定书约定的责任。

(4) 书面性　即审计人员应当以书面形式出具审计报告。

2. 审计报告的作用

经审计人员签发的审计报告一般具有以下作用：

(1) 鉴证作用　经有相应资质的审计人员签发的审计报告，不同于政府审计和内部审计的审计报告，是以独立的第三者身份对被审计单位财务报表的合法性和公允性发表意见。

这种意见得到了政府及其各部门和社会各界的认可，具有鉴证作用。政府财政、税务等部门了解和掌握企业财务状况和经营成果的主要依据是企业提供的财务报表，股份制企业的股东主要依据财务报表反映的财务状况和经营成果进行投资决策，而财务报表的合法性和公允性则是基于审计人员的审计报告做出判断。

（2）保护作用　审计人员通过对被审计单位财务报表出具不同类型审计意见的审计报告来提高或降低相关人员对财务报表的依赖性，能够在一定程度上对被审计单位的财产、债权人和股东的权益及企业利害关系人的利益起到保护作用。如投资者在投资之前可查阅被投资企业的财务报表和审计报告，了解被投资企业的经营情况和财务状况以减少投资风险。

（3）证明作用　审计报告是对审计人员任务完成情况及其成果的总结，可以表明审计工作的质量并明确审计人员的审计职责。通过审计报告，可以证明审计人员对审计责任的履行情况，即证明审计人员在审计过程中是否按审计程序开展工作，是否以审计工作底稿为依据发表审计意见，发表的意见是否与被审计单位的实际情况一致，审计工作的质量是否符合要求等。

3. 审计报告的基本内容

审计报告分为标准审计报告和非标准审计报告。其中，标准审计报告是指不含有说明段、强调事项段、其他事项段或其他任何修饰性用语的无保留意见的审计报告，包含其他报告责任段，但不含强调事项段或其他事项段的无保留意见[⊖]的审计报告也被视为标准审计报告；非标准审计报告是指带强调事项段或其他事项段的无保留意见的审计报告和非无保留意见的审计报告[⊖]。

内部审计报告包括标题、收件人、正文、附件、签章、报告日期及其他，其中"正文"主要包括下列内容：

（1）审计概况　包括审计目标、审计范围、审计内容及重点、审计方法、审计程序及审计时间等。

（2）审计依据　即实施审计所依据的相关法律法规、内部审计准则等规定。

（3）审计发现　即对被审计单位的业务活动、内部控制和风险管理实施审计过程中所发现的主要问题的事实。

（4）审计结论　即根据已查明的事实，对被审计单位业务活动、内部控制和风险管理所做的评价。

（5）审计意见　即针对审计发现的主要问题提出的处理意见。

（6）审计建议　即针对审计发现的主要问题，提出的改善业务活动、内部控制和风险管理的建议。

一般的外部通用审计报告由标题、收件人、引言段、管理层对财务报表的责任段、审计人员的责任段、审计意见段、审计人员的签名和盖章、会计师事务所的名称、地址和盖章、报告日期等组成。

4. 审计报告的编写

（1）标题　审计报告的标题一般统一为"审计报告"。

⊖ 无保留意见是指当审计人员认为，财务报表在所有重大方面按照适用的财务报告编制基础编制，并实现公允反映时发表的审计意见。

⊖ 非无保留意见的审计报告包括保留意见的审计报告、否定意见的审计报告和无法表示意见的审计报告。

(2) 收件人　审计报告的收件人是指审计人员按照业务约定书的要求送达审计报告的对象，一般是指审计业务的委托人。

在业务约定书中应注明收件人的全称，且应明确审计报告的送达对象以避免在此问题上发生分歧或审计报告被委托人滥用。针对整套通用目的财务报表出具的审计报告应送达被审计单位的股东或治理层。

(3) 引言段　审计报告的引言段应包括以下内容：

1) 被审计单位的名称。

2) 财务报表已经过审计的说明。

3) 构成整套财务报表的每一财务报表的名称。

4) 财务报表附注（包括重要会计政策概要和其他解释性信息）。

5) 构成整套财务报表的每一财务报表的日期或涵盖的期间。

(4) 管理层对财务报表的责任段　管理层对财务报表的责任段应当说明，编制财务报表是管理层的责任，具体包括：

1) 按照适用的财务报告编制基础编制财务报表，并使其实现公允反映。

2) 设计、实施和维护必要的内部控制，以使财务报表不存在由于舞弊或错误而导致的重大错报。

管理层或治理层对上述两种责任的履行也是审计人员按照审计准则的规定执行审计工作的前提，在审计报告中"管理层对财务报表的责任段"提及这两种责任也有助于向财务报表使用者解释执行审计工作的前提。

(5) 审计人员的责任段　在该段应重点说明下列内容：

1) 审计人员的责任是在执行审计工作的基础上对财务报表发表审计意见。

2) 中国注册会计师审计准则要求注册会计师遵守中国注册会计师执业道德守则，计划和执行审计工作以对财务报表是否不存在重大错报获取合理保证，审计人员应按此要求执行审计工作。

3) 审计工作包含实施审计程序，其目的是获取有关财务报表金额和披露的审计证据。审计程序的选择取决于审计人员的判断，包括对由于舞弊或错误导致的财务报表重大报错风险的评估。在进行风险评估时，注册会计师考虑与财务报表编制和公允列报相关的内部控制，以设计合理的审计程序，但目的不是对内部控制的有效性发表意见⊖。审计工作还包括评价管理层选用会计政策的恰当性和做出会计估计的合理性，以及评价财务报表的总体列报。

4) 审计人员相信获取的审计证据是充分且适当的，为其发表审计意见提供了基础。

理解"审计人员的责任段"时，应注意以下几点：

1) 审计报告中需指明审计人员的责任是在执行审计工作的基础上对财务报表发表审计意见，这与管理层编制财务报表的责任是不同的。

2) 提及使用的审计准则是为了向审计报告使用者说明审计人员是按照审计准则的规定开展审计工作。

3) 按照《中国注册会计师审计准则第 1101 号——注册会计师的总体目标和审计工作

⊖ 如果是结合财务报表对内部控制的有效性发表意见，则应删除"但目的不是对内部控制的有效性发表意见"。

的基本要求》的规定，除非审计人员已经遵守该准则以及与审计工作相关的其他所有审计准则，否则不得在审计报告中声称遵守了审计准则。

在实际的审计工作过程中，审计人员除按照中国注册会计师审计准则执行审计工作外，还可能被要求按照其他国家或地区的审计准则开展工作。此时，审计报告除了提及中国注册会计师审计准则，还可能同时提及其他国家或地区的审计准则（审计报告应说明该审计准则所属的具体国家或地区），但需同时满足如下两个条件：

1) 其他国家或地区审计准则与中国注册会计师审计准则不存在冲突，既不会导致审计人员形成不同的审计意见，也不会出现在中国注册会计师审计准则要求增加强调事项段的情形下而其他国家或地区的审计准则不要求增加强调事项段的情况。

2) 如果使用其他国家或地区审计准则规定的结构或措辞，审计报告至少应当包括中国注册会计师审计准则规定的审计报告的所有要素，并且指明其他国家或地区审计准则。

(6) 审计意见段　该段主要注意以下几点：

1) 总体要求。审计报告中该段的总体要求为：如果对财务报表发表无保留意见，除非法律法规另有规定，审计意见应当使用"财务报表在所有重大方面按照适用的财务报告编制基础（如企业会计准则等）编制，公允反映了……"的措辞。

2) 使用的财务报告编制基础。如果在审计意见中提及的适用的财务报告编制基础不是企业会计准则，审计人员应当在该段中指明采用的编制基础是国际财务报告准则、国际公共部门会计准则或某国家或地区财务报告准则。说明财务报告编制基础的目的是告知审计报告使用者审计人员发表审计意见的背景，审计人员可以用诸如"……按照国际财务报告准则的规定"或者"……按照企业会计准则的规定……"等措辞指出适用的财务报告编制基础。如果适用的财务报告编制基础包括财务报告准则和法律法规的规定，可以用诸如"……按照国际财务报告准则和《××国家公司法》的要求"等措辞指出适用的财务报告编制基础。

财务报表可能按照两个财务报告编制基础编制，在对财务报表形成审计意见时，需要分别考虑每个编制基础，并在审计意见中提及这两个编制基础。具体如下：

① 如果财务报表分别符合每个编制基础，审计人员需要发表两个意见，一个是，财务报表按照其中一个适用的财务报告编制基础（如国际财务报告准则）编制；另一个是，财务报表按照另一个适用的财务报告编制基础（如××国财务报告编制基础）编制。这两个意见可以分别表述，也可以在一个句子中表述，如"财务报表在所有重大方面按照××国财务报告编制基础和国际财务报告准则的规定编制，公允反映了……。"

② 如果财务报表只符合其中一个编制基础，审计人员需要对财务报表按照该编制基础编制发表无保留意见，而对财务报表按照另一个编制基础编制发表非无保留意见。

财务报表可能声称符合某一财务报告编制基础的所有要求，并补充披露财务报表符合另一财务报告编制基础的程度。由于这种补充信息不能同财务报表清楚地分开，因此囊括在审计意见中。如果有关财务报表符合另一财务报告编制基础的程度的披露具有误导性，审计人员应发表非无保留意见；如果不具有误导性，但审计人员认为该披露对财务报表使用者理解财务报表至关重要，审计人员应在审计报告中增加"强调事项段"用以提醒财务报表使用者关注。

3) 其他报告责任。除审计准则规定的审计人员对财务报表出具审计报告的责任外，相关法律法规可能对审计人员设定了其他报告责任，这些责任是审计人员按照审计准则对财务报表出具审计报告的责任的补充。例如,如果审计人员在财务报表审计中注意到某些事项,可能被要求对这些事项予以报告。此外,审计人员可能被要求实施额外规定的程序并予以报告,或对特定事项(如会计账簿和记录的适当性)发表意见。如果审计人员在对财务报表出具的审计报告中履行其他报告责任,应当在审计报告中将其单独作为一部分,并以"按照相关法律法规的要求报告的事项"为标题。此时,审计报告应当区分为"对财务报表出具的审计报告"和"按照相关法律法规的要求报告的事项"两部分,以便将其同审计人员的财务报表报告责任明确区分。在另外一些情况下,相关法律法规可能要求或允许审计人员在单独出具的报告中进行报告。

(7) 审计人员的签名和盖章 审计人员在审计报告上签名和盖章有利于明确法律责任,根据《财政部关于注册会计师在审计报告上签名盖章有关问题的通知》(财会〔2001〕1035号)的规定,具体要求如下:

1) 会计师事务所应当建立健全全面质量控制政策与程序以及各审计项目的质量控制程序,严格按照有关规定和本通知的要求在审计报告上签名盖章。

2) 审计报告应当由两名具备相关业务资格的注册会计师签名盖章并经会计师事务所盖章,方为有效。当为合伙会计师事务所出具审计报告时,应当由一名对审计项目负最终复核责任的合伙人和一名负责该项目的注册会计师签名盖章;当为有限责任会计师事务所出具审计报告时,应当由会计师事务所主任会计师或其授权的副主任会计师和一名负责该项目的注册会计师签名盖章。

(8) 会计师事务所的名称、地址和盖章 根据《中华人民共和国注册会计师法》的规定,审计人员承办业务,由其所在的会计师事务所统一受理并与委托人签订委托合同。因此,在审计报告中除了审计人员的签名和盖章外,还应载明会计师事务所的名称和地址(标明所在城市即可),并加盖会计师事务所公章。

在实际的审计工作中,审计报告通常载于会计师事务所统一印制的、标有该所详细通信地址的信笺上,因此,无须在审计报告上注明详细地址。

(9) 报告日期 审计报告应当注明报告日期⊖,且审计报告日不应早于审计人员获取充分、适当的审计证据(包括管理层认可对财务报表的责任且已批准财务报表的证据),并在此基础上对财务报表形成审计意见的日期。在确定审计报告日时,审计人员应当确信已获取下列两方面的审计证据:①构成整套财务报表的所有内容(包括相关附注)已编制完成;②被审计单位的董事会、管理层或类似机构已认可其对财务报表负责。

审计报告的日期非常重要。注册会计师对不同时段的资产负债表日后事项有着不同的责任,而审计报告的日期是划分时段的关键时点。审计人员在正式签署审计报告前,通常把审计报告草稿和已审计财务报表草稿一同提交给管理层。如果管理层批准并签署已审计财务报表,审计人员即可签署审计报告。审计人员签署审计报告的日期通常与管理层签署已审计财务报表的日期为同一天,或晚于管理层签署已审计财务报表的日期。

5. 审计报告编写的基本原则

编制审计报告应当遵循以下原则:

⊖ 该日期向审计报告使用者表明审计人员已考虑其知悉的、截至审计报告日发生的事项和交易的影响,而审计报告日后发生的事项和交易的责任,详见《中国注册会计师审计准则第1332号——期后事项》。

（1）客观性　审计报告应以可靠的证据为依据，实事求是地反映审计事项，做出客观、公正的审计结论。

（2）完整性　审计报告应当做到要素齐全，内容完整，不遗漏审计发现的重大事项。

（3）清晰性　审计报告应当做到逻辑性强、突出重点，简明扼要地阐明事实和结论。避免使用不必要的过于专业性和技术性的复杂语言。文字应当通顺流畅，用词准确，避免使用"几个、少数、大量"等模糊字眼说明情况。

（4）及时性　审计报告应当及时编制，以便组织适当管理层适时采取有效纠正措施。在保证审计报告质量的前提下，审计报告应当在完成现场审计后尽快编制，经过征求意见和补充修改后分别送达各有关方面。

（5）实用性　审计报告所提供的信息，应当有利于解决经营管理中存在的重要问题，并有助于组织实现预定的目标。

（6）建设性　审计报告不仅应当发现问题和评价过去，而且还应能解决问题和指导未来，应当针对被审计单位经营活动或内部控制的缺陷提出适当的改进建议。

（7）重要性　在形成审计结论与建议时，应充分考虑审计项目相关的风险水平和重要性，对于被审计单位经营活动或内部控制中存在的严重差异和漏洞以及审计风险高的领域应当在审计报告中有重点的详细说明。同时，审计人员还要考虑被审计单位接受审计建议、采取相应措施的成本与效益关系。

6. 审计报告的编制程序

审计报告的编制应当在结束现场审计工作之后进行。审计人员应当按照以下程序编制审计报告：

（1）审计工作底稿的整理分析　审计人员在实施审计任务的过程中形成的审计证据集中反映在审计工作底稿中，这是拟订审计报告的基础。但由于底稿分散、不系统，不可能不分轻重地全部写进审计报告。因此，审计人员需要对审计工作底稿进行归类整理，去粗取精，使其作为编写审计报告的基础。

（2）拟订审计报告提纲　由审计组成员集体讨论拟订审计报告的内容、结构安排及其格式，并逐项列出编写提纲。审计报告编写提纲包括前言概述部分怎样写，被审计单位概况写哪些内容，存在的问题部分写什么问题，顺序怎么安排，使用哪些证据，引用哪些法律、法规，如何写出评价和结论等。

（3）编制审计报告初稿　审计报告初稿由审计项目负责人或者由其授权的审计项目小组其他成员起草。如由其他人员起草时，应当由审计项目负责人进行复核。审计报告初稿应当在审计项目小组进行讨论，并根据讨论结果进行适当的修订。编制审计报告应当充分体现审计报告的质量要求。

（4）征求被审计单位意见　为了保证审计工作的客观性和公正性，在审计报告正式提交之前，审计项目小组应与被审计单位及其相关人员进行及时、充分的沟通，征求被审计单位的意见，以便使审计报告符合客观实际，能为被审计单位所接受。

审计项目小组与被审计单位的沟通，应当根据沟通内容的要求，选择会议形式或个人交谈形式。审计机构和人员在与被审计单位进行沟通时，应注意沟通技巧，进行平等、诚恳、恰当、充分的交流。

审计项目小组应当根据沟通结果对审计报告进行适当处理，并将被审计单位的意见作为审计报告的附件一并报出。

（5）复核、修订审计报告并最后定稿　审计报告应当由被授权的审计项目小组成员以及审计项目负责人、审计机构负责人等相关人员进行严格的复核和适当的修订。审计报告复核、修改后，再经与组织适当管理层充分沟通后，经授权人员签章，提交给对审计项目有责任的机构或个人。

7. 审计报告的编制方法

审计人员应当在实施必要的审计程序后，采用以下方法编制审计报告：

1）考虑审计报告使用者的各种合理需求。有些事项或后续审计结果与本次审计结论没有直接关系或关系不重要，但需审计人员向报告收件人如组织管理部门反映提请关注，此类事项和情况应适当写入审计报告。

2）反映被审计对象的相关成绩。对被审计单位的突出业绩应当在审计报告中予以适当说明。

3）反映改进的计划和行动。由于受到审计目标和准备工作的制约，或受到审计过程中新发生情况的影响，审计范围可能与年度审计计划或最初拟定的范围不一致，必要时可在审计报告中指出所改进的计划与所采取的行动。

4）揭示导致问题产生的外部不利因素的影响。

5）采用正面的、积极的语言。对审计过程中揭示的消极的审计发现，在不损害审计独立性和声誉的前提下，应当充分考虑被审计单位的意见及可能对其造成的不利影响，客观准确地以被审计单位可接受的语言写入审计报告中。

6）运用恰当的图表和脚注。审计报告可以运用恰当的图表和脚注，以增强灵活性，快速、准确、直观地揭示和传递审计信息。

8. 编制审计报告应注意的问题

（1）审计报告内容要全面　根据《审计机关审计项目质量控制办法（试行）》第58条规定，审计报告应当具备七个方面的具体内容：①审计依据；②被审计单位的基本情况；③被审计单位的会计责任；④实施审计的基本情况，一般包括审计范围、审计方式和审计实施的起止时间；⑤审计评价意见，即根据审计实施方案规定的审计目标，以审计结果为基础，对被审计单位财政收支、财务收支真实、合法和效益情况发表评价意见；⑥审计查出的被审计单位违反国家规定的财政收支、财务收支行为的事实和定性、处理处罚决定以及法律、法规、规章依据，有关移送处理的决定；⑦必要时可以对被审计单位提出改进财政收支、财务收支管理的意见和建议。

（2）审计报告应当以第三人称语气书写　由于审计报告定位为对外公开的审计法律文书，报告中应当以第三人称语气表述。如"××审计厅（局、办）组成审计组对××单位××项目进行了审计"。

（3）审计报告宜按以下顺序编写

1）审计依据。对审计法规定的审计事项，审计依据一般可表述为《中华人民共和国审计法》《中华人民共和国审计法实施条例》的具体条款。

2）审计工作开展情况。包括审计范围、审计方式、审计实施的起止时间等。一般可表述为：审计机关组织审计组从××年××月××日至××年××月××日，以现场审计（送达审计）的方式，对被审计单位××工程项目建设情况进行了审计。

3）审计承诺。一般可表述为：根据《中华人民共和国国家审计基本准则》第 21 条规定，审计机关要求被审计单位对与审计事项有关的会计资料的真实、完整和其他相关情况做出书面承诺。

4）会计责任和审计责任的划分。一般可表述为：根据承诺，被审计单位对其提供的与审计相关的会计资料、其他证明材料的真实性和完整性负责。审计机关的审计是在被审计单位提供的有关资料的基础上进行的。

5）正文部分。包括：

① 被审计单位和被审计项目基本情况。包括被审计单位的经济性质、管理体制、财政财务隶属关系或者国有资产监督管理关系、工程项目投资资金来源、工程概况等。

② 审计评价。审计评价是对工程项目财政收支、财务收支，工程建设活动的真实、合法和效益的评价。审计评价要根据审计实施方案确定的审计目标做出。

③ 审计发现及处理决定的建议。该部分对审计查出的问题，可逐个按如下要求和顺序进行表述：第一，概括指出审计查出的问题是什么问题。如对挪用项目建设资金现象的问题，可以概括为"挤占挪用项目建设资金××万元"。第二，对该问题进行实事求是的描述。要明确表述违纪违规行为主体、行为时间、行为地点、行为内容、行为金额、行为结果等。有关表述应明确具体，不宜过于简单。第三，对该问题进行定性，明确列出定性依据。定性依据一般要具体列出法律法规规定的全称、文号、条款、条款内容。第四，该问题依法应给予处理处罚的，明确列出处理处罚依据。处理处罚依据一般要具体列出法律法规的全称、文号、条款、条款内容。并根据上述依据做出处理处罚决定的建议。原则上，审计决定书做出的处理处罚决定应与此建议的决定保持一致。

④ 意见和建议。现代审计的发展使审计功能由"监督"向"监督与服务并举"发展，要求为被审计单位的发展提供增值服务。提出意见和建议要根据审计查出的问题，突出针对性，提出的意见和建议要结合实际，具备可操作性，易于被审计单位采纳，且一经采纳确实能够收到实效。

9. 审计报告的复核

审计机构应当建立审计报告的三级复核制度。由审计项目负责人主持现场全面复核；由审计机构的业务主管主持非现场重点复核；由审计机构负责人主持非现场总体复核。三级复核的分工，可由审计机构自行决定。各级复核的主持人在必要时可以授权他人行使权力，但责任仍由主持人承担。

审计报告复核主要包括形式复核和内容复核。

1）形式复核。一般包括：

① 审计项目名称是否准确，描述是否恰当。

② 被审计单位的名称和地址是否可靠。

③ 审计日期是否准确，审计报告格式是否规范。

④ 审计报告收件人是否为适当的发送对象，职位、名称、地址是否正确。

⑤ 审计报告是否表示希望获得被审计单位的回应。

⑥ 审计报告是否需要目录页，目录页的位置是否恰当，页码索引是否前后一致。

⑦ 审计报告中的附件序号与附件的实际编号是否对应。

⑧ 审计报告是否征求被审计单位意见。

⑨ 审计报告的复核手续是否完整。

2) 内容复核。一般包括：
① 标题的使用是否适当。
② 背景情况的介绍是否真实，语气是否适当。
③ 审计范围和目标是否明确，审计范围是否受限。
④ 审计发现的描述是否真实，证据是否充分。
⑤ 审计结论的表述是否准确。
⑥ 审计评价的依据的引用是否适当。
⑦ 审计建议是否正确可行。
⑧ 签发人是否恰当，签发人与收件人的级别是否相称。
⑨ 参与审计人员的名单是否列示完整，排名是否正确。
⑩ 报告收件人是否恰当，有无遗漏，姓名与职位是否正确。

10. 审计报告

【例 7.3】 某工程项目受第三方工程造价咨询机构审计的审计报告如下：

审计报告

×××（审计报告编号）

被审计单位：×××

审计项目：×××工程

××（委托单位）：

受贵单位的委托，从××年××月××日起至××年××月××日，我公司组织专业技术人员，遵循客观、公正的原则，通过收集技术资料以及实施现场查验核实等我们认为必要的审计程序（可详细描述审计依据、方法及程序等），对该工程项目（可具体描述工程项目内容）进行了审核，业已审核完毕，现将审核结果报告如下：

一、审计依据

1. 设计说明及图纸。
2. 清单计价规范、定额、价目表及费率。
3. 现场签证。
4. 施工合同、工程决算等资料。
5. 其他相关资料。

二、审计发现

1. 工程量计算不准。多列地圈梁项导致工程量增加，图纸说明中已明确设置基础防潮层，不再设置地圈梁。此外挖沟槽工程量中内墙净长线计算错误导致土方量计算错误。
2. 材料价格根据施工期间市场价格计算。
3. 人工费按××文件执行。
4. 本工程按合同约定，工程总价下浮3%。

三、审计结论

1. 送审金额：××元。
2. 核减金额：××元。

3. 核定金额：××元。

（核定金额人民币大写：××元整）

以上审核结果已经建设单位代表和施工单位代表签字认可。

四、审计意见及建议

1. 施工单位严格按照相关规定进行工程造价的计算。

2. 相关单位严格执行合同。

3. 建议各单位应建立符合实际的工程造价动态管理机制，对工程造价合理确定和有效控制过程中信息不真实、投资超计划、越权审批等问题，加强过程控制和调控。

4. 建议建设单位、施工单位根据审计结果办理工程财务结算。

附件一：工程结算审核认证表

附件二：工程结算审核明细表

附件三：工程造价咨询单位及审核人员资质证书

（本报告中所有附件为报告的重要组成部分，与报告正文具有同等效力。）

××工程咨询有限公司

（盖章）

法定代表人：××

（签字并盖章）

中国注册造价工程师：××

（签字并盖章）

×× （单位联系地址） ××年××月××日

【例 7.4】 基本建设工程造价审核报告

××基审【××】第××号

××大学：

我们接受委托，对贵单位建设的××建设项目（Ⅳ标段）竣工结算进行了审核。贵单位的责任是对所提供结算及相关资料的完整性、真实性、合法性负责。我们的责任是根据所提供的相关资料，出具真实、合法的审核报告。我们的审核是依据中国建设工程造价管理协会关于《工程造价咨询业务操作指导规程》（中价协［2002］016 号）及国家对基建工程有关的法律、法规进行的。在审核过程中，结合该工程的实际情况，我们认为必要的审核程序，审核结果如下：

一、工程概况

××大学××建设项目（Ⅳ标段）施工单位为：××有限公司。该工程地点位于××××。承包内容为：新校区××建设项目（Ⅳ标段）。

二、审核依据

1. 中华人民共和国住房和城乡建设部令第 16 号《建筑工程施工发包与承包计价管理办法》。

2. 国家审计署《国家基本建设项目竣工决算审计工作要求（暂行）》。

3. 《工程造价咨询业务操作指导规程》（中价协［2002］016 号）。

4. 《建设工程价款结算暂行办法》（财建［2004］369 号）。

5. 施工合同、施工图、工程有关技术资料等。

6. 工程承发包合同。

7. 国家其他相关法律法规。

三、审核原则及方法

审核的原则：实事求是、客观、公平、公正，尊重建设单位提供的工程结算资料，尊重工程施工的实际情况。具体审核方法如下：

1. 依据内审资料，内审造价作为送审造价。

2. 实施了依据招标文件、投标文件、项目决算书、施工合同、图纸答疑纪要、变更单、现场签证单、原地貌测量记录、各类管沟施工记录、竣工图等重新计算工程量，对工程量多计的项目予以核减，对重复计价的项目予以扣除，使审核结果真实地反映工程造价。

3. 在审核过程中发现的问题按××大学答复意见及会议纪要处理。

四、审核结果

送审工程总造价为叁仟壹佰零玖万贰仟叁佰柒拾壹元零柒分（31 092 371.07 元），审定造价为叁仟零捌拾壹万壹仟叁佰捌拾贰元壹角壹分（30 811 382.11 元），核减金额为贰拾捌万零玖佰捌拾捌元玖角陆分（280 988.96 元）。

附：
结算审核认定表
审定结算书
施工合同
工程签证单
材料认质认价单
工程竣工验收单
××事务所有限公司

造 价 工 程 师：（签章）
造 价 工 程 师：（签章）
××年××月××日

基建工程结算审核认定表

金额：元

	序号	工程项目	送审造价	审定造价	核减金额
××大学： 　　我们接受委托对贵单位送审的××大学新校区××建设项目结算资料进行审核，经与建设、施工等单位认真核对，已经审核完毕。请在本表上签注意见并加盖公章。 　　　××事务所有限公司 　　　　　年　月　日	1	××大学新校区××工程			

（续）

征求意见栏					
送审单位	施工单位	合计			
签章：	签章：	备注：本工程已扣除施工水电费。			
		说明			

7.2.5 审计报告实例

除上述两例工程项目审计报告外，根据上述的介绍，本节列举另外几种典型的审计报告供相关人员参考。

1. 对按照企业会计准则编制的财务报表出具的标准审计报告

该报告的背景信息为：①对整套财务报表实施审计；②财务报表由被审计单位管理层用于通用目的、按照企业会计准则的规定编制；③审计业务约定条款中说明的管理层对财务报表的责任与《中国注册会计师审计准则第1111号——就审计业务约定条款达成一致意见》的规定一致；④除对财务报表实施审计外，审计人员还承担法律法规要求的其他报告责任，且审计人员决定在审计报告中履行其他报告责任。具体报告内容如下：

审计报告

××股份有限公司全体股东：

一、对财务报表出具的审计报告

我们审计了后附的××股份有限公司（以下简称××公司）财务报表，包括××年××月××日的资产负债表、××年度的利润表、现金流量表和股东权益变动表以及财务报表附注。

（一）管理层对财务报表的责任

编制和公允列报财务报表是××公司管理层的责任，这种责任包括：①按照企业会计准则的规定编制财务报表，并使其实现公允反映；②设计、执行和维护必要的内部控制，以使财务报表不存在由于舞弊或错误导致的重大错报。

（二）注册会计师的责任

我们的责任是在执行审计工作的基础上对财务报表发表审计意见。我们按照中国注册会计师审计准则的规定执行了审计工作。中国注册会计师审计准则要求我们遵守中国注册会计师职业道德守则，计划和执行审计工作以对财务报表是否不存在重大错报获取合理保证。

审计工作涉及实施审计程序，以获取有关财务报表金额和披露的审计证据。选择的审计程序取决于注册会计师的判断，包括对由于舞弊或错误导致的财务报表重大错报风险的评估。在进行风险评估时,注册会计师考虑与财务报表编制和公允列报相关的内部控制,以设计恰当的审计程序,但目的并非对内部控制的有效性发表意见。审计工作还包括评价管理层选用会计政策的恰当性和做出会计估计的合理性,以及评价财务报表的总体列报。

我们相信,我们获取的审计证据是充分、适当的,为发表审计意见提供了基础。

(三) 审计意见

我们认为,××公司财务报表在所有重大方面按照企业会计准则的规定编制,公允反映了××公司××年××月××日的财务状况以及××年度的经营成果和现金流量。

二、按照相关法律法规的要求报告的事项

(本部分报告的格式和内容,取决于相关法律法规对其他报告责任的规定。)

××会计师事务所　　　　　　　　　　　　　　中国注册会计师:×××

　　　(盖章)　　　　　　　　　　　　　　　　　　(签名并盖章)

　　　　　　　　　　　　　　　　　　　　　　　中国注册会计师:×××

　　　　　　　　　　　　　　　　　　　　　　　　　(签名并盖章)

中国××市　　　　　　　　　　　　　　　　　　××年××月××日

2. 对按照企业会计准则编制的合并财务报表出具的标准审计报告

该报告的背景信息为:①合并财务报表由被审计单位管理层基于通用目的、按照企业会计准则的规定编制;②审计业务约定条款中说明的管理层对财务报表的责任,与《中国注册会计师审计准则第1111号——就审计业务约定条款达成一致意见》的规定一致;③除对集团财务报表实施审计外,注册会计师还承担法律法规要求的其他报告责任,且注册会计师决定在审计报告中履行其他报告责任。具体报告内容如下。

审计报告

××股份有限公司全体股东:

一、对合并财务报表出具的审计报告

我们审计了后附的××股份有限公司(以下简称××公司)合并财务报表,包括××年××月××日的合并资产负债表、××年度的合并利润表、合并现金流量表和合并股东权益变动表以及财务报表附注。

(一) 管理层对合并财务报表的责任

编制和公允列报合并财务报表是管理层的责任,这种责任包括:①按照企业会计准则的规定编制合并财务报表,并使其实现公允反映;②设计、执行和维护必要的内部控制,以使合并财务报表不存在由于舞弊或错误导致的重大错报。

(二) 注册会计师的责任

我们的责任是在执行审计工作的基础上对合并财务报表发表审计意见。我们按照中国注册会计师审计准则的规定执行了审计工作。中国注册会计师审计准则要求我们遵守职业道德守则,计划和执行审计工作以对合并财务报表是否不存在重大错报获取合理保证。

审计工作涉及实施审计程序,以获取有关合并财务报表金额和披露的审计证据。选择的审计程序取决于注册会计师的判断,包括对由于舞弊或错误导致的合并财务报表重大错报风险的评估。在进行风险评估时,注册会计师考虑与合并财务报表编制和公允列报相关的内部控制,以设计恰当的审计程序,但目的并非对内部控制的有效性发表意见。审计工作还包括评价管理层选用会计政策的恰当性和做出会计估计的合理性,以及评价合并财务报表的总体列报。

我们相信,我们获取的审计证据是充分、适当的,为发表审计意见提供了基础。

(三) 审计意见

我们认为,合并财务报表在所有重大方面按照企业会计准则的规定编制,公允反映了××公司××年××月××日的合并财务状况以及××年度的合并经营成果和合并现金流量。

二、按照相关法律法规的要求报告的事项

(本部分报告的格式和内容,取决于相关法律法规对其他报告责任的规定。)

××会计师事务所　　　　　　　　　　　　　中国注册会计师:×××
　　　（盖章）　　　　　　　　　　　　　　　　　（签名并盖章）
　　　　　　　　　　　　　　　　　　　　　　中国注册会计师:×××
　　　　　　　　　　　　　　　　　　　　　　　　（签名并盖章）

中国××市　　　　　　　　　　　　　　　　　　　××年××月××日

3. 由于财务报表存在重大报错而出具保留意见的审计报告

该报告的背景信息为:①对被审计单位管理层按照企业会计准则编制的整套通用目的财务报表实施审计;②审计业务约定条款中说明的管理层对财务报表的责任,与《中国注册会计师审计准则第1111号——就审计业务约定条款达成一致意见》的规定一致;③存货存在错报,该错报对财务报表影响重大但不具有广泛性;④除对财务报表实施审计外,审计人员还承担法律法规要求的其他报告责任,且审计人员决定在审计报告中履行其他报告责任。具体报告内容如下。

审计报告

一、对财务报表出具的审计报告

我们审计了后附的××股份有限公司(以下简称××公司)财务报表,包括××年××月××日的资产负债表,××年度的利润表、现金流量表和股东权益变动表以及财务报表附注。

(一) 管理层对财务报表的责任

编制和公允列报财务报表是××公司管理层的责任,这种责任包括:①按照企业会计准则的规定编制财务报表,并使其实现公允反映;②设计、执行和维护必要的内部控制,以使财务报表不存在由于舞弊或错误导致的重大错报。

(二) 注册会计师的责任

我们的责任是在执行审计工作的基础上对财务报表发表审计意见。我们按照中国注册会计师审计准则的规定执行了审计工作。中国注册会计师审计准则要求我们遵守中国注册会计师职业道德守则,计划和执行审计工作以对财务报表是否不存在重大错报获取合理保证。

审计工作涉及实施审计程序,以获取有关财务报表金额和披露的审计证据。选择的审计程序取决于注册会计师的判断,包括对由于舞弊或错误导致的财务报表重大错报风险的评估。在进行风险评估时,注册会计师考虑与财务报表编制和公允列报相关的内部控制,以设计恰当的审计程序,但目的并非对内部控制的有效性发表意见。审计工作还包括评价管理层选用会计政策的恰当性和做出会计估计的合理性,以及评价财务报表的总体列报。

我们相信,我们获取的审计证据是充分、适当的,为发表保留意见提供了基础。

(三)导致保留意见的事项

××公司××年××月××日资产负债表中存货的列示金额为××元。管理层根据成本对存货进行计量,而没有根据成本与可变现净值孰低的原则进行计量,这不符合企业会计准则的规定。公司的会计记录显示,如果管理层以成本与可变现净值孰低来计量存货,存货列示金额将减少××元。相应地,资产减值损失将增加××元,所得税、净利润和股东权益将分别减少××元、××元和××元。

(四)保留意见

我们认为,除"(三)导致保留意见的事项"段所述事项产生的影响外,××公司财务报表在所有重大方面按照企业会计准则的规定编制,公允反映了××公司××年××月××日的财务状况以及××年度的经营成果和现金流量。

二、按照相关法律法规的要求报告的事项

(本部分报告的格式和内容,取决于相关法律法规对其他报告责任的规定。)

××会计师事务所　　　　　　　　　　　　　　中国注册会计师:×××
　　(盖章)　　　　　　　　　　　　　　　　　　　(签名并盖章)
　　　　　　　　　　　　　　　　　　　　　　中国注册会计师:×××
　　　　　　　　　　　　　　　　　　　　　　　　(签名并盖章)

中国××市　　　　　　　　　　　　　　　　　　××年××月××日

4. 由于财务报表存在重大报错而出具否定意见的审计报告

该报告的背景信息为:①对被审计单位管理层按照企业会计准则编制的整套通用目的财务报表实施审计;②审计业务约定条款中说明的管理层对财务报表的责任,与《中国注册会计师审计准则第1111号——就审计业务约定条款达成一致意见》的规定一致;③财务报表因未合并子公司而存在重大报错,该报错对财务报表影响大且具有广泛性,但量化该报错对财务报表的影响是不切实际的;④除对合并财务报表实施审计外,审计人员还承担法律法规要求的其他责任,且审计人员决定在审计报告中履行其他报告责任。具体报告内容如下。

审计报告

××股份有限公司全体股东:

一、对合并财务报表出具的审计报告

我们审计了后附的××股份有限公司(以下简称××公司)的合并财务报表,包括××年××月××日的合并资产负债表,××年度的合并利润表、合并现金流量表和合并股东权益变动表以及财务报表附注。

(一)管理层对合并财务报表的责任

编制和公允列报合并财务报表是管理层的责任。这种责任包括:①按照企业会计准则的规定编制合并财务报表,并使其实现公允反映;②设计、执行和维护必要的内部控制,以使合并财务报表不存在由于舞弊或错误而导致的重大错报。

（二）注册会计师的责任

我们的责任是在实施审计工作的基础上对合并财务报表发表审计意见。我们按照中国注册会计师审计准则的规定执行了审计工作。中国注册会计师审计准则要求我们遵守职业道德守则，计划和实施审计工作以对合并财务报表是否不存在重大错报获取合理保证。

审计工作涉及实施审计程序，以获取有关合并财务报表金额和披露的审计证据。选择的审计程序取决于注册会计师的判断，包括对由于舞弊或错误导致的合并财务报表重大错报风险的评估。在进行风险评估时，我们考虑与合并财务报表编制相关的内部控制，以设计恰当的审计程序，但目的并非对内部控制的有效性发表意见。审计工作还包括评价管理层选用会计政策的恰当性和做出会计估计的合理性，以及评价合并财务报表的总体列报。

我们相信，我们获取的审计证据是充分、适当的，为发表审计意见提供了基础。

（三）导致否定意见的事项

如财务报表附注×所述，××年××公司通过非同一控制下的企业合并获得对×××公司的控制权，因未能取得购买日×××公司某些重要资产和负债的公允价值，故未将×××公司纳入合并财务报表的范围，而是按成本法核算对×××公司的股权投资。××公司的这项会计处理不符合企业会计准则的规定。如果将×××公司纳入合并财务报表的范围，××公司合并财务报表的多个报表项目将受到重大影响。但我们无法确定未将×××公司纳入合并范围对财务报表产生的影响。

（四）审计意见

我们认为，由于"（三）导致否定意见的事项"段所述事项的重要性，××公司合并财务报表在所有重大方面按照企业会计准则的规定编制，未能公允反映××公司××年××月××日的财务状况以及××年度的经营成果和现金流量。

二、按照相关法律法规的要求报告的事项

（本部分报告的格式和内容，取决于相关法律法规对其他报告责任的规定。）

××会计师事务所　　　　　　　　　　　　中国注册会计师：×××
　　（盖章）　　　　　　　　　　　　　　　　　（签名并盖章）
　　　　　　　　　　　　　　　　　　　　中国注册会计师：×××
　　　　　　　　　　　　　　　　　　　　　　（签名并盖章）

中国××市　　　　　　　　　　　　　　　××年××月××日

5. 由于审计人员无法获取充分、适当的审计证据而出具保留意见的审计报告

该报告的背景信息为：①对被审计单位管理层按照企业会计准则编制的整套通用目的财务报表实施审计；②审计业务约定条款中说明的管理层对财务报表的责任，与《中国注册会计师审计准则第1111号——就审计业务约定条款达成一致意见》的规定一致；③对于在境外分支机构的投资，审计人员无法获取充分、适当的审计证据，这一事项对财务报表影响重大但不具有广泛性；④除对财务报表实施审计外，审计人员还承担法律法规要求的其他报告责任，且审计人员决定在审计报告中履行其他报告责任。具体报告内容如下：

审计报告

××股份有限公司全体股东：

一、对财务报表出具的审计报告

我们审计了后附的××股份有限公司（以下简称××公司）的财务报表，包括××年××月××日的合并资产负债，××年度的利润表、现金流量表和所有者权益变动表以及财务报表附注。

（一）管理层对合并财务报表的责任

编制和公允列报合并财务报表是管理层的责任。这种责任包括：①按照企业会计准则的规定编制财务报表，并使其实现公允反映；②设计、执行和维护必要的内部控制，以使财务报表不存在由于舞弊或错误而导致的重大错报。

（二）注册会计师的责任

我们的责任是在实施审计工作的基础上对财务报表发表审计意见。我们按照中国注册会计师审计准则的规定执行了审计工作。中国注册会计师审计准则要求我们遵守职业道德守则，计划和执行审计工作以对财务报表是否不存在重大错报获取合理保证。

审计工作涉及实施审计程序，以获取有关财务报表金额和披露的审计证据。选择的审计程序取决于注册会计师的判断，包括对由于舞弊或错误导致的合并财务报表重大错报风险的评估。在进行风险评估时，我们考虑与财务报表编制相关的内部控制，以设计恰当的审计程序，但目的并非对内部控制的有效性发表意见。审计工作还包括评价管理层选用会计政策的恰当性和做出会计估计的合理性，以及评价合并财务报表的总体列报。

我们相信，我们获取的审计证据是充分、适当的，为发表审计意见提供了基础。

（三）导致保留意见的事项

如财务报表附注×所述，××公司于××年取得了×××公司×%的股权，因能够对×××公司施加重大影响，故采用权益法核算该项股权投资，于××年度确认对×××公司的投资收益××元，截至××年××月××日该项股权投资的账面价值为××元。由于我们未被允许接触×××公司的财务信息、管理层和执行×××公司审计的审计人员，我们无法就该项股权投资的账面价值以及×××公司确认的××年度对×××公司的投资收益获取充分、适当的证据，也无法确定是否有必要对这些金额进行调整。

（四）保留意见

我们认为，除"（三）导致保留意见的事项"段所述事项可能产生的影响外，×××公司财务报表在重大方面按照企业会计准则的规定编制，公允反映了×××公司××年××月××日的财务状况以及××年度的经营成果和现金流量。

二、按照相关法律法规的要求报告的事项

(本部分报告的格式和内容，取决于相关法律法规对其他报告责任的规定。)

××会计师事务所　　　　　　　　　　　　　　中国注册会计师：×××
　　（盖章）　　　　　　　　　　　　　　　　　　（签名并盖章）
　　　　　　　　　　　　　　　　　　　　　　中国注册会计师：×××
　　　　　　　　　　　　　　　　　　　　　　　　（签名并盖章）

中国××市　　　　　　　　　　　　　　　　　××年××月××日

6. 由于审计人员无法针对财务报表多个要素获取充分、适当的审计证据而出具无法表示意见的审计报告

该报告的背景信息为：①对被审计单位管理层按照××国财务报告准则编制的整套通用目的财务报表实施审计；②审计业务约定条款中说明的管理层对财务报表的责任，与《中国注册会计师审计准则第1111号——就审计业务约定条款达成一致意见》的规定一致；③对财务报表的多个要素，审计人员无法获取充分、恰当的审计证据。例如，对被审计单位的存货和应收账款，审计人员无法获取审计证，这一事项对财务报表可能产生的影响重大且具有广泛性；④除对财务报表实施审计外，审计人员还承担法律法规要求的其他报告责任，且审计人员决定在审计报告中履行其他报告责任。具体报告内容如下：

审计报告

××股份有限公司全体股东：

一、对财务报表出具的审计报告

我们接受委托，审计后附的××股份有限公司（以下简称"××公司"）财务报表，包括××年××月××日的合并资产负债表，××年度的利润表、现金流量表和所有者权益变动表以及财务报表附注。

（一）管理层对合并财务报表的责任

编制和公允列报合并财务报表是管理层的责任。这种责任包括：①按照××国财务报告准则的规定编制财务报表，并使其实现公允反映；②设计、执行和维护必要的内部控制，以使财务报表不存在由于舞弊或错误而导致的重大错报。

（二）注册会计师的责任

我们的责任是在按照中国注册会计师审计准则的规定执行审计工作的基础上，对财务报表发表审计意见但由于"（三）导致无法表示意见的事项"段中所述的事项，我们无法获取充分、适当的审计证据以为发表审计意见提供基础。

（三）导致无法表示意见的事项

我们于××年××月接受××公司的审计委托，因而未能对××年（委托年前一年）年初金额为××元的存货和年末金额为××元的存货实施监盘程序。此外，我们也无法实施替代审计程序获取充分、适当的证据。并且，××公司于××年（委托年前一年）××月采用新的应收账款电算化系统，由于存在系统缺陷导致应收账款出现大量错误。截至审计报告日，管理层仍在纠正系统缺陷并更正错误，我们也无法实施替代审计程序，以对截至××年（委托年前一年）××月××日的应收账款总额××元获取充分、适当的审计证据。因此，我们无法确定是否有必要对存货、应收账款以及财务报表其他项目做出调整，也无法确定应调整的余额。

（四）无法表示意见

由于"（三）导致无法表示意见的事项"段所述事项的重要性，我们无法获取充分、适当的审计证据以为发表审计意见提供基础，因此，我们不对××公司财务报表发表审计意见。

二、按照相关法律法规的要求报告的事项

（本部分报告的格式和内容，取决于相关法律法规对其他报告责任的规定。）

××会计师事务所　　　　　　　　　　　　　中国注册会计师：×××
　　　　（盖章）　　　　　　　　　　　　　　　　　　（签名并盖章）
　　　　　　　　　　　　　　　　　　　　　　　中国注册会计师：×××
　　　　　　　　　　　　　　　　　　　　　　　　　　（签名并盖章）
　　中国××市　　　　　　　　　　　　　　　　××年××月××日

7. 带强调事项的保留意见的审计报告

　　该报告的背景信息为：①对被审计单位管理层按照企业会计准则编制的整套通用目的财务报表实施审计；②审计业务约定条款中说明的管理层对财务报表的责任，与《中国注册会计师审计准则第1111号——就审计业务约定条款达成一致意见》的规定一致；③异常的未决诉讼事项存在不确定性；④由于违反企业会计准则的规定导致发表保留意见；⑤除对财务报表实施审计外，注册会计师还承担法律法规要求的其他报告责任，且注册会计师决定在审计报告中履行其他报告责任。具体报告内容如下：

审计报告

××股份有限公司全体股东：
　　一、对财务报表出具的审计报告
　　我们审计了后附的××股份有限公司（以下简称"××公司"）财务报表，包括××年××月××日的资产负债表，××年度的利润表、现金流量表和股东权益变动表以及财务报表附注。
　　（一）管理层对财务报表的责任
　　编制和公允列报财务报表是××公司管理层的责任，这种责任包括：①按照企业会计准则的规定编制财务报表，并使其实现公允反映；②设计、执行和维护必要的内部控制，以使财务报表不存在由于舞弊或错误导致的重大错报。
　　（二）注册会计师的责任
　　我们的责任是在执行审计工作的基础上对财务报表发表审计意见。我们按照中国注册会计师审计准则的规定执行了审计工作。中国注册会计师审计准则要求我们遵守职业道德守则，计划和执行审计工作以对财务报表是否不存在重大错报获取合理保证。
　　审计工作涉及实施审计程序，以获取有关财务报表金额和披露的审计证据。选择的审计程序取决于注册会计师的判断，包括对由于舞弊或错误导致的财务报表重大错报风险的评估。在进行风险评估时，注册会计师考虑与财务报表编制和公允列报相关的内部控制，以设计恰当的审计程序，但目的并非对内部控制的有效性发表意见。审计工作还包括评价管理层选用会计政策的恰当性和做出会计估计的合理性，以及评价财务报表的总体列报。
　　我们相信，我们获取的审计证据是充分、适当的，为发表保留意见提供了基础。
　　（三）导致保留意见的事项
　　××公司于××年××月××日资产负债表中存货的列示金额为××元。管理层根据成本对存货进行计量，而没有根据成本与可变现净值孰低的原则进行计量，这不符合企业会计准则的规定。公司的会计记录显示，如果管理层以成本与可变现净值孰低来计量存货，存货列示金额将减少××元。相应地，资产减值损失将增加××元，所得税、净利润和股东权益将分别减少××元、××元和××元。

（四）保留意见

我们认为，除"（三）导致保留意见的事项"段所述事项产生的影响外，××公司财务报表在所有重大方面均按照企业会计准则的规定编制，公允反映了××公司××年××月××日的财务状况以及××年度的经营成果和现金流量。

（五）强调事项

我们提醒财务报表使用者关注，如财务报表附注×所述，截至财务报表批准日，×××公司对××公司提出的诉讼尚在审理当中，其结果具有不确定性。本段内容不影响已发表的审计意见。

二、按照相关法律法规的要求报告的事项

（本部分报告的格式和内容，取决于相关法律法规对其他报告责任的规定。）

××会计师事务所　　　　　　　　　　　　　　　中国注册会计师：×××
　　（盖章）　　　　　　　　　　　　　　　　　　　（签名并盖章）
　　　　　　　　　　　　　　　　　　　　　　　中国注册会计师：×××
　　　　　　　　　　　　　　　　　　　　　　　　　（签名并盖章）

中国××市　　　　　　　　　　　　　　　　　　××年××月××日

案例分析

本部分以两个实践中的审计报告正文（所含附件及财务报表此处不再赘述）为基础，旨在让学生了解审计报告正文的撰写方法和内容，第一个报告为第6章中案例分析的项目，第二个报告为某大型工程公司2019年度的审计报告，资料来源为企业公开文件。

1. 审计报告案例一

审计报告

审计报告编号

××股份有限公司全体股东：

一、审计意见

我们审计了××股份有限公司（以下简称"××公司"或"公司"）财务报表，包括2018年12月31日的合并及公司资产负债表，2018年度的合并及公司利润表、合并及公司现金流量表、合并及公司股东权益变动表以及相关财务报表附注。

我们认为，后附的财务报表在所有重大方面均按照企业会计准则的规定编制，公允反映了××股份公司2018年12月31日合并及公司的财务状况以及2018年度合并及公司的经营成果和现金流量。

二、形成审计意见的基础

我们按照中国注册会计师审计准则的规定执行了审计工作。审计报告的"注册会计师对财务报表审计的责任"部分进一步阐述了我们在这些准则下的责任。按照中国注册会计师职业道德守则，我们独立于××股份公司，并履行了职业道德方面的其他责任。我们相信，我们获取的审计证据是充分、适当的，为发表审计意见提供了基础。

三、关键审计事项

关键审计事项是我们根据职业判断，认为对本期财务报表审计最为重要的事项。这些事项的应对以对财务报表整体进行审计并形成审计意见为背景，我们不对这些事项单独发表意见。我们确定下列事项是需要在审计报告中沟通的关键审计事项。

（一）房地产开发项目的收入确认

1. 事项描述

公司房地产开发项目的收入占年度营业收入总额的96%，由于房地产开发项目的收入对公司的重要性，以及单个房地产开发项目销售收入确认的汇总错报可能对公司的利润产生重大影响，因此，我们将公司房地产开发项目的收入确认识别为关键审计事项。

2. 审计应对

与房地产开发项目的收入确认评价相关的审计程序主要如下。

1）评价与房地产开发项目的收入确认相关的关键内部控制设计和运行有效性。

2）检查公司的房产标准买卖合同条款，以评价公司有关房地产开发项目的收入确认政策是否符合相关会计准则的要求。

3）就本年确认房产销售收入的项目，选取样本，检查买卖合同及可以证明房产已达到交付条件并已交付的支持性文件，以评价相关房产销售收入是否已按照公司的收入确认政策确认。

4）就资产负债表日前后确认房产销售收入的项目，选取样本，检查可以证明房产已达到交付条件并已交付的支持性文件，以评价相关房产销售收入是否在恰当的期间确认。

5）对于房地产开发项目中本年确认的房产销售收入，选取样本，将其单方平均售价与从公开信息获取的单方售价相比较。

（二）存货的可变现净值的估计

1. 事项描述

公司存货主要由"拟开发土地、开发成本、开发产品"构成，截至2018年12月31日存货的账面价值金额重大。该等存货是按照成本与可变现净值孰低计量。管理层确定资产负债表日每个存货项目的可变现净值。确定存货可变现净值过程中，管理层需对每个开发项目将要发生的建造成本做出最新估计，并估算每个开发项目的预期未来净售价，该过程涉及重大的管理层判断和估计。由于存货是公司总资产的重要组成部分，且估计开发项目达到完工状态时将要发生的建造成本和未来净售价存在固有风险，我们将对公司存货的可变现净值的评估识别为关键审计事项。

2. 审计应对

与评价存货的可变现净值相关的主要审计程序如下：

1）评价与预测各存货项目的建造成本相关的关键内部控制设计和运行有效性。

2）在抽样的基础上对存货项目进行实地察看，判断相关存货是否存在跌价的情形。

3）将各存货项目的估计建造成本与公司的最新动态成本进行比较，以评价管理层估计的合理性。

4）评价管理层所采用的估值方法，取得市场可获取数据与公司存货预计售价比较是否存在重大差异。

四、其他信息

公司管理层对其他信息负责。其他信息包括年度报告中涵盖的信息，但不包括财务报表和我们的审计报告。

我们对财务报表发表的审计意见不涵盖其他信息，我们也不对其他信息发表任何形式的鉴证结论。

结合我们对财务报表的审计，我们的责任是阅读其他信息，在此过程中，考虑其他信息是否与财务报表或我们在审计过程中了解到的情况存在重大不一致或者似乎存在重大错报。

基于我们已执行的工作，如果我们确定其他信息存在重大错报，我们应当报告该事实。在这方面，我们无任何事项需要报告。

五、管理层和治理层对财务报表的责任

公司管理层（以下简称管理层）负责按照企业会计准则的规定编制财务报表，使其实现公允反映，并设计、执行和维护必要的内部控制，以使财务报表不存在由于舞弊或错误导致的重大错报。

在编制财务报表时，管理层负责评估公司的持续经营能力，披露与持续经营相关的事项（如适用），并运用持续经营假设，除非管理层计划清算公司、终止运营或别无其他现实的选择。

治理层负责监督公司的财务报告过程。

六、注册会计师对财务报表审计的责任

我们的目标是对财务报表整体是否不存在由于舞弊或错误导致的重大错报获取合理保证，并出具包含审计意见的审计报告。合理保证是高水平的保证，但并不能保证按照审计准则执行的审计在某一重大错报存在时总能发现。错报可能由于舞弊或错误导致，如果合理预期错报单独或汇总起来可能影响财务报表使用者依据财务报表做出的经济决策，则通常认为错报是重大的。

在按照审计准则执行审计工作的过程中，我们运用职业判断，并保持职业怀疑。同时，我们也执行以下工作：

1）识别和评估由于舞弊或错误导致的财务报表重大错报风险，设计和实施审计程序以应对这些风险，并获取充分、适当的审计证据，作为发表审计意见的基础。由于舞弊可能涉及串通、伪造、故意遗漏、虚假陈述或凌驾于内部控制之上，未能发现由于舞弊导致的重大错报的风险高于未能发现由于错误导致的重大错报的风险。

2）了解与审计相关的内部控制，以设计恰当的审计程序。

3）评价管理层选用会计政策的恰当性和做出会计估计及相关披露的合理性。

4）对管理层使用持续经营假设的恰当性得出结论。同时，根据获取的审计证据，就可能导致对公司持续经营能力产生重大疑虑的事项或情况是否存在重大不确定性得出结论。如果我们得出结论认为存在重大不确定性，审计准则要求我们在审计报告中提请报表使用者注意财务报表中的相关披露；如果披露不充分，我们应当发表非无保留意见。我们的结论基于截至审计报告日可获得的信息。然而，未来的事项或情况可能导致公司不能持续经营。

5）评价财务报表的总体列报、结构和内容（包括披露），并评价财务报表是否公允反映相关交易和事项。

6）就公司中实体或业务活动的财务信息获取充分、适当的审计证据，以对财务报表发表意见。我们负责指导、监督和执行集团审计。我们对审计意见承担全部责任。

我们与治理层就计划的审计范围、时间安排和重大审计发现等事项进行沟通，包括沟通我们在审计中识别出的值得关注的内部控制缺陷。

我们还就已遵守与独立性相关的职业道德要求向治理层提供声明，并与治理层沟通可能被合理认为影响我们独立性的所有关系和其他事项，以及相关的防范措施（如适用）。从与治理层沟通过的事项中，我们确定哪些事项对本期财务报表审计最为重要，因而构成关键审计事项。我们在审计报告中描述这些事项，除非法律法规禁止公开披露这些事项，或在极少数情形下，如果合理预期在审计报告中沟通某事项造成的负面后果超过在公众利益方面产生的益处，我们确定不应在审计报告中沟通该事项。

会计师事务所名称（特殊普通合伙，如是）　　中国注册会计师：×××（签章）
　　　　　　　　　　　　　　　　　　　　　　　　（项目合伙人，如是）

中国·××（事务所所在城市）　　　　　　　　中国注册会计师：×××（签章）
　　　　　　　　　　　　　　　　　　　　　　　　（项目合伙人，如是）

　　　　　　　　　　　　　　　　　　　　　　　　××年××月××日

2. 审计报告案例二

审计报告

审计报告编号
××股份有限公司

××股份有限公司全体股东：

一、审计意见

我们审计了××股份有限公司的财务报表，包括2019年12月31日合并及公司资产负债表、2019年度合并及公司利润表、股东权益变动表和现金流量表以及相关财务报表附注。

我们认为，后附的××股份有限公司的财务报表在所有重大方面均按照企业会计准则的规定编制，公允反映了××股份有限公司2019年12月31日的合并及公司财务状况以及2019年度的合并及公司经营成果和现金流量。

二、形成审计意见的基础

我们按照中国注册会计师审计准则的规定执行了审计工作。审计报告的"注册会计师对财务报表审计的责任"部分进一步阐述了我们在这些准则下的责任。按照中国注册会计师职业道德守则，我们独立于××股份有限公司，并履行了职业道德方面的其他责任。我们相信，我们获取的审计证据是充分、适当的，为发表审计意见提供了基础。

三、关键审计事项

关键审计事项是我们根据职业判断，认为对本期财务报表审计最为重要的事项。这些事项的应对以对财务报表整体进行审计并形成审计意见为背景，我们不对这些事项单独发表意见。我们对下述每一事项在审计中是如何应对的描述也以此为背景。

我们已经履行了本报告"注册会计师对财务报表审计的责任"部分阐述的责任，包括与 这些关键审计事项相关的责任。相应地，我们的审计工作包括执行为应对评估的财务报表重大错报风险而设计的审计程序。我们执行审计程序的结果，包括应对下述关键审计事项所执行的程序，为财务报表整体发表审计意见提供了基础。

关键审计事项	该事项在审计中是如何应对
建造合同收入确认	
××股份有限公司收入主要来自于按照履约进度确认收入的建造合同。按照履约进度确认收入涉及对合同预计收入和合同预计成本的重大判断和估计，包括管理层在合同执行过程中持续依据对合同交付范围、尚未完工成本等因素对合同预计收入和合同预计成本进行评估和修正。此外，由于情况的改变，合同预计收入和合同预计成本会较原有的估计发生变化（有时可能是重大的）。建造合同收入确认的会计政策和披露信息见财务报表附注三、24及36、附注五、51以及附注十五、10	我们评价和测试了××有限公司收入确认流程的内部控制，包括合同预计收入和合同预计成本编制及按照履约进度计算收入的内部控制；选取了重大建造合同，复核关键合同条款并检查合同预计收入及合同预计成本；抽样检查了相关文件核对已发生的合同成本；执行了截止性测试程序，检查相关合同成本是否被记录在恰当的会计期间；根据已发生成本和预计合同成本重新计算履约进度及收入；对重大建造合同的毛利率执行了分析程序
合同资产、应收账款及长期应收款预期信用损失	
合同资产、应收账款及长期应收款减值准备以预期信用损失为基础确认，涉及重大判断和估计。××股份有限公司管理层分析应收账款和长期应收款的历史回款情况及合同资产的历史结算情况、交易对方的信用等级及未来经济状况，以评估合同资产、应收账款及长期应收款的信用风险。合同资产、应收账款及长期应收款减值准备会计政策及披露信息见财务报表附注三、9及36、附注五、4、9、12及24以及附注十五、2	我们评价和测试了××股份有限公司合同资产、应收账款及长期应收账款减值准备流程的内部控制；复核了管理层对应收账款和长期应收款历史回款情况及合同资产历史结算情况的分析；对选定的样本检查相关文件以复核应收账款账龄的准确性；评价了管理层对合同资产、应收账款及长期应收账款的信用风险的评估

(续)

关键审计事项	该事项在审计中是如何应对
特许经营权减值测试	
对于出现减值迹象的特许经营权资产，××股份有限公司管理层执行减值测试以确定相关特许经营权资产的可收回金额。特许经营权资产的可收回金额通过现金流量折现方法确定，涉及重大判断和估计。××股份有限公司管理层估计未来交通量、运营成本以及采用合理的折现率以评估资产的可收回金额	我们评价和测试了××股份有限公司特许经营权资产减值测试流程的内部控制；评估了管理层聘请的外部专家的专业胜任能力、专业素质和客观性，了解了其执行的程序，评价了其执行程序过程中所使用的相关支持证据的适当性；评估了未来现金流量预测中采用的基础和假设的合理性，包括设计的交通量、特许经营权资产的运营状况以及这些特许经营权资产运营地区的发展规划；对以前年度的预测与2019年度实际业绩表现进行比较；评价了现金流折现率的合理性
特许经营权减值准备的会计政策及披露信息见财务报表附注三、18及36和附注五、20	

四、其他信息

××股份有限公司管理层对其他信息负责。其他信息包括2019年度报告中涵盖的信息，但不包括财务报表和我们的审计报告。

我们对财务报表发表的审计意见不涵盖其他信息，我们也不对其他信息发表任何形式的鉴证结论。

结合我们对财务报表的审计，我们的责任是阅读其他信息，在此过程中，考虑其他信息是否与财务报表或我们在审计过程中了解到的情况存在重大不一致或者似乎存在重大错报。

基于我们已执行的工作，如果我们确定其他信息存在重大错报，我们应当报告该事实。在这方面，我们无任何事项需要报告。

五、管理层和治理层对财务报表的责任

管理层负责按照企业会计准则的规定编制财务报表，使其实现公允反映，并设计、执行和维护必要的内部控制，以使财务报表不存在由于舞弊或错误导致的重大错报。

在编制财务报表时，管理层负责评估××股份有限公司的持续经营能力，披露与持续经营相关的事项（如适用），并运用持续经营假设，除非计划进行清算、终止运营或别无其他现实的选择。

治理层负责监督××股份有限公司的财务报告过程。

六、注册会计师对财务报表审计的责任

我们的目标是对财务报表整体是否不存在由于舞弊或错误导致的重大错报获取合理保证，并出具包含审计意见的审计报告。合理保证是高水平的保证，但并不能保证按照审计准则执行的审计在某一重大错报存在时总能发现。错报可能由于舞弊或错误导致，如果合理预期错报单独或汇总起来可能影响财务报表使用者依据财务报表做出的经济决策，则通常认为错报是重大的。

在按照审计准则执行审计工作的过程中，我们运用职业判断，并保持职业怀疑。同时，我们也执行以下工作：

1）识别和评估由于舞弊或错误导致的财务报表重大错报风险，设计和实施审计程序以应对这些风险，并获取充分、适当的审计证据，作为发表审计意见的基础。由于舞弊可能涉及串通、伪造、故意遗漏、虚假陈述或凌驾于内部控制之上，未能发现由于舞弊导致的重大错报的风险高于未能发现由于错误导致的重大错报的风险。

2）了解与审计相关的内部控制，以设计恰当的审计程序。

3）评价管理层选用会计政策的恰当性和做出会计估计及相关披露的合理性。

4）对管理层使用持续经营假设的恰当性得出结论。同时，根据获取的审计证据，就可能导致对××股份有限公司持续经营能力产生重大疑虑的事项或情况是否存在重大不确定性得出结论。如果我们得出结论认为存在重大不确定性，审计准则要求我们在审计报告中提请报表使用者注意财务报表中的相关披露；如果披露不充分，我们应当发表非无保留意见。我们的结论基于截至审计报告日可获得的信息。然而，未来的事项或情况可能导致××股份有限公司不能持续经营。

5）评价财务报表的总体列报、结构和内容（包括披露），并评价财务报表是否公允反映相关交易和事项。

6）就××股份有限公司中实体或业务活动的财务信息获取充分、适当的审计证据以对财务报表发表审计意见。我们负责指导、监督和执行集团审计，并对审计意见承担全部责任。

我们与治理层就计划的审计范围、时间安排和重大审计发现等事项进行沟通，包括沟通我们在审计中识别出的值得关注的内部控制缺陷。

我们还就已遵守与独立性相关的职业道德要求向治理层提供声明，并与治理层沟通可能被合理认为影响我们独立性的所有关系和其他事项，以及相关的防范措施（如适用）。

从与治理层沟通过的事项中，我们确定哪些事项对本期财务报表审计最为重要，因而构成关键审计事项。我们在审计报告中描述这些事项，除非法律法规禁止公开披露这些事项，或在极少数情形下，如果合理预期在审计报告中沟通某事项造成的负面后果超过在公众利益方面产生的益处，我们确定不应在审计报告中沟通该事项。

会计师事务所名称（特殊普通合伙，如是）　　中国注册会计师：×××（签章）
　　　　　　　　　　　　　　　　　　　　　　　（项目合伙人，如是）

中国·××（事务所所在城市）　　　　　　　　中国注册会计师：×××（签章）
　　　　　　　　　　　　　　　　　　　　　　　（项目合伙人，如是）

××年××月××日

本章小结及关键概念

本章小结： 工程项目审计可分为开工前审计、工程实施期审计和工程竣工验收后审计，其流程包括审计准备、审计实施、审计终结及后续审计三个阶段。各个阶段需要编写的文件主要包括：①审计计划；②审计方案；③审计通知书；④审计工作底稿；⑤审计报告。其中，审计报告是指审计人员（一般是指注册会计师）根据审计准则的规定，在执行审计工作的基础上，对审计内容发表审计意见的书面文件，是审计工作完成后形成的最终交付成果，具有合规性、顺序性、契约性和书面性等特征。经审计人员签发的审计报告一般具有鉴证作用、保护作用及证明作用。

审计报告分为标准审计报告和非标准审计报告。一般包括标题、收件人、引言段、管理层对财务报表的责任段、审计人员的责任段、审计意见段、审计人员的签名和盖章、会计师事务所的名称、地址和盖章及报告日期等内容。内部审计报告包括标题、收件人、正文、附件、签章、报告日期及其他等内容。

本章还列举了对按照企业会计准则编制的财务报表出具的标准审计报告，对按照企业会计准则编制的合并财务报表出具的标准审计报告，由于财务报表存在重大报错而出具保留意见的审计报告，由于财务报表存在重大报错而出具否定意见的审计报告，由于审计人员无法获取充分、适当的审计证据而出具保留意见的审计报告，由于审计人员无法针对财务报表多个要素获取充分、适当的审计证据而出具无法表示意见的审计报告，带强调事项的保留意见的审计报告，工程项目审计报告等实例。

关键概念：审计文件、审计流程、审计阶段、审计报告、审计报告的内容、审计报告的编写。

能力提升

一、选择题

1. 下列（　　）不是审计报告的作用。
A. 说明作用　　　　B. 鉴证作用　　　　C. 保护作用　　　　D. 证明作用
2. 审计意见段不包括（　　）。
A. 总体要求　　　　B. 使用的财务报告编制基础　　C. 审计程序　　　　D. 其他报告责任
3. 下列（　　）不是非标准审计报告的内容。
A. 说明段　　　　B. 强调事项段　　　　C. 其他事项段　　　　D. 其他报告责任段
4. 审计报告一般需要（　　）名注册会计师的签名和盖章。
A. 1　　　　B. 2　　　　C. 3　　　　D. 4

二、填空题

1. 审计报告分为_____和_____。
2. 审计概况包括审计目标、审计范围、_____、_____、_____及审计时间等。
3. 在确定审计报告日时，审计人员应当确信已获取（1）_____和（2）_____两方面的审计证据。
4. 公司管理层编制和公允列报财务报表的责任具体包括（1）_____和（2）_____。

三、简答题

1. 什么是审计报告？它具有什么特征？
2. 外部通用审计报告和内部审计报告分别包括什么内容？
3. 审计报告中编写"审计人员的责任段"应注意说明哪些内容？
4. 审计报告中"引言段"包括哪些内容？
5. 简述工程审计流程的各个阶段需要编制的审计文件。
6. 简述审计工作底稿的八个要素。
7. 简述审计报告编写的基本原则。

第 8 章
工程项目审计信息化管理技术

> **学习要点**
>
> **知识点**：工程项目审计信息化的定义、建立工程项目审计管理信息系统的必要性、工程项目审计信息化存在的主要问题、工程项目审计信息化平台的构建、工程项目审计管理软件的应用。
>
> **重点**：建立工程项目审计管理信息系统的必要性、工程项目审计信息化存在的主要问题、工程项目审计信息化平台的构建、工程项目审计管理软件的应用。
>
> **难点**：工程项目审计信息化平台的构建、工程项目审计管理软件的应用。

8.1 工程项目审计信息化管理概述

随着科技的发展，现代企业呈现跨地区、跨国、集团化发展趋势，为方便、快捷地组织采购供应、生产销售，信息化、网络化的经营管理技术手段被越来越多的企业管理者所青睐和采用，并深刻地改变着管理活动。面对变化的环境，传统的工程项目审计方式必须适应和变革。

纵观发达国家，工程项目审计的技术手段经历了手工审计到电算化审计、再到信息化审计三个阶段。传统的手工审计是指在手工操作下对手工信息系统所进行的审计。随着计算机产生及其在审计和工程信息记录处理中的应用，出现了以电子数据处理系统为对象范围的电算化审计（EDP 审计）。近年来，基于网络化信息技术在工程管理中的应用，单机的电算化审计已不能完全适应这一变化，亟待建立一种与之对应的审计技术手段，即信息化工程项目审计。

对工程项目审计信息化可以如下定义：被审计对象运用网络技术进行工程信息管理时，审计人员为了实现其审计目的，收集必要的审计证据，采取必要的审计程序，对企业的网络信息系统的合规性以及利用计算机以及网络生成的工程信息进行审计的工作。

8.1.1 工程项目审计信息化管理的必要性

中共中央办公厅、国务院办公厅印发的《2006—2020 年国家信息化发展战略》中对信息化做了如下定义：信息化是指对信息技术进行充分利用，对信息资源进行大力开发，推动信息和知识的交流共享，加快经济增长，并促进经济和社会发展与转型的历史进程。在建设项目工程审计工作中,很多建设项目从立项到竣工验收各个阶段的信息网络化,更加凸显了工程项目审计信息化在审计工作中的重要地位,实现工程项目审计信息化是现代经济社会发展的必然要求和结果。

1. 工程项目审计信息化是新形势下对审计工作的必然要求

近年来,国家对基础建设项目投资不断地加大,建设项目不仅在数量上有所增加,建设规模也在增大。而且,随着近几年工程造价计价模式的变革,已由传统的定额计价模式转变为清单计价,市场起主导作用,工程造价控制越来越多地利用计算机来完成,为适应形势要求,提高工程项目审计质量和效益,信息化已成为工程审计工作的必然要求。

2. 工程项目审计信息化能加强对审计项目各环节的质量控制与管理

通过专业的审计软件系统可以从技术上实现从工程项目审计立项到工程竣工验收审计的全过程管理要求,并从制度上规范审计人员的行为规范,促进审计质量和管理水平的提高。同时可以实时掌握所有审计项目的进度,充分利用软件系统提供的操作权限控制功能,在各审计环节设置质量控制点,实行适时监控,从而有利于审计责任的跟踪检查,有效防范审计风险。

3. 工程项目审计信息化有利于实现审计结果的深层分析和利用

利用工程项目审计软件系统进行工程项目审计,使本单位所有工程审计项目都在系统平台中完成,有利于实现信息资源共享。审计人员将审计过程中所有资料包括工程概况、合同、施工管理情况、工程进度、材料价格、相关法规等信息进行收集、汇总、统计、预测,不仅可以实现审计工作信息系统化,而且更加有利于审计结果的分析和使用。

4. 工程项目审计信息化是审计档案管理工作的必然要求

工程项目审计过程形成的各类审计文件数量较大,种类繁多。利用工程审计软件系统可以将审计方案、审计工作底稿、图片和音像资料等在系统中保存并随时调用,实现审计文件的标准化、电子化,有利于工程项目审计资料的查阅,也是现代审计档案管理的要求。

8.1.2 工程项目审计信息化的现状及面临的问题

1. 工程项目审计信息化现状

随着国家审计署"金审"工程的《现场审计实施系统》(AO)和《审计管理系统》(OA)系统的部署,审计工作应实现从审计手工账到审计电子账的转换,并做到无纸化办公,提高工作效能和审计质量。但在当前的审计工作中,审计信息化在被审单位的财务管理方面作用明显,而对于建设工程项目的建设管理、造价控制、投资效益、预算执行等重要审计内容缺乏系统的方法。建设工程项目具有投资额大、建设期长、参与单位众多的特点,在工程项目的实际审计工作中,被审计对象类型众多、形式多变、数据繁杂,传统的信息化审计对工程项目的审计信息系统建立并不完善,与被审计对象的信息管理系统无法有效对接,进而导致审计工作周期过长和效率低下。

2. 工程项目审计信息化面临的问题

近年来,随着工程管理事前、事中控制意识的提高,"跟踪审计""项目投资审计""竣工财务决算审计"也逐渐成为工程项目审计工作的着力点。不论事前、事中、事后工程审计,在信息化过程中都面临如下问题:

(1) 缺乏统一的标准 现有的工程造价定额种类多、专业性强,从事工程项目审计的人员很难将各类定额一一掌握。另外,非标项目的定价、材料价格的收集和统一等难题也困扰着审计人员。

（2）信息不对称　在工程项目审计工作过程中，建设单位、审计机构和工程参与各方缺乏统一的信息目录，信息交换体系还没有形成，信息共享性差，容易形成信息孤岛。在工程项目审计全过程中，审计信息的不对称严重影响了工程项目审计工作的效率。

（3）资料来源渠道有限　在工程项目审计过程中，信息的收集非常重要，取得信息的及时性和准确性直接影响审计决策。目前，工程项目审计工作大多数还停留在手工阶段，审计过程中的合同、图纸、变更、签证等多为纸质文档。信息的查找渠道曲折且过程烦琐，信息收集的结果容易失真。

（4）从业人员知识结构不合理　按照国际惯例，从事工程造价咨询（工程项目审计是其发展的分支）的专业人员应该以工程技术为基础，兼有经济、法律、管理、计算机等多方面知识的复合型人才，而我国目前从事这一行业的人员没有严格的知识体系限定，从业人员的知识结构难以达到这一要求，总体执业水平存在个体差异。

8.1.3　工程项目审计信息化系统平台的构建

要实现建设项目工程项目审计的信息化，必须建立一个完整的信息化系统平台，该信息系统平台应包含四个模块：一是工程项目审计作业系统，主要用于辅助审计人员从事具体的审计工作；二是工程项目审计管理系统，主要是对审计工作进行归集、流转、汇总和管理；三是工程项目审计数据库系统，主要为审计人员提供相关法规和经验数据的查询；四是工程项目审计动态监控系统，主要是以建设项目实施过程为审计监测和控制对象，实现工程项目审计各阶段的动态监控。四个模块相辅相成、相互关联、紧密结合，工程项目审计数据库为审计作业提供经验数据，审计作业成果通过工程项目审计管理系统进行归集、流转，工程项目审计动态监控系统又实现了对工程项目审计管理系统的实时监控，从而真正形成全过程、全方位的管理，并打破空间与地域的束缚。工程项目审计信息化平台的构建如图8-1所示。

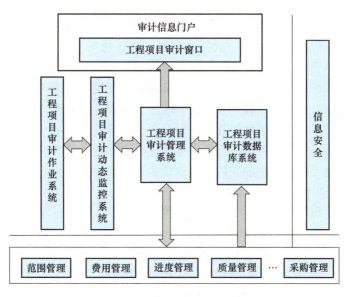

图8-1　工程项目审计信息化系统平台的构建

1. 工程项目审计作业系统

根据建设项目工程项目审计的具体要求，工程项目审计作业系统应主要体现在三个方面：一是辅助审计人员开展对建设项目估算、概算、预算、结算和决算（包括工程决算造价、决算报表、工程建设程序、项目管理情况、概算执行情况和固定资产交付等）的审计；二是辅助审计人员开展对工程建设过程中的各类工程文档文件（如招标文件、施工合同等）的审计；三是辅助审计人员开展对工程价款管理文件（变更、洽商、索赔、价差等）的审计。

近年来，随着信息化的发展，我国工程项目审计的作业软件研发取得了一定的成绩，工程估算、设计概算、工程预算和工程结算等各类计价软件，通过客户端应用程序的开发，已经具有非常好的基础，大大提高了审计人员的工作效率，但对工程决算、工程文档审计、工程价款管理等方面的软件尚未成熟，故工程项目审计作业系统应加强对此部分软件的开发。工程决算、工程文档审计、工程价款管理与传统的工程估算、概算、预算等计价工作有着本质的区别，传统的计价事务主要是一些定量化的工作，而工程决算、工程文档审计、工程价款管理除了有定量化的工作外，还有大量的定性化工作，定性化的工作如何通过软件来实现，对开发人员提出了挑战。

对此部分软件的开发应着重通过模板化、标杆化等方式才能实现。所谓模板化、标杆化就是针对具体管理工作制定大量的模板、范本和建议供用户选择（如工程决算可以根据不同项目类型、资金性质对需要审计的相关事项制订相关审计模板和建议；工程文档、工程价款管理根据不同招标文件、施工合同类型结合需要审计的事项制订相关范本和建议等），从而辅助审计人员快速、全面、准确地进行审计测试，最终形成审计意见和建议。另外，工程项目审计作业系统软件除了应开发客户端应用软件来辅助审计人员的作业工作外，还应逐步考虑采取网络技术取代单一客户端应用工具软件，从而达到审计作业的最终信息化。

2. 工程项目审计管理系统

工程项目审计管理系统主要是对全过程审计工作的全面管理，主要包括对人员、项目、流程、档案、报表、文书等工作的管理。做好工程项目审计管理系统要统一标准，编制建设单位、审计机构和工程参与各方统一的信息目录，搭建协同平台，按照"建用结合"的原则，构筑与公司其他管理系统相连接的工程项目审计管理系统，形成信息交换体系。以项目建设单位为管理对象，以项目实施过程为审计管理点，实现立项评估→概算审计→招投标审计→项目动态跟踪审计→单项工程结算审计→竣工决算审计的处理流程。同时针对每一个阶段的审计内容及性质，采取不同的工作流，对业务进行管理。通过信息的共享和工作流机制的应用，使得工程项目审计业务向规范化、标准化方向转化，促进审计成果运用，提高管理水平和工作效率，最大限度地消除工程项目审计执业过程中的个体差异。

1）搭建审计协同工作平台。随着工程项目审计信息化发展，各参与方在一个平台上进行工作交流将成为工程项目审计的必然趋势。这就要求审计机构编制建设参与各方统一标准的信息目录，构建与建设参与各方的管理系统相连接的工程项目审计管理系统，搭建开放性、扩展性较好的审计协同工作平台。审计协同工作平台的建立有助于内部审计人员极具效率地获得工程信息，通过及时分析和判断，提高工程项目审计效率和质量。这种审计协同工作平台是建立在合作伙伴之间良好的分工协作基础之上，提供包括在线服务、远程通信、信息共享、实时数据传输、协同办公等技术支持，并加强对工程的合同和招标投标资料、往来信函、质量资料、安全环保资料、进度资料、技术资料、造价资料、各类签证的信息化管理。为了实现以上功能，审计协同工作平台设计时要考虑以下技术要点：①基于统一界面的高度数据融合，审计协同工作平台使用统一系统界面有助于实现质量、进度、造价各方面数据的融合，使系统中的信息可以直观便捷的方式查询或利用；同时，也要保证审计协同工作平台的信息资源使用和共享权限的严密性和合理性，各类信息的查阅和使用权限应列入信息系统设计文档在相关程序文件中给予明确。②符合标准化要求，信息标准化是实现各系统无缝对接、资源共享的基础；审计协同工作平台设计中应结合工程项目审计实践，采用适合的国家标准或行业标准，形成信息标准体系。③提高信息共享度的职责设计，在审计协同工作平台程序文件中，规定建设参与各方提供信息的职责，使建设参与各方有义务、有渠道将自己掌握的建设信息及时、准确地向审计机构传递。

2）审计管理系统的开发应借助网络技术，实现多单位、多部门、多人员、多事项在网络平台上进行操作，从而实现对建设项目全过程的网络审计，其主要功能如下：①系统管理主要是对系统中的各类操作用户进行管理，包括不同单位、部门、用户的建立、修改和删除等工作，同时还应对不同类型的用户进行权限设定，以满足不同单位、人员在系统操作中的需要。②立项管理主要是对审计项目的立项过程进行管理，包括审计项目的上报、立项审批以及立项后审计人员的组织、审计经费的安排、审计通知书的下达和报审资料的要求等工作的管理。③项目管理主要是对各类审计项目进行管理，包括项目准备、实施、终结三个部分，项目准备部分主要内容为项目的分类建立、人员配置、审计实施方案的审批等；项目实施部分主要是对项目实施过程中相关审计事项的流转、审批、退回、跳转和浏览等进行管理；项目终结部分主要是对审计报告、审计处理决定、落实情况和审计评价等工作的管理。④表单管理主要是为项目实施环节中各个不同工作事项提供表单的制定、发布、修改、冻结和管理等工作，表单管理应根据用户的需求进行定制工作事项及分类，并为不同工作事项定义其所需要的工作表单，所有的工作事项及表单应完全实现用户自定义，以满足不同项目、不同用户的需要。⑤流程管理主要是针对不同单位、不同项目、不同工作事项提供管理流程的制订、发布、修改、冻结和管理等工作。流程管理应分为本单位流程管理和外单位流程管理，流程管理应满足不同的单位对不同审计事项的灵活配置，在配置流程的同时还应根据不同的权限条件设定，以满足不同层级的管理需要。最终通过用户事先设定的流程，规范管理工作，量化管理流程，减少管理风险。⑥函证管理主要是对全过程审计工作中的收发函件和审计取证的管理，在函证管理中能快速方便地实现收发函证，并形成汇总报表和底稿，实现打印和相关统计工作。⑦档案管理可以根据不同单位、不同用户对档案的要求灵活自定义档案归类的方式，对系统中所有需要存档的文件自动存档，同时还可以对归档的档案数据进行整理、查询、下载和共享。⑧报表管理是根据项目实施过程中对工作事项的处理，自动生成相关工作台账和底稿，工作台账和底稿的格式应能根据用户需要自定义，并能满足用户的灵活查找和在线导出。同时，应能根据用户的需要定义不同样式的工作报表、汇总报表和其他相关统计图表；⑨协同管理主要是对审计过程中某些工作需要多单位、多用户共同协助完成的事项而提供的功能服务，它能够通过系统授予的权限要求相关单位、人员在线讨论和在线视频，从而达到对协同工作的快速处理；⑩文书管理是向用户提供审计过程中需要的常用文书范本，同时可以对相关文书的发出进行网络审查，并对不同类型的文书进行自动汇总、统计和打印。

3. 工程项目审计数据库系统

建立工程项目审计数据库系统,是构建工程项目审计信息化平台的核心。审计立足于数据,数据是审计发挥建设性和参谋性作用的依据。

工程项目审计数据库系统应按照"规范归整、分类存储、动态管理"的原则构建,具体包括以下三个方面:①工程项目审计数据的补充和规整,紧跟工程项目审计工作进展,不断扩充工程数据信息资源,通过将协同工作平台获得的非结构化信息数据标准化,实现各类信息资源的有效补充。②对工程项目审计数据的处理和分类存储,从风险性、有效性视角,对工程项目审计信息进行筛选、清洗和分类存储,使整个审计数据库结构清晰、调用顺畅,能为各类工程项目审计作业提供强有力支持。③对数据库信息动态管理,实施失效信息的及时退出机制,考虑工程项目审计业务发展需要,结合工程项目审计数据的时效要求,通过对信息的替换、覆盖、删除,及时清除失效信息,避免失效信息对工程审计工作的干扰。

工程项目审计数据库管理系统主要是满足审计人员对一些常用法规和审计过程中的相关经验数据进行维护和查询的管理系统,当前工程项目审计工作获取的数据类型主要包括六大内容,分别是造价联网审计数据库、财务数据库、利益相关方数据库、法律法规数据库、审计方法数据库以及年度审计档案数据库。工程项目审计数据库的构成如图8-2所示。

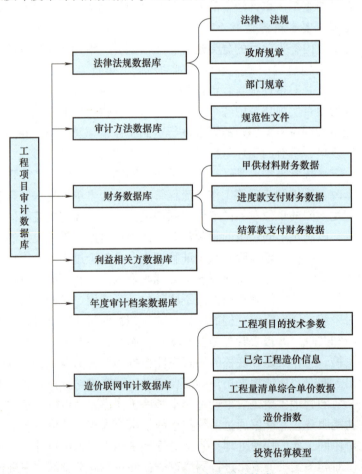

图8-2 工程项目审计数据库的构成

（1）造价联网审计数据库　计算机网络通信技术、存储系统以及造价软件的综合运用，使审计工作人员可以通过造价联网审计数据库进行数据的远程在线查询和维护。利用数据库技术，将造价软件的工程定额数据库、实时更新的工料机的市场价格数据库以及利用造价软件审计的最终报表与造价联网审计数据库进行连接，这样审计人员可以直观系统地查询和筛选数据，审计分析设备和材料价格是否真实准确，以及是否存在变更单价、偷工减料、虚增工程量、高套定额等问题，并直接应用造价软件审核数据处理的结果，形成造价审计报表，替代传统的人工算量和对量，大幅度地提高工作效率。

（2）财务数据库　实现自动导出与工程项目对应的财务数据，通过项目各阶段的财务数据能够反映"同类工程的技术参数与造价、甲供材料财务数据与造价、资金支付财务数据与施工进度"之间的关系，为建立、验证本地区的工程造价指数、项目投资估算的数学模型等打下基础。

（3）利益相关方数据库　项目工程所涉及的利益相关单位有建设单位、勘察单位、设计单位、监理单位、施工单位和招标代理单位等。利益相关方数据库主要是把与工程项目相关的各单位数据都集中连接在一起，审计工作人员可以在利益相关方数据库平台上全局把握被审工程各方面信息。比如，通过与设计单位的连接，可以审计分析设计概算是否合理、设计完善合理度是否引起工程频繁变更，进而影响造价；通过与招标代理单位的连接，可以审计分析招投标是否存在"明招暗定""围标"等现象。

（4）法律法规数据库　法制建设是审计工作开展和审计事业发展的前提和保障，依法审计是审计工作的基本原则。同时，审计"免疫系统"功能的发挥与相关法律、法规的建设是密不可分的。在审计工作中，法律、法规往往是撰写审计报告的重要依据。法律法规数据库主要包括审计相关的法律法规、工程建设法律法规和其他规范性文件等。它的建立为审计工作提供了方便，审计工作人员可以随时查阅法规条文对审计出现的问题进行定性和评价，避免了审计过程中法律、法规适用不当、处理处罚不到位的问题。

（5）审计方法数据库　计算机审计方法和审计实例的综合运用构成了审计方法数据库，它主要包括审计方法模型构建和审计方法在实际中的应用案例。首先确定具体的审计事项，其次对被审计的问题进行描述，侧重对被审计数据的特征进行研究，依托于AO系统的审计方法，以采集的电子数据为基础，进行数据分析，建立审计方法模型。同时，应对审计方法模型进行实际测试审核与标识分类，避免审计方法的无效和重复构建的同时，也方便审计人员快速定位查询具体的审计方法。

审计方法模型的构建具有一定的通用性和普遍性的特点，有利于不同类型工程信息化审计工作的顺利开展。审计方法的实际应用案例也收录在审计方法数据库中，把实际审计工作中的审计方法存储积累，进行审计资源整合，在以后的审计工作中，可以直接利用审计方法数据库中的审计成果，既减少了重复的劳动，又提高了审计的效率。

（6）年度审计档案数据库　年度审计档案数据库由两大部分组成，一部分是近年来的工程项目审计案例，另一部分是对工程项目审计中发现的问题汇总。其中，工程审计案例主要包括各年度实施审计的工程的相关情况，包括项目相关的立项性文件（审计通知书、审计实施方案、调查了解记录和审计文书送达回证等）、证明性文件（审计工作底稿、被审计单位承诺书、审计证据和资料交接清单等）和结论性文件（审计业务会议纪要、审计报告征求意见书、审计报告、审计（处罚）决定书、审计移送处理书等）；对工程项目审计中发现的问题进行汇总，主要依据审计过程中的审计工作底稿和最后的审计报告中出现的典型问题进行分类录入，存入年度审计档案数据库。年度审计档案数据库的建立，方便了审计资料的快速查询与分析，提高了档案利用率和办公效率；同时也是同类项目审计查出问题的定性处理处罚依据的重要参考。

在实际审计工作中，根据造价联网审计数据库、财务数据库和利益相关方数据库所提供的被审工程相关造价信息、财务数据和业务数据，进行采集整理形成规范的审计项目数据文件。同时根据审计实施方案，结合法律法规数据库和审计方法数据库所提供的审计依据和审计方法经验进行关键字匹配，根据匹配结果选择审计方法模型，结合审计方法数据库中的应用案例进行综合审计。

在审计结束后，总结分析被审工程项目的审计情况，整理成电子审计文书。同时对审计过程中的典型问题进行归纳汇总，存储于年度审计档案数据库，为以后的审计工作提供便利。图 8-3 所示为工程项目审计数据库系统的实施流程图。

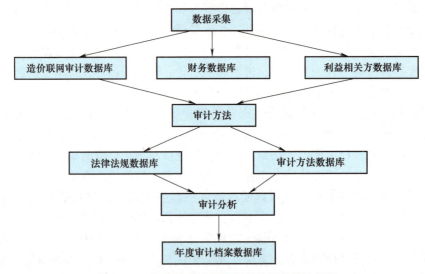

图 8-3　工程项目审计数据库系统的实施流程图

近几年，随着无线网络的快速发展，各行各类软件在桌面客户端和手机客户端都有了很大的突破和提升，并促进了社会各行各业信息化的发展，为此，审计管理系统也应适应信息化的发展方向，不断提升在桌面客户端和手机客户端的应用能力和水平，从而实现管理效率的最大化和审计信息化的再次飞跃。

4. 工程项目审计动态监控系统

结合工程项目审计管理系统和工程项目数据库系统，打造工程项目审计专属的动态监控系统，为实现工程持续性审计提供技术工具和系统支持。工程项目审计动态监控系统以建设项目实施过程为审计监测和控制对象，实施立项评估审计—招标投标审计—项目动态跟踪审计—单项工程结算审计—竣工决算审计的工作流程。审计人员通过运用审计动态监控系统，可以进行建设过程及时跟踪并全面记录、数据的汇总分析与深度挖掘、风险的动态把握、问题整改情况定期督查，实现工程项目审计管理系统的动态监控。建立工程项目审计动态监测系统要考虑以下四个技术要点。

（1）重视审计业务流程的规范化　工程项目审计动态监控系统要能有效规范审计业务操作流程、审计文书格式及审计内容要素，实现对审计业务质量的信息化管理和全过程监控。

（2）建立图形界面和预警指标　利用数据属性结合各类审计业务性质形成图形界面，通过对工程项目审计数据图形趋势和异常点的分析判断数据的准确性和发生问题的可能性。配合图形界面设置相应工程项目审计监测指标，实现指标的因素分析和综合判定，逐步建立在线工程审计预警指标体系。

（3）发挥意外审计流程快速处理功能　工程项目审计动态监控系统设计上要具有对意外审计流程快速处理的功能，使未按照现有标准要求流转的审计业务也能够及时进入系统监控中，同时流程各环节一目了然，各要素内容和执行情况清晰可查，历史资料追溯快捷。

（4）建立智能数据分析子系统　该系统为实现工程项目审计数据分析与挖掘提供技术和系统上的支持，使工程项目审计动态监控系统的分析及预测功能得以实现。智能数据分析子系统通过运用聚类、关联、群集分析等方法，将获得的原始数据进行科学合理的分类汇总、偏差分析，提炼出工程项目审计经验模型，并自动完善与调整，及时为工程项目审计工作提供审计线索和风险预测。

8.2　工程项目审计管理软件简介

8.2.1　工程项目审计管理软件概述

工程项目审计管理软件因功能与规模的不同有多种，下面以金马威建设工程全生命周期项目管理与审计系统软件为例简要介绍。该系统是在我国当下工程管理与审计为主的法律法规框架下，根据国际项目管理协会（IPMA）项目管理的理论结合我国的实践，引用工程管理理念，为适用我国工程建设领域治理体系和治理能力现代化的要求量身打造的工程项目管理与审计系统。

系统以建设工程全生命周期理论，为工程利益相关单位和监督部门，根据建设参与顺序科学地铺设了一条管理通道，简称平台。在平台上根据项目性质、特征及管理要求，对建设项目的范围管理、进度管理、费用管理、质量管理、人力资源管理、综合管理、沟通管理、风险管理、采购管理九大管理中每一事项采用PDCA质量循环并将业务流、管理流、资金流深度融合形成全方位、宽维度、多视角管理网络，系统实现了工程建设的阳光操作、信息共享和互联互通。同时，利于对负责建设项目的组织实施、资金管理、审计监督、廉政建设的基建、财务、审计、纪检监察等相关部门对重大管理事项运用预警、评价及问责的监督机制，使项目管理完全处于受控状态。系统总体构架如图8-4所示。

金马威建设工程全生命周期项目管理与审计系统创建了"一个信息库、两个平台、三个端"，从项目管理九大要素入手，对建设工程项目进行以成本控制为核心的全生命周期的项目管理。①"信息库"：政策法规、建材在线、典型案例、清单库、图集库、模板库、定额库、指标库、指数库、表格库等作为该系统知识储备，并根据国家政策和市场形势随时更新，保证系统的专业性、先进性和可靠性。②"两个平台"：工程管理互联平台和建设单位工程管理与审计监管平台，将建设工程所有的参建单位和管理监督单位都引入系统，将建设项目全生命周期按照建设顺序分为前期报批、决策、勘察设计、招标投标、施工、竣工、运营维护、报废这八个阶段，通过对各个阶段的具体工作事项的流转，自动生成工作底稿、工作台账、工作报表及工作档案。③"三个端"：桌面客户端、移动客户端、微信端，操作用户可以利用计算机、iPad、手机等硬件设施随时随地发起、处理工作事项，掌握项目信息。系统提供人脸识别、电子签章等功能，实现高效办公。力求实现"一机在手"的现代化办公理念。

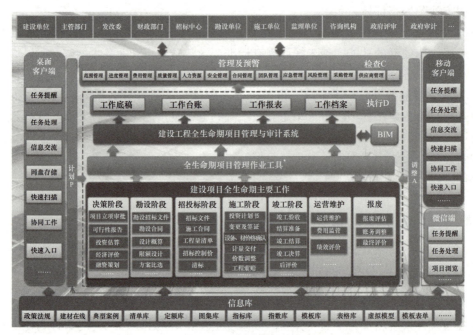

图 8-4　系统总体构架图

8.2.2　工程项目审计管理软件的主要功能

1. 快速的事项处理

不同用户根据系统事前设置授予的权限和流程，通过网络平台对不同工作事项进行发起、填写、上传、下载、审核和浏览，实现对工作事项的快速流转及审查，并能进行催办和查看、下载审批文件，满足决策者、管理者和操作者对建设项目不同层级的工作需求，能提高整个项目管理水平，极大降低管理成本。

2. 便捷的函件管理

快速进行收发函件，对同一事项相关函件能够进行关联查询，并能实现函件审查、添加及自动归档。

3. 科学的档案管理

自动对档案进行分类、归档，方便档案数据的及时查询与动态整理，能杜绝或减少因建设项目周期长、人员多而发生资料丢失和虚假数据等现象；档案数据共享以保证最终数据的唯一性。

4. 翔实的工作底稿

自动生成详细、真实的工作台账和底稿，提高台账和底稿的整理效率和准确性，方便对工作记录的查询,提高其可追溯性,工作台账的共享和导出以实现对数据的灵活应用。

5. 海量的知识数据

系统存有大量的法律法规文件、造价信息数据和计价规范、咨询案例与经验数据、定额库、图集数据库,供用户查询和参考,能大大提高审核效率和审核质量。

6. 动态的工作报表

自动生成反映建设项目施工进度、材料设备采购、工程款支付、投资变化与原因分析及审计工作等情况的规范工作报表,并能够进行多级汇总,同时还能够根据用户要求对表格样式进行灵活自定义。

7. 直观的工作图和表图

系统能提供直观、简明的图表以及数据供相关领导随时查看,为领导决策及时提供数据支撑,从而提高决策的效率和准确度。

8. 全面的计划管理

不同用户可以根据需要对资金计划、采购计划、工作时间计划等进行自定义设置、编辑、修改和管理,实现计划与实际工作的关联,能有效落实全面计划管理。

9. 实时监控及预警

根据用户设定的监控点和预警条件,自动对建设项目全过程管理要素(合同、投资、采购、人员绩效等)进行实时监控和预警,提出预防措施和纠偏建议,有效实现动态控制和主动控制。

8.2.3 工程项目审计管理软件的操作流程及客户端介绍

1. 操作流程

建设工程全生命周期项目管理与审计系统用户界面如图 8-5 所示,系统功能覆盖了建设项目全过程不同阶段的工作,集成了从工作底稿到工作报表直至资料归档的全部审计业务,体现了资源共享的内外协同机制,具有快捷友好的用户操作界面和不同终端的互相转换。

图 8-5 用户界面图

系统平台通过建立四级用户,实现对建设工程具体工作事项的操作和管理。①超级管理用户:对系统进行全方位、多维度的操作配置,不断完善提升系统的使用功能,增加功能模块、规范台账规则和报表内容，配置具体项目，添加项目参建单位账号信息（单位管理用户）；②单位管理用户：配置单位内部人员账号信息（操作用户、浏览用户），配置参建单位具体参与工作事项的单位人员及工作流转的具体流程，设置具体工作事项的归档位置和台账规则；③操作用户：项目岗位人员，根据岗位职员进行具体日常工作事项的发起、处理，实现高效办公；④浏览用户：参建单位领导作为浏览用户，对本单位参与的所有工程建设项目的进展情况进行浏览和查看，监督本单位人员绩效情况。不同用户的操作流程如图 8-6 所示。

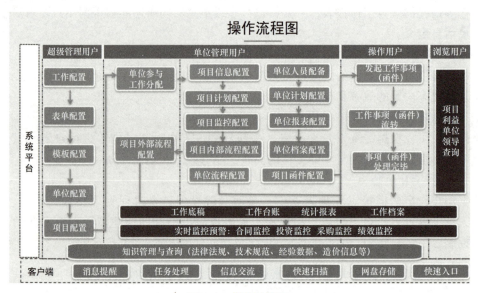

图 8-6　操作流程图

2. 软件客户端介绍

1）安装客户端登录，登录 PC 端可以自动打开系统工作台界面；如有任务或者消息会自动提醒，如图 8-7 所示。

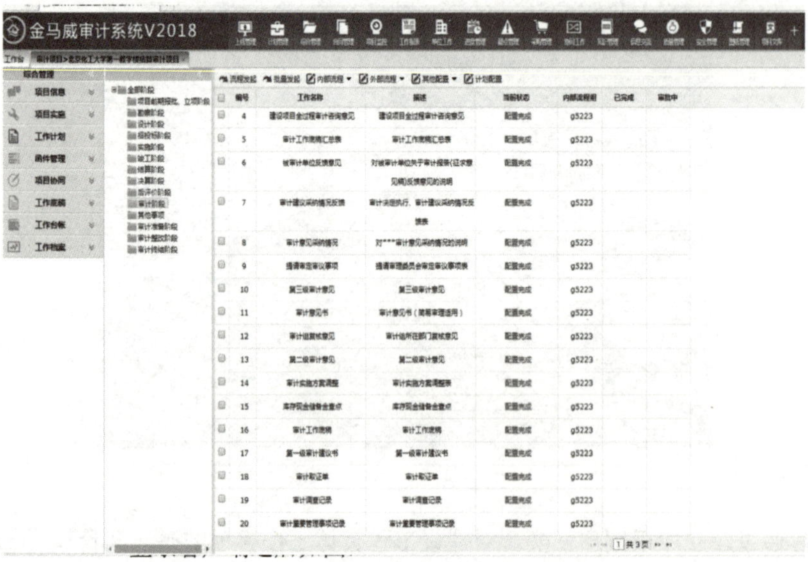

图 8-7　客户端登录

2）登录客户端之后如图 8-8 所示。

图 8-8　登录客户端后

上面一排从左往右依次为：联系人、协同工作、知识管理、信息交流和最近联系人；联系人里有所有系统的用户人员，方便及时沟通；协同工作可以打开协同工作组方便项目组沟通项目问题；知识管理可以随时打开系统知识库进行预览。

底部从左往右依次为：打开主页、任务、网盘、文件扫描、消息群发和图片压缩；点击打开主页可以打开系统进入工作台界面；任务显示当前用户所有的任务信息，点击任务可进入任务处理页面审核任务，如图 8-9 所示。

图 8-9　项目任务界面

网盘可以将项目资料文件上传到网盘，方便快速上传到系统，如图8-10所示。

图8-10 资料文件上传

文件扫描：可以快速扫描文件保存到网盘中；消息群发：可以向多个人发送信息；压缩图片：如图片文件太大可以进行压缩上传。

8.2.4 工程项目审计管理软件的实现意义

1. 促进审计方式的转型，更全面地履行审计职责

采用信息化的审计手段，可以改变单一的事后审计，转变为事后审计与事中、事前审计相结合；单一的静态审计转变为静态审计与动态审计相结合；单一的现场审计转变为现场审计与远程审计相结合。从而促进了审计方式的转型升级，以利更全面地履行《中华人民共和国审计法》赋予的审计监督职责。

2. 提高审计质量和审计时效，降低了审计风险

充分利用审计系统提供的操作权限控制功能，并在各审计环节设置控制点实行实时监控，有利于审计工作的跟踪检查，使得审计工作的监控更加及时有效。同时，通过审计系统平台对审计数据（送审文件、审计底稿、审计台账、审计档案、审计成果）的自动汇总、统计和归档，使得审计这项很烦琐、很细致的工作能够迅速准确地完成，大大提高了审计效率，减轻了审计工作人员的劳动强度，并减低了审计风险。

3. 提高审计人员的素质，减少对审计资源的浪费

信息技术在工程项目审计中的广泛应用，极大地改变了传统手工审计的烦琐，使之变得简单、精确、可操控，审计信息化的诸多优势促使相关的审计工作人员积极主动地展开计算机和计算机审计软件以及理念方法的学习，由此培育了一大批既有专业审计知识又能熟练掌握计算机操作的一专多能的复合型人才。同时，网络审计，尤其是远程网络审计的出现极大地丰富了审计手段，有效地提升了审计工作中对审计资源的利用，减少了审计资源的浪费。

本章小结及关键概念

本章小结：工程项目审计信息化就是被审计对象运用网络技术进行工程信息管理时，审计人员为了实现其审计目的，收集必要的审计证据，采取必要的审计程序，对企业的网络信息系统的合规性以及利用计算机网络生成的工程信息进行审计的工作。

工程项目审计信息化在审计工作中的重要地位及意义：工程项目审计信息化是新形势下对审计工作的必然要求；工程项目审计信息化能加强对审计项目各环节的质量控制与管理；工程项目审计信息化有利于实现审计结果的深层分析和利用；工程项目审计信息化是审计档案管理工作的必然要求。

本章还列举了工程项目审计信息化平台的构建方案及工程项目审计管理软件操作实例。

关键概念：工程项目审计信息化平台的构建、工程项目审计管理软件的应用。

能力提升

一、选择题

1. 以项目建设单位为管理对象，以项目实施过程为审计管理点，实现的处理流程是（　　）。
   A. 立项评估—概算审计—招标投标审计—项目动态跟踪审计—单项工程结算审计—竣工决算审计
   B. 立项评估—招标投标审计—概算审计—项目动态跟踪审计—单项工程结算审计—竣工决算审计
   C. 立项评估—概算审计—项目动态跟踪审计—招标投标审计—单项工程结算审计—竣工决算审计
   D. 立项评估—概算审计—招标投标审计—单项工程结算审计—项目动态跟踪审计—竣工决算审计

2. 以下（　　）不是建设工程项目具有的特点。
   A. 投资额大　　　B. 建设期长　　　C. 参与单位众多　　　D. 参与单位单一

3. 工程项目审计信息化面临的问题是：（　　）。
   A. 缺乏统一的标准　　　B. 信息不对称
   C. 资料来源渠道有限　　　D. 以上都对

二、填空题

1. 当前工程项目审计工作获取的数据类型主要包括六大内容，分别是_____、_____、利益相关方数据库、_____、_____以及年度审计档案数据库。

2. 工程项目审计管理系统主要是对全过程审计工作的全面管理，主要包括对_____、_____、流程、_____、_____、文书等工作的管理。

3. _____是构建工程项目审计信息化平台的核心。

三、简答题

1. 工程项目审计信息化的定义、建立工程项目审计管理信息系统的必要性是什么？
2. 工程项目审计信息化存在的主要问题是什么？
3. 工程项目审计信息化平台的构建包括哪些方面？
4. 工程项目审计管理软件的主要功能有哪些方面？

附录

附录 A　财务决算报表

表 A-1　封面

项目单位：　　　　　　　　　　　　　　　　建设项目名称：

主管部门：　　　　　　　　　　　　　　　　建设性质：

基本建设项目竣工财务决算报表

项目单位负责人：　　　　　　　　　　　　　项目单位财务负责人：

　　　　　　　　　　　　　　　　　　　　　项目单位联系人及电话：

编报日期：　　　　　　　　　　　　　　　　决算基准日：

表 A-2 项目概况表

建设项目（单项工程）名称					基建支出	项目	概算批准金额	实际完成金额	备注
主要设计单位			建设地址			建筑安装工程			
			主要施工企业			设备、工具、器具			
占地面积（m²）	设计	实际	总投资（万元）	设计		待摊投资			
				实际		其中：项目建设管理费			
新增生产能力	能力（效益）名称		设计	实际		其他投资			
						待核销基建支出			
建设起止时间	设计	自 年 月 日至 年 月 日				转出投资			
	实际	自 年 月 日至 年 月 日				合计			
概算批准部门及文号									

建设规模	设计	实际

完成主要工程量	单项工程项目、内容	设计	批准概算	设备（台、套、吨）
	小计			

尾工工程	预计未完部分投资额	已完投资额	预计完成时间
			实际

表 A-3 项目竣工财务决算表

项目名称： 单位：

资金来源	金额	资金占用	金额
一、基建拨款		一、基本建设支出	
1. 中央财政资金		（一）交付使用资产	
其中：一般公共预算资金		1. 固定资产	
中央基建投资		2. 流动资产	
财政专项资金		3. 无形资产	
政府性基金		（二）在建工程	
国有资本经营预算安排的基建项目资金		1. 建筑安装工程投资	
		2. 设备投资	
2. 地方财政资金		3. 待摊投资	
其中：一般公共预算资金		4. 其他投资	
地方基建投资		（三）待核销基建支出	
财政专项资金		（四）转出投资	
政府性基金		二、货币资金合计	
国有资本经营预算安排的基建项目资金		其中：银行存款	
二、部门自筹资金（非负债性资金）		财政应返还额度	
三、项目资本		其中：直接支付	
1. 国家资本		授权支付	
2. 法人资本		现金	
3. 个人资本			

4. 外商资本			
四、项目资本公积	三、预付及应收款合计		
五、基建借款	1. 预付备料款		
其中：企业债券资金	2. 预付工程款		
六、待冲基建支出	3. 预付设备款		
七、应付款合计	4. 应收票据		
1. 应付工程款	5. 其他应收款		
2. 应付设备款	四、固定资产合计		
3. 应付票据	固定资产原价		
4. 应付工资及福利费	减：累计折旧		
5. 其他应付款	固定资产净值		
八、未交款合计	固定资产清理		
1. 未交税金	待处理固定资产损失		
2. 未交结余财政资金			
3. 未交基建收入			
4. 其他未交款			
合　　计	合　　计		

补充资料：基建借款期末余额：
基建结余资金：
资金来源合计扣除财政资金拨款与国家资本、资本公积重叠部分。

备注：

表 A-4　资金情况明细表

项目名称：　　　　　　　　　　　　　　　　　　　　　　　　　　　　　　　　单位：

资金来源类别	合计		备注
	预算下达或概算批准金额	实际到位金额	需备注预算下达文号
一、财政资金拨款			
1. 中央财政资金			
其中：一般公共预算资金			
中央基建投资			
财政专项资金			
政府性基金			
国有资本经营预算安排的基建项目资金			
政府统借统还非负债性资金			
2. 地方财政资金			
其中：一般公共预算资金			
地方基建投资			
财政专项资金			
政府性基金			
国有资本经营预算安排的基建项目资金			
行政事业性收费			
政府统借统还非负债性资金			
二、项目资本金			
其中：国家资本			
三、银行贷款			
四、企业债券资金			
五、自筹资金			
六、其他资金			
合　计			

补充资料：项目缺口资金：
　　　　　缺口资金落实情况：

表A-5 交付使用资产总表

项目名称： 单位：

序号	单项工程名称	总计	固定资产				流动资产	无形资产
			合计	建筑物及构筑物	设备	其他		

交付单位： 负责人： 接收单位： 负责人：

盖章： 年 月 日 盖章： 年 月 日

表 A-6 交付使用资产明细表

项目名称：　　　　　　　　　　　　　　　　　　　　　　　　　　　　　　　　　　单位：

序号	单项工程名称	固定资产										流动资产		无形资产	
		建筑工程			设备 工具 器具 家具										
		结构	面积	金额	其中：分摊待摊投资	名称	规格型号	数量	金额	其中：设备安装费	其中：分摊待摊投资	名称	金额	名称	金额

交付单位：　　　　　　　　　　　　　　　接收单位：

盖章：　　　　　　　　　　　　　　　　　盖章：

负责人：　　　　　　　　　　　　　　　　负责人：

年　月　日　　　　　　　　　　　　　　　年　月　日

表 A-7 待摊投资明细表

项目名称： 单位：

项目	金额	项目	金额
1. 勘察费		25. 社会中介机构审计（查）费	
2. 设计费		26. 工程检测费	
3. 研究试验费		27. 设备检验费	
4. 环境影响评价费		28. 负荷联合试车费	
5. 监理费		29. 固定资产损失	
6. 土地征用及迁移补偿费		30. 器材处理亏损	
7. 土地复垦及补偿费		31. 设备盘亏及毁损	
8. 土地使用税		32. 报废工程损失	
9. 耕地占用税		33. （贷款）项目评估费	
10. 车船税		34. 国外借款手续费及承诺费	
11. 印花税		35. 汇兑损益	
12. 临时设施费		36. 坏账损失	
13. 文物保护费		37. 借款利息	
14. 森林植被恢复费		38. 减：存款利息收入	
15. 安全生产费		39. 减：财政贴息资金	
16. 安全鉴定费		40. 企业债券发行费用	
17. 网络租赁费		41. 经济合同仲裁费	
18. 系统运行维护监理费		42. 诉讼费	
19. 项目建设管理费		43. 律师代理费	
20. 代建管理费		44. 航道维护费	
21. 工程管理费		45. 工程保险费	
22. 招投标费		46. 航测费	
23. 合同公证费		47. 其他待摊投资性质支出	
24. 可行性研究费		合　计	

表 A-8 待核销基建支出明细表

项目名称：　　　　　　　　　　　　　　　　　　　　　　　　　　　　　　　　　单位：

不能形成资产部分的财政投资支出				用于家庭或个人的财政补助支出			
支出类别	单位	数量	金额	支出类别	单位	数量	金额
1. 江河清障				1. 补助群众造林			
2. 航道清淤				2. 户用沼气工程			
3. 飞播造林				3. 户用饮水工程			
4. 退耕还林（草）				4. 农村危房改造工程			
5. 封山（沙）育林（草）				5. 垦区及林区棚户区改造			
6. 水土保持				…			
7. 城市绿化							
8. 毁损道路修复							
9. 护坡及清理							
10. 取消项目可行性研究费							
11. 项目报废							
…							
合　计							

表 A-9 转出投资明细表

项目名称：　　　　　　　　　　　　　　　　　　　　　　　　　　　　　　　　　　　　单位：

序号	单项工程名称	建筑工程				设备、工具、器具、家具						流动资产		无形资产	
		结构	面积	金额	其中：分摊待摊投资	名称	规格型号	单位	数量	金额	设备安装费	其中：分摊待摊投资	名称	金额	名称	金额
1																
2																
3																
4																
5																
6																
7																
8																
合计																

交付单位：　　　　　　　　　　　　　　　　　　　　　接收单位：

盖章：　　　　　　　　　　　　　　　　　　　　　　盖章：

　　负责人：　　　　　　　　　　　　　　　　　　　　　　负责人：

　　　年　月　日　　　　　　　　　　　　　　　　　　　　　年　月　日

附录 B 基本建设项目竣工决算表

表 B-1 封面

评审机构名称： 评审项目名称：

评审小组负责人及联系电话：

基本建设项目竣工财务决算审核表

委托评审单位及委托文号： 委托评审时间及时限：

实际评审起止时间： 评审报告报送时间：

表B-2 项目竣工财务决算审计汇总表

项目名称：

序号	工程项目及费用名称	批准概算		送审投资		审定投资		审定投资较概算增减额	备注
		数量	金额	数量	金额	数量	金额		
	按批准概算明细口径或单位工程、分部工程填列（以下为示例）								
	总计								
一	建筑安装工程投资								
...	...								
二	设备、工器具								
...	...								
三	工程建设其他费用								
...	...								

项目单位：　　　　　　　　　　　　　　　　　　评审机构：

（盖单位公章）　　　　　　　　　　　　　　　　（盖单位公章）

负责人签字：　　　　　　　　　　　　　　　　　评审负责人签字：

　　　　　年　月　日　　　　　　　　　　　　　　　　年　月　日

表 B-3　资金情况审计明细表

项目名称：　　　　　　　　　　　　　　　　　　　　　　　　　　　　单位：

资金来源类别	合计		备注
	预算下达或概算批准金额	实际到位金额	需备注预算下达文号
一、财政资金拨款			
1. 中央财政资金			
其中：一般公共预算资金			
中央基建投资			
财政专项资金			
政府性基金			
国有资本经营预算安排的基建项目资金			
政府统借统还非负债性资金			
2. 地方财政资金			
其中：一般公共预算资金			
地方基建投资			
财政专项资金			
政府性基金			
国有资本经营预算安排的基建项目资金			
行政事业性收费			
政府统借统还非负债性资金			
二、项目资本金			
其中：国家资本			
三、银行贷款			
四、企业债券资金			
五、自筹资金			
六、其他资金			
合　计			

项目单位：　　　　　　　　　　　　　　　　　　　　评审机构：
　　负责人签字：　　　　　　　　　　　　　　　　　　评审负责人签字：
　　　　年　　月　　日　　　　　　　　　　　　　　　　　年　　月　　日

表 B-4　待摊投资审计明细表

项目名称：　　　单位：

项　目	审定金额	项　目	审定金额
1. 勘察费		25. 社会中介机构审计（查）费	
2. 设计费		26. 工程检测费	
3. 研究试验费		27. 设备检验费	
4. 环境影响评价费		28. 负荷联合试车费	
5. 监理费		29. 固定资产损失	
6. 土地征用及迁移补偿费		30. 器材处理亏损	
7. 土地复垦及补偿费		31. 设备盘亏及毁损	
8. 土地使用税		32. 报废工程损失	
9. 耕地占用税		33. （贷款）项目评估费	
10. 车船税		34. 国外借款手续费及承诺费	
11. 印花税		35. 汇兑损益	
12. 临时设施费		36. 坏账损失	
13. 文物保护费		37. 借款利息	
14. 森林植被恢复费		38. 减：存款利息收入	
15. 安全生产费		39. 减：财政贴息资金	
16. 安全鉴定费		40. 企业债券发行费用	
17. 网络租赁费		41. 经济合同仲裁费	
18. 系统运行维护监理费		42. 诉讼费	
19. 项目建设管理费		43. 律师代理费	
20. 代建管理费		44. 航道维护费	
21. 工程保险费		45. 航标设施费	
22. 招投标费		46. 航测费	
23. 合同公证费		47. 其他待摊投资性支出	
24. 可行性研究费		合　计	

项目单位：　　　　　　　　　　　　　　　　　　　　　　　　　评审机构：

负责人签字：　　　　　　　　　　　　　　　　　　　　　　　　评审负责人签字：

　　　　　　　　年　月　日　　　　　　　　　　　　　　　　　　　　　　　　年　月　日

表 B-5 交付使用资产审计明细表

项目名称：

| 序号 | 单项工程名称 | 固定资产 ||||||||||||| 流动资产 || 无形资产 ||
| | | 建筑物及构筑物 |||| 设备 工具 器具 家具 ||||||| | | | |
		结构	面积	未分摊前金额	分摊待摊投资	金额合计	名称	规格型号	单位	数量	未分摊前金额	设备安装费	分摊待摊投资	金额合计	名称	金额	名称	金额
1																		
2																		
3																		
4																		
5																		
6																		
7																		
8																		
9																		
10																		
合计																		

项目单位：　　　　　　　　　　　　　　　　评审机构：

负责人签字：　　　　　　　　　　　　　　　评审负责人签字：

　　　　　　年　月　日　　　　　　　　　　　　　　年　月　日

表 B-6 转出投资审计明细表

项目名称:

序号	单项工程名称	固定资产								流动资产		无形资产	
		建筑物及构筑物			设备				金额合计	名称	金额	名称	金额
		结构	面积	未分摊前金额	分摊待摊投资	金额合计	名称	规格型号	单位	数量				
1														
2														
3														
4														
5														
6														
7														
8														
9														
10														
合计														

项目单位:　　　　　　　　　　　　评审机构:

负责人签字:　　　　　　　　　　　评审负责人签字:

　　　　年　月　日　　　　　　　　　　年　月　日

表 B-7 待核销基建支出审计明细表

项目名称： 单位：

不能形成资产部分的财政投资支出				用于家庭或个人的财政补助支出			
支出类别	单位	数量	金额	支出类别	单位	数量	金额
1. 江河清障				1. 补助群众造林			
2. 航道清淤				2. 户用沼气工程			
3. 飞播造林				3. 户用饮水工程			
4. 退耕还林（草）				4. 农村危房改造工程			
5. 封山（沙）育林（草）				5. 垦区及林区棚户区改造			
6. 水土保持				…			
7. 城市绿化							
8. 毁损道路修复							
9. 护坡及清理							
10. 取消项目可行性研究费							
11. 项目报废							
…							
合　计							

项目单位： 评审机构：

负责人签字： 评审负责人签字：

年　月　日 年　月　日

附录 C 财务报表案例分析

表 C-1 合并资产负债表
2018 年 12 月 31 日

编制单位：××股份有限公司　　　　　　　　　　　　　　　　　　金额单位：人民币元

项目	注释	年末数	年初数
流动资产：			
货币资金	六、1	180 659 682.50	142 092 043.35
以公允价值计量且其变动计入当期损益的金融资产			
衍生金融资产			
应收票据及应收账款	六、2	114 644.16	610 712.42
其中：应收票据			
应收账款	六、2	114 644.16	610 712.42
预付款项	六、3	9 550 697.87	11 723 183.37
其他应收款	六、4	11 647 520.02	11 055 436.20
其中：应收利息			
应收股利			
存货	六、5	1 506 302 257.17	1 113 372 421.34
持有待售资产			
一年内到期的非流动资产			
其他流动资产	六、6	80 280 566.59	76 698 885.03
流动资产合计		1 788 555 368.31	1 355 552 681.71
非流动资产：			
可供出售金融资产	六、7		
持有至到期投资			
长期应收款			
长期股权投资			
投资性房地产	六、8	83 447 642.95	87 323 797.37
固定资产	六、9	15 445 624.64	17 924 806.73
在建工程	六、10		230 429.00
生产性生物资产			
油气资产			
无形资产	六、11	191 391.81	349 791.59
开发支出			
商誉			
长期待摊费用	六、12	2 110 118.49	2 789 984.14
递延所得税资产	六、13	27 498 836.60	64 105 492.78

（续）

项目	注释	年末数	年初数
其他非流动资产			
非流动资产合计		128 693 614.49	172 724 301.61
资产总计		1 917 248 982.80	1 528 276 983.32
流动负债：			
短期借款			
以公允价值计量且其变动计入当期损益的金融负债			
衍生金融负债			
应付票据及应付账款	六、14	128 235 044.37	118 435 479.03
预收款项	六、15	541 036 874.65	338 567 940.65
应付职工薪酬	六、16	20 468 817.82	18 715 650.62
应交税费	六、17	32 266 337.09	32 373 672.79
其他应付款	六、18	151 539 097.51	105 034 596.61
其中：应付利息	六、18	122 500.00	156 527.78
应付股利			
持有待售负债			
一年内到期的非流动负债	六、19	25 000 000.00	25 000 000.00
其他流动负债			
流动负债合计		898 546 171.44	638 127 339.70
非流动负债：			
长期借款	六、20	65 000 000.00	90 000 000.00
应付债券			
其中：优先股			
永续债			
长期应付款			
长期应付职工薪酬			
预计负债			
递延收益			
递延所得税负债	六、13	3 448 145.30	
其他非流动负债			
非流动负债合计		68 448 145.30	90 000 000.00
负债合计		966 994 316.74	728 127 339.70
股东权益：			
股本	六、21	201 705 187.00	201 705 187.00
其他权益工具			
其中：优先股			
永续债			

(续)

项目	注释	年末数	年初数
资本公积	六、22	9 965 893.97	9 965 893.97
减：库存股			
其他综合收益			
专项储备			
盈余公积	六、23	230 871 574.49	219 160 039.24
一般风险准备			
未分配利润	六、24	442 253 291.24	309 981 460.55
归属于母公司股东权益合计		884 795 946.70	740 812 580.76
少数股东权益		65 458 719.36	59 337 062.86
股东权益合计		950 254 666.06	800 149 643.62
负债和股东权益总计		1 917 248 982.80	1 528 276 983.32

董事长：××× 总经理：××× 分管财务副总经理：××× 财务经理：×××

表 C-2 合并利润表

2018 年度

编制单位：××股份有限公司　　　　　　　　　　　　　　金额单位：人民币元

项目	注释	本年数	上年数
一、营业总收入		357 929 318.71	513 141 023.37
其中：营业收入	六、25	357 929 318.71	513 141 023.37
二、营业总成本		338 812 483.14	513 450 620.05
其中：营业成本	六、25	252 311 594.87	414 004 454.48
税金及附加	六、26	8 695 154.69	15 229 791.18
销售费用	六、27	15 151 020.93	24 341 901.76
管理费用	六、28	59 138 234.42	57 411 819.59
研发费用			
财务费用	六、29	3 150 646.48	3 054 067.93
其中：利息费用	六、29	4 774 607.66	3 992 093.73
利息收入	六、29	1 731 839.50	1 165 404.95
资产减值损失	六、30	365 831.75	−591 414.89
加：其他收益			
投资收益（损失以"−"号填列）			
其中：对联营企业和合营企业的投资收益			
公允价值变动收益（损失以"−"号填列）			
资产处置收益（损失以"−"号填列）			
三、营业利润（亏损以"−"号填列）		19 116 835.57	−309 596.68
加：营业外收入	六、31	197 252 373.26	18 378 224.20

(续)

项目	注释	本年数	上年数
减：营业外支出	六、32	7 280 267.74	2 002 761.36
四、利润总额（亏损总额以"-"号填列）		209 088 941.09	16 065 866.16
减：所得税费用	六、33	54 566 866.78	5 077 656.58
五、净利润（净亏损以"-"号填列）		154 522 074.31	10 988 209.58
（一）按经营持续性分类			
1、持续经营净利润（净亏损以"-"号填列）		154 522 074.31	10 988 209.58
2、终止经营净利润（净亏损以"-"号填列）			
（二）按所有权归属分类			
1、少数股东损益（净亏损以"-"号填列）		8 521 656.50	3 357 876.82
2、归属于母公司股东的净利润（净亏损以"-"号填列）		146 000 417.81	7 630 332.76
六、其他综合收益的税后净额			
归属母公司股东的其他综合收益的税后净额			
（一）不能重分类进损益的其他综合收益			
（二）将重分类进损益的其他综合收益			
归属于少数股东的其他综合收益的税后净额			
七、综合收益总额		154 522 074.31	10 988 209.58
归属于母公司股东的综合收益总额		146 000 417.81	7 630 332.76
归属于少数股东的综合收益总额		8 521 656.50	3 357 876.82
八、每股收益：			
（一）基本每股收益（元/股）		0.723 8	0.037 8
（二）稀释每股收益（元/股）		0.723 8	0.037 8

董事长：×××　　　总经理：×××　　　分管财务副总经理：×××　　　财务经理：×××

表 C-3　合并现金流量表
2018 年度

编制单位：××股份有限公司　　　　　　　　　　　　　　　　　金额单位：人民币元

项目	注释	本年数	上年数
一、经营活动产生的现金流量：			
销售商品、提供劳务收到的现金		576 108 582.83	759 866 632.41
收到的税费返还			
收到其他与经营活动有关的现金	六、34	173 312 193.52	118 292 533.18
经营活动现金流入小计		749 420 776.35	878 159 165.59
购买商品、接受劳务支付的现金		638 725 141.60	157 732 581.25
支付给职工以及为职工支付的现金		42 239 395.03	39 516 087.36
支付的各项税费		73 280 790.98	94 811 179.88
支付其他与经营活动有关的现金	六、34	113 295 524.14	166 876 144.29

(续)

项目	注释	本年数	上年数
经营活动现金流出小计		867 540 851.75	458 935 992.78
经营活动产生的现金流量净额		−118 120 075.40	419 223 172.81
二、投资活动产生的现金流量:			
收回投资收到的现金			
取得投资收益收到的现金			
处置固定资产、无形资产和其他长期资产收回的现金净额		1 180.00	7 720.00
处置子公司及其他营业单位收到的现金净额			
收到其他与投资活动有关的现金		186 172 963.00	
投资活动现金流入小计		186 174 143.00	7 720.00
购建固定资产、无形资产和其他长期资产支付的现金		2 169 369.21	565 249.17
投资支付的现金			
取得子公司及其他营业单位支付的现金净额			
支付其他与投资活动有关的现金			
投资活动现金流出小计		2 169 369.21	565 249.17
投资活动产生的现金流量净额		184 004 773.79	−557 529.17
三、筹资活动产生的现金流量:			
吸收投资收到的现金			
其中：子公司吸收少数股东投资收到的现金			
取得借款收到的现金			
发行债券收到的现金			
收到其他与筹资活动有关的现金			
筹资活动现金流入小计			
偿还债务支付的现金		25 000 000.00	505 000 000.00
分配股利、利润或偿付利息支付的现金		9 663 284.53	22 608 202.13
其中：子公司支付给少数股东的股利、利润		2 400 000.00	2 400 000.00
支付其他与筹资活动有关的现金			
筹资活动现金流出小计		34 663 284.53	527 608 202.13
筹资活动产生的现金流量净额		−34 663 284.53	−527 608 202.13
四、汇率变动对现金及现金等价物的影响		305.52	−422.04
五、现金及现金等价物净增加额	六、35	31 221 719.38	−108 942 980.53
加：期初现金及现金等价物余额		123 008 183.23	231 951 163.76
六、期末现金及现金等价物余额		154 229 902.61	123 008 183.23

董事长：×××　　　总经理：×××　　　分管财务副总经理：×××　　　财务经理：×××

表 C-4　合并股东权益变动表

2018 年度

编制单位：××股份有限公司　　　　　　　　　　　　　　　　　　　　　　　　金额单位：人民币元

项目	本年数											
	归属于母公司股东权益										少数股东权益	股东权益合计
	股本	其他权益工具			资本公积	减：库存股	其他综合收益	专项储备	盈余公积	一般风险准备	未分配利润		
		优先股	永续债	其他									
一、上年末余额	201 705 187.00				9 965 893.97				219 160 039.24		309 981 460.55	59 337 062.86	800 149 643.62
加：会计政策变更													
前期差错更正													
同一控制下企业合并													
其他													
二、本年年初余额	201 705 187.00				9 965 893.97				219 160 039.24		309 981 460.55	59 337 062.86	800 149 643.62
三、本期增减变动金额（减少以"-"号填列）									11 711 535.25		132 271 830.69	6 121 656.50	150 105 022.44
（一）综合收益总额											146 000 417.81	8 521 656.50	154 522 074.31
（二）股东投入和减少资本													
1. 股东投入的普通股													
2. 其他权益工具持有者投入资本													
3. 股份支付计入股东权益的金额													

4. 其他								
（三）利润分配		11 711 535.25		-13 728 587.12		-2 400 000.00	-4 417 051.87	
1. 提取盈余公积		11 711 535.25		-11 711 535.25				
2. 提取一般风险准备								
3. 对股东的分配				-2 017 051.87		-2 400 000.00	-4 417 051.87	
4. 其他								
（四）股东权益内部结转								
1. 资本公积转增资本（或股本）								
2. 盈余公积转增资本（或股本）								
3. 盈余公积弥补亏损								
4. 设定受益计划变动额结转留存收益								
5. 其他								
（五）专项储备								
1. 本期提取								
2. 本期使用								
（六）其他								
四、本年年末余额	201 705 187.00		9 965 893.97	230 871 574.49		442 253 291.24	65 458 719.36	950 254 666.06
一、上年年末余额	201 705 187.00		9 965 893.97	218 605 896.48		305 930 577.44	58 379 186.04	794 586 740.93
加：会计政策变更								

（续）

项目	本年数											少数股东权益	股东权益合计
	归属于母公司股东权益												
	股本	其他权益工具			资本公积	减:库存股	其他综合收益	专项储备	盈余公积	一般风险准备	未分配利润		
		优先股	永续债	其他									
前期差错更正													
同一控制下企业合并													
其他													
二、本年初余额	201 705 187.00				9 965 893.97				218 605 896.48		305 930 577.44	58 379 186.04	794 586 740.93
三、本期增减变动金额（减少以"-"号填列）									554 142.76		4 050 883.11	957 876.82	5 562 902.69
（一）综合收益总额											7 630 332.76	3 357 876.82	10 988 209.58
（二）股东投入和减少资本													
1. 股东投入的普通股													
2. 其他权益工具持有者投入资本													
3. 股份支付计入股东权益的金额													
4. 其他													
（三）利润分配									554 142.76		-3 579 449.65	-2 400 000.00	-5 425 306.89
1. 提取盈余公积									554 142.76		-554 142.76		

项目										
2. 提取一般风险准备										
3. 对股东的分配		-3 025 306.89						-2 400 000.00		-5 425 306.89
4. 其他										
(四) 股东权益内部结转										
1. 资本公积转增资本（或股本）										
2. 盈余公积转增资本（或股本）										
3. 盈余公积弥补亏损										
4. 设定受益计划变动额结转留存收益										
5. 其他										
(五) 专项储备										
1. 本期提取										
2. 本期使用										
(六) 其他										
四、本年年末余额	201 705 187.00		9 965 893.97			219 160 039.24		309 981 460.55	59 337 062.86	800 149 643.62

董事长：××× 总经理：××× 分管财务副总经理：××× 财务经理：×××

表 C-5　资产负债表

2018 年 12 月 31 日

编制单位：××股份有限公司　　　　　　　　　　　　　　　　　　　　　金额单位：人民币元

项目	注释	年末数	年初数
流动资产：			
货币资金		23 435 907.49	31 316 626.11
以公允价值计量且其变动计入当期损益的金融资产			
衍生金融资产			
应收票据及应收账款	十五、1	114 644.16	610 712.42
其中：应收票据			
应收账款	十五、1	114 644.16	610 712.42
预付款项		193 252.15	54 863.00
其他应收款	十五、2	724 062 929.32	412 417 539.10
其中：应收利息			
应收股利	十五、2	5 000 000.00	20 000 000.00
存货		347 750.46	347 750.46
持有待售资产			
一年内到期的非流动资产			
其他流动资产		26 288 722.10	33 091 193.74
流动资产合计		774 443 205.68	477 838 684.83
非流动资产：			
可供出售金融资产			
持有至到期投资			
长期应收款			
长期股权投资	十五、3	251 800 000.00	251 800 000.00
投资性房地产		68 635 352.70	72 868 863.00
固定资产		14 596 645.33	15 975 204.50
在建工程			
生产性生物资产			
油气资产			
无形资产		191 391.81	349 791.59
开发支出			
商誉			
长期待摊费用		211 446.90	2 748 809.51
递延所得税资产		7 108 511.14	44 745 328.17
其他非流动资产			
非流动资产合计		342 543 347.88	388 487 996.77
资产总计		1 116 986 553.56	866 326 681.60

（续）

项目	注释	年末数	年初数
流动负债：			
短期借款			
以公允价值计量且其变动计入当期损益的金融负债			
衍生金融负债			
应付票据及应付账款		8 845 257.89	11 414 697.02
预收款项		2 821 928.65	2 219 744.95
应付职工薪酬		18 197 747.85	16 010 669.24
应交税费		6 051 314.70	6 145 754.40
其他应付款		245 469 265.64	85 033 077.78
其中：应付利息		122 500.00	156 527.78
应付股利			
持有待售负债			
一年内到期的非流动负债		25 000 000.00	25 000 000.00
其他流动负债			
流动负债合计		306 385 514.73	145 823 943.39
非流动负债：			
长期借款		65 000 000.00	90 000 000.00
应付债券			
其中：优先股			
永续债			
长期应付款			
长期应付职工薪酬			
预计负债			
递延收益			
递延所得税负债			
其他非流动负债			
非流动负债合计		65 000 000.00	90 000 000.00
负债合计		371 385 514.73	235 823 943.39
股东权益：			
股本		201 705 187.00	201 705 187.00
其他权益工具			

(续)

项目	注释	年末数	年初数
其中：优先股			
永续债			
资本公积		9 960 831.55	9 960 831.55
减：库存股			
其他综合收益			
专项储备			
盈余公积		230 871 574.49	219 160 039.24
一般风险准备			
未分配利润		303 063 445.79	199 676 680.42
股东权益合计		745 601 038.83	630 502 738.21
负债和股东权益总计		1 116 986 553.56	866 326 681.60

董事长：×××　　　总经理：×××　　　分管财务副总经理：×××　　　财务经理：×××

表 C-6　利润表

2018 年度

编制单位：××股份有限公司　　　　　　　　　　　　　　　　　金额单位：人民币元

项目	注释	本年数	上年数
一、营业收入	十五、4	10 403 191.26	12 108 341.94
减：营业成本	十五、4	7 919 311.67	7 893 734.07
税金及附加		1 257 185.21	1 281 722.79
销售费用		62 400.00	62 400.00
管理费用		45 263 668.21	43 620 582.88
研发费用			
财务费用		3 876 237.44	3 606 807.40
其中：利息费用		4 774 607.66	3 992 093.73
利息收入		-912 200.80	404 426.24
资产减值损失		-14 391.53	13 210.42
加：其他收益			
投资收益（损失以"-"号填列）	十五、5	5 600 000.00	25 600 000.00
其中：对联营企业和合营企业的投资收益			
公允价值变动收益（损失以"-"号填列）			
资产处置收益（损失以"-"号填列）			

(续)

项目	注释	本年数	上年数
二、营业利润（亏损以"-"号填列）		-42 361 219.74	-18 770 115.62
加：营业外收入		197 113 389.26	18 140 707.15
减：营业外支出			
三、利润总额（亏损总额以"-"号填列）		154 752 169.52	-629 408.47
减：所得税费用		37 636 817.03	-6 170 836.05
四、净利润（净亏损以"-"号填列）		117 115 352.49	5 541 427.58
（一）持续经营净利润（净亏损以"-"号填列）		117 115 352.49	5 541 427.58
（二）终止经营净利润（净亏损以"-"号填列）			
五、其他综合收益的税后净额			
（一）不能重分类进损益的其他综合收益			
（二）将重分类进损益的其他综合收益			
六、综合收益总额		117 115 352.49	5 541 427.58

董事长：×××　　　总经理：×××　　　分管财务副总经理：×××　　　财务经理：×××

表 C-7　现金流量表

2018 年度

编制单位：××股份有限公司　　　　　　　　　　　　　　　　　金额单位：人民币元

项目	注释	本年数	上年数
一、经营活动产生的现金流量：			
销售商品、提供劳务收到的现金		7 220 740.59	9 234 019.76
收到的税费返还			
收到其他与经营活动有关的现金		373 838 741.07	639 076 341.80
经营活动现金流入小计		381 059 481.66	648 310 361.56
购买商品、接受劳务支付的现金		2 382 480.80	867 177.09
支付给职工以及为职工支付的现金		28 073 616.00	26 514 650.56
支付的各项税费		1 846 586.77	3 638 738.74
支付其他与经营活动有关的现金		530 816 394.52	100 178 922.98
经营活动现金流出小计		563 119 078.09	131 199 489.37
经营活动产生的现金流量净额		-182 059 596.43	517 110 872.19
二、投资活动产生的现金流量：			

（续）

项目	注释	本年数	上年数
收回投资收到的现金			
取得投资收益收到的现金		20 600 000.00	5 600 000.00
处置固定资产、无形资产和其他长期资产收回的现金净额			
收到其他与投资活动有关的现金		186 172 963.00	
投资活动现金流入小计		206 772 963.00	5 600 000.00
购建固定资产、无形资产和其他长期资产支付的现金		331 106.18	173 840.35
投资支付的现金			
支付其他与投资活动有关的现金			
投资活动现金流出小计		331 106.18	173 840.35
投资活动产生的现金流量净额		206 441 856.82	5 426 159.65
三、筹资活动产生的现金流量：			
吸收投资收到的现金			
取得借款收到的现金			
发行债券收到的现金			
收到其他与筹资活动有关的现金			
筹资活动现金流入小计			
偿还债务支付的现金		25 000 000.00	505 000 000.00
分配股利、利润或偿付利息支付的现金		7 263 284.53	20 208 202.13
支付其他与筹资活动有关的现金			
筹资活动现金流出小计		32 263 284.53	525 208 202.13
筹资活动产生的现金流量净额		-32 263 284.53	-525 208 202.13
四、汇率变动对现金及现金等价物的影响		305.52	-422.04
五、现金及现金等价物净增加额		-7 880 718.62	-2 671 592.33
加：期初现金及现金等价物余额		31 316 626.11	33 988 218.44
六、期末现金及现金等价物余额		23 435 907.49	31 316 626.11

董事长：××× 总经理：××× 分管财务副总经理：××× 财务经理：×××

表 C-8 股东权益变动表

2018 年度

编制单位：××股份有限公司　　　　　　　　　　　　　　　　　　　　　　　　　　　　　金额单位：人民币元

项目	本年数										
	股本	其他权益工具		资本公积	减：库存股	其他综合收益	专项储备	盈余公积	一般风险准备	未分配利润	股东权益合计
		优先股	永续债 其他								
一、上年年末余额	201 705 187.00			9 960 831.55				219 160 039.24		199 676 680.42	630 502 738.21
加：会计政策变更											
前期差错更正											
其他											
二、本年年初余额	201 705 187.00			9 960 831.55				219 160 039.24		199 676 680.42	630 502 738.21
三、本期增减变动金额（减少以"-"号填列）								11 711 535.25		103 386 765.37	115 098 300.62
（一）综合收益总额										117 115 352.49	117 115 352.49
（二）股东投入和减少资本											
1. 股东投入的普通股											
2. 其他权益工具持有者投入资本											
3. 股份支付入入股东权益的金额											
4. 其他											
（三）利润分配								11 711 535.25		-13 728 587.12	-2 017 051.87

（续）

项目	本年数									
	股本	其他权益工具			资本公积	减:库存股	其他综合收益	专项储备	盈余公积	一般风险准备	未分配利润	股东权益合计
		优先股	永续债	其他								
1. 提取盈余公积									11 711 535.25		-11 711 535.25	
2. 提取一般风险准备												
3. 对股东的分配											-2 017 051.87	-2 017 051.87
4. 其他												
（四）股东权益内部结转												
1. 资本公积转增资本（或股本）												
2. 盈余公积转增资本（或股本）												
3. 盈余公积弥补亏损												
4. 设定受益计划变动额结转留存收益												
5. 其他												
（五）专项储备												
1. 本期提取												
2. 本期使用												
（六）其他												

项目						
四、本年年末余额	201 705 187.00	9 960 831.55		230 871 574.49	303 063 445.79	745 601 038.83
一、上年年末余额	201 705 187.00	9 960 831.55		218 605 896.48	197 714 702.49	627 986 617.52
加：会计政策变更						
前期差错更正						
其他						
二、本年年初余额	201 705 187.00	9 960 831.55		218 605 896.48	197 714 702.49	627 986 617.52
三、本期增减变动金额（减少以"-"号填列）				554 142.76	1 961 977.93	2 516 120.69
（一）综合收益总额					5 541 427.58	5 541 427.58
（二）股东投入和减少资本						
1. 股东投入的普通股						
2. 其他权益工具持有者投入资本						
3. 股份支付计入股东权益的金额						
4. 其他						
（三）利润分配				554 142.76	-3 579 449.65	-3 025 306.89
1. 提取盈余公积				554 142.76	-554 142.76	
2. 提取一般风险准备						
3. 对股东的分配					-3 025 306.89	-3 025 306.89
4. 其他						
（四）股东权益内部结转						

(续)

项目	本年数									
	股本	其他权益工具			资本公积	减:库存股	其他综合收益	专项储备	盈余公积	一般风险准备	未分配利润	股东权益合计
		优先股	永续债	其他								
1. 资本公积转增资本（或股本）												
2. 盈余公积转增资本（或股本）												
3. 盈余公积弥补亏损												
4. 设定受益计划变动额结转留存收益												
5. 其他												
（五）专项储备												
1. 本期提取												
2. 本期使用												
（六）其他												
四、本年年末余额	201 705 187.00				9 960 831.55				219 160 039.24		199 676 680.42	630 502 738.21

董事长：×××　　总经理：×××　　分管财务副总经理：×××　　财务经理：×××

参 考 文 献

[1] 中国建设工程造价管理协会. 建设项目投资估算编审规程：CECA/GC—2015 [S]. 北京：中国计划出版社，2015.
[2] 中华人民共和国住房和城乡建设部. 建设工程工程量清单计价规范：GB 50500—2013 [S]. 北京：中国计划出版社，2013.
[3] 周聿，刘寰. 建设工程投资审计 [M]. 武汉：武汉理工大学出版社，2015.
[4] 时现. 建设项目审计 [M]. 北京：中国时代经济出版社，2015.
[5] 中国内部审计协会. 建设项目审计 [M]. 北京：中国时代经济出版社，2008.
[6] 张鼎祖，谢志明，喻采平，等. 工程项目审计学 [M]. 北京：人民交通出版社，2013.
[7] 赵庆华. 工程审计 [M]. 南京：东南大学出版社，2010.
[8] 李建峰，等. 工程造价管理 [M]. 北京：机械工业出版社，2017.
[9] 李建峰. 建筑工程计量与计价 [M]. 北京：机械工业出版社，2017.